高等院校公共艺术课程系列教材

Introduction to Aesthetics

美学导论

姚 丹 魏毅东 高 波 编著

清華大学出版社
北 京

图书在版编目（CIP）数据

美学导论 / 姚丹, 魏毅东, 高波编著. -- 北京 : 清华大学出版社, 2025. 7. -- (高等院校公共艺术课程系列教材). -- ISBN 978-7-302-67952-3

Ⅰ. B83

中国国家版本馆CIP数据核字第2025DK9354号

责任编辑： 宋丹青
封面设计： 傅瑞学
责任校对： 王荣静
责任印制： 沈　露

出版发行： 清华大学出版社
网　　址： https://www.tup.com.cn，https://www.wqxuetang.com
地　　址： 北京清华大学学研大厦A座　　**邮　　编：** 100084
社 总 机： 010-83470000　　**邮　　购：** 010-62786544
投稿与读者服务： 010-62776969，c-service@tup.tsinghua.edu.cn
质量反馈： 010-62772015，zhiliang@tup.tsinghua.edu.cn
印 装 者： 三河市人民印务有限公司
经　　销： 全国新华书店
开　　本： 210mm × 285mm　　**印　　张：** 12.75　　**字　　数：** 281 千字
版　　次： 2025年7月第1版　　**印　　次：** 2025年7月第1次印刷
定　　价： 49.80元

产品编号： 105552-01

总　序

美育是我国教育方针的重要组成部分。美育，就是审美的教育，是提高学生美的感受、美的体验、美的鉴赏、美的创造等各方面综合素养的教育。大学美育的主途径是课堂教育，以课堂上的艺术教育为主体。在高校开设公共艺术教育通识课程是推进美育工作的重要路径。

我国一直十分重视高校公共艺术教育工作。2002 年 7 月 25 日，教育部发布《学校艺术教育工作规程》，涉及学校艺术课程，课外、校外艺术教育活动，学校艺术教育的保障，奖励与处罚等内容。2006 年，教育部办公厅印发《全国普通高等学校公共艺术课程指导方案》，该方案明确指出，“公共艺术课程是为培养社会主义现代化建设所需要的高素质人才而设立的限定性选修课程，对于提高审美素养，培养创新精神和实践能力，塑造健全人格具有不可替代的作用”。2014 年，《教育部关于推进学校艺术教育发展的若干意见》指出，“普通高校按照《全国普通高等学校公共艺术课程指导方案》要求，面向全体学生开设公共艺术课程，并纳入学分管理。有条件的学校要开设丰富的艺术选修课供学生选择性学习。鼓励各级各类学校开发具有民族、地域特色的地方艺术课程”。2020 年 10 月，中共中央办公厅、国务院办公厅印发《关于全面加强和改进新时代学校美育工作的意见》，其中明确提出：“坚持面向全体。健全面向人人的学校美育育人机制，缩小城乡差距和校际差距，让所有在校学生都享有接受美育的机会，整体推进各级各类学校美育发展，加强分类指导，鼓励特色发展，形成‘一校一品’‘一校多品’的学校美育发展新局面。”这些方案、意见的出台为开展高校公共艺术教育提供了基础。

习近平总书记高度重视美育工作。2018 年 8 月 30 日，在给中央美术学院老教授的回信中，习近平总书记提出：“美术教育是美育的重要组成部分，对塑造美好心灵具有重要作用。你们提出加强美育工作，很有必要。做好美育工作，要坚持立德树人，扎根时代生活，遵循美育特点，弘扬中华美学精神，让祖国青年一代身心都健康成长。”2018 年 9 月 10 日，习近平总书记在全国教育大会上指出：“要全面加强和改进学校美育，坚持以美育人、以文化人，提高学生审美和人文素养。”2020 年 10 月 23 日，习近平总书记在回信中勉励中国戏曲学院师生：“全面贯彻党的教育方针，落实立德树人根本任务，引导广大师生坚定文化自信，弘扬优良传统，坚持守正创新，在教学相长中探寻艺术真谛，在服务人民中砥砺从艺初心，为传承中华优秀传统文化、建设社会主义文化强国作出新的更大的贡献。”2021年4月19日，习近平总书记在考察清华大学美术学院时指出：“美术、艺术、科学、技术相辅相成、相互促进、相得益彰。要发挥美术在服务经济社会发展中的重要作用，把更多美术元素、艺术元素应用到城乡规划建设中，增强城乡审美韵味、文化品位，把美术成果更好服务于人民群众的高品质生活需求。要增强文化自信，以美为媒，加强国际文化交流。”习近平总书记关于美育的系列重要讲话，为开展大学美育指明了方向。

当前，我国的经济、文化、社会、教育等方面都在发生深刻的变化。在技术革命的推动下，人工智能、数字媒体技术等全面影响着我们的日常生活。新时代成长起来的大学生和以前有了很大不同。本教材面对的对象，是艺术类院校的本科大学生，尤其是出生在2000年之后的新生代大学生。当代大学生更为注重自我感受，性格更加独立，注重体验，个性鲜明，自尊心强烈，愿意追求和尝试各种新生事物，是未来中国新经济、新消费、新文化的主导力量。针对时代特征，通过开展公共艺术通识教育，提升当代大学生的美学素养，能够帮助他们更好地塑造人格，更好地走向社会。在一定程度上，这也正是大学美育的时代使命所在。时代的发展，艺术教育的进步，大学生性格特征的变化，都对我们编写公共艺术教育教材提出了新任务和新要求。

为深入贯彻落实习近平总书记关于美育工作的重要指示精神，以及中共中央办公厅、国务院办公厅《关于全面加强和改进新时代学校美育工作的意见》要求，全面提高教学质量，培养高素质艺术设计人才，推进艺术院校公共艺术通识教育改革创新，山东工艺美术学院组织编写了本套公共艺术通识教育教材。本套教材包括《大学美育》《艺术导论》《美学导论》《马克思主义文艺观通论》《传统造物与生活方式概论》五册。

本套教材与其他公共艺术通识教育教材相比，显示出以下三方面特色：第一，视野广阔全面，涵盖美学原理、艺术学原理、马克思主义文艺观、传统造物原理等多个艺术教育领域，能够使学生获得全面的公共艺术通识教育；第二，特点鲜明突出，立足于中华传统造物艺术体系和中华传统造型艺术体系，结合我校民艺学研究传统，相关案例特点鲜明；第三，多学科交叉融合，涉及美学、文学、社会学、历史学、美术学、民俗学等多个学科，编写者来自不同的学科领域，教材内容明显具备多学科交叉融合的特点。

本套教材是编写组所有成员集体智慧的结晶。尽管编写者都认真负责，但难免会出现疏漏和不足。恳请各位专家、读者朋友批评指正。本套教材的出版得到了清华大学出版社的大力支持，我们对清华大学出版社严谨认真的编审人员表示衷心的感谢！最后，希望这套教材能够为艺术院校公共艺术教育事业的发展作出贡献。

董占军

2024年5月20日

前 言

近年来，习近平总书记反复强调“培养德智体美劳全面发展的社会主义建设者和接班人”，这就要求我们弘扬中华美育精神，以美育人。2019 年 4 月，中华人民共和国教育部出台《关于切实加强新时代高等学校美育工作的意见》，在“德智体美劳”全面培养的教育体系中，“美”得到凸显。如何开设美育课程，成为切实加强新时代高校美育工作一大课题。美学课程作为沟通美育理论和美育实践的一座桥梁，应把切实提高学生审美鉴赏能力和审美育人的实践能力作为改革的方向和发展的路径。

20 世纪 60 年代以来的“日常生活审美化”使得美学不再拘囿于古典的哲学思辨与静观，而是渗透于现实生活的方方面面，生活与审美之间的界限日益模糊。这种“泛美学”趋势要求美学教学内容与时俱进，联系当前的现实生活，及时关注新的审美动向。

目前，我国出版的美学图书成果丰富。总体看来，具有以下特点：第一，学术性强，偏重美学基本原理的讲解。如王朝闻的《美学概论》、李泽厚的《美的历程》、杨辛和甘霖的《美学原理》、叶朗的《美学原理》、朱立元的《美学》、马克思主义理论研究和建设工程重点教材中尤西林主编的《美学原理》，这些图书共性明显，框架相似，参考书目也基本是古今中外的美学著作，图书内容相对深奥。第二，适合专业艺术院校的美学教材较少。美学是隶属于哲学的二级学科，综合性大学大多将其设在哲学专业。目前的美学教材大多属于哲学美学的框架体系，偏重抽象的哲学美学思辨。不适合专业艺术院校的学生。美学教材建设应加强理论与实践的结合，重视美学的中国经验，加强与国内外美学前沿的接轨，建构反映学术前沿的、扎根于中国审美艺术实践的、具有中华民族特色的美学理论体系。

教材在汲取前人的研究成果的基础上，更加注重以下方面。

首先，注重审美能力培养。教材注重审美实例与美学理论的结合。从传统课程的以美学原理为重心转向以审美鉴赏、创作为重心，培养学生将美学理论与审美实践相结合的能力。

其次，注重知识性、专业性与普及性的结合。凸显高等艺术院校的美学课程特色，在课程内容方面，打破传统美学课程的枯燥晦涩，将抽象的美学理论外化于大量审美实例中进行学习，以美育人。

最后，注重课程思政元素的融入。将马克思

主义美学的价值引领、生态美学的绿色发展理念以及中国传统文化中的美学观念融入本书。

教材由姚丹、魏毅东及高波三位作者合作完成。姚丹首先草拟写作宗旨、体例、大纲，经与魏毅东、高波商榷后付诸实施。本书具体写作分工如下：姚丹负责第 2 章、第 3 章、第 4 章、第 6 章、第 9 章、第 10 章；魏毅东负责第 5 章、第 7 章、第 8 章；高波负责绪论、第 1 章、第 11 章。

目　录

第 8 章　悲剧与喜剧

第 9 章　丑与荒诞

第 10 章　意境与传神

第 11 章　美学前沿问题

绪　论

本章介绍美学的发展历程、研究对象、学科定位等问题。无论在中国还是西方，美学思想都具有非常悠久的历史，但直到近代它才成为一门独立的学科。美学的核心问题和理论形态一直处于发展变化的过程中，关于某些关键理论问题的解释也一直存在争论。这是我们学习和研究美学理论时应特别注意的问题，也是本章介绍美学学科相关情况的必要性所在。

中国传统美学思想的发展历史

虽然现代美学学科是在近代欧洲产生的，但与美学相关的理论思考则源远流长，而且不限于西方的思想传统。这些理论思考我们可以称之为美学思想，以区别于严格意义上的美学理论。

美学理论是美学思想不断发展演化的结果，一般来说，在美学学科建立之前，美学思想尚未形成完整的理论体系，也就是说，它还没有获得固定的研究对象，也没有将诸多核心理论问题构建成一个有着内在逻辑关系的理论体系，但在这些美学思想中已经蕴含着建立美学学科的各种条件。

除此之外，传统的美学思想对现代美学理论还具有重要的启发意义，现代美学理论比传统美学思想更严谨，研究领域更广阔，但却不是对传统美学思想的全面超越，因为它所要解决的根本理论问题在传统美学思想中已经出现，并且进行了各种虽不完备，但却具有开拓性的探索和尝试，这就为现代美学的不断发展提供了丰富的思想资源。

现代美学自身也是处在不断发展变化之中的，这种发展不仅仅体现为研究具体美学问题的深入，还常常以整体性理论架构变化的方式出现。当某种新的理论基础被引入到美学研究中时，往往会对基本的美学概念进行重新界定，或提出一系列新的理论命题，由此建立起与以往理论体系不同的新理论体系，这种情况在现代美学史上屡见不鲜。而每当一种新的美学理论处于酝酿之中时，各种思想资源，包括传统的美学思想资源，都有可能发挥重要的作用。

因此，中国传统美学思想虽然不是现代美学理论的直接来源，但仍然能够在现代美学理论的发展过程中起到重要的作用。尤其是当我们要立足于当下的审美实践，构建符合中国当下文化艺术发展实际的理论体系时，就必然要以中国传统美学思想为重要的理论基础。中国传统美学思想有着区别于西方美学传统的鲜明特色，二者在文化背景、思想基础、研究方法等方面都有所不同，这为中国当代美学理论的创新发展提供了重要的借鉴。

中国传统美学思想的发展，源于先秦思想家对相关问题的思考，经历代学者的研究而不断完善，后又受到外来的佛教思想的深刻影响，最终形成了独特的思想传统。

先秦美学思想及其对后世的影响

中国古代哲人对美的较为成熟的理论思考源于先秦的百家争鸣时代，因此美学思想的主要倾向深受当时哲学思考关注的核心问题的影响。与古希腊哲学的本体论方向不同，中国先秦哲学思想虽然也涉及一些本体论问题，却不以之为核心，而是更关注人本身。不管是儒家还是道家，乃至墨家、名家、阴阳家等诸思想流派，所要解决的根本问题是如何理解人的生存处境，以及如何确定人正确的生存方式。在诸子和后来的经学家、文学家们的思想中，这一问题具体化为人所遵循的道德原则和人类社会所遵循的政治原则等问题。所以"美"的问题从一开始就与伦理、政治等有着密不可分的联系，美学思想成为道德哲学和政治哲学中不可或缺的重要组成部分。

一方面，先秦美学所谈论的"美"往往属于伦理现象和政治现象。例如，《老子》第二章说"天下皆知美之为美，斯恶已；皆知善之为善，斯不善已"①，又说"信言不美，美言不信。善者不辩，辩者不善"（《老子今注今译》第八十一章）②，等等。其所谈论的"美"不论是具有正面价值的还是具有负面价值的，都不是归结于事物本身，而是归结于人的言行。也就是说，美是人的物质实践、道德实践和政治实践等活动的一种结果。《论语》对"美"的谈论，除了乐论之外，主要有"礼之用，和为贵。先王之道，斯为美"（《论语・学而》）③，"里仁为美"（《论语・里仁》）④，"君子成人之美，不成人之恶"（《论语・颜渊》）⑤，"尊五美，屏四恶，斯可以从政矣"（《论语・尧曰》）⑥，等等。这里的"美"更直接地代表一种正面的道德品质或社会秩序，与《老子》所言虽不尽相同，但其基本的思路则是相通的。

这种对"美"的思考方式发展到孟子、庄子等先秦后期思想家那里，呈现出更加明显的内在化的趋向，如《孟子・尽心下》说："可欲之谓善，有诸己之谓信，充实之谓美，充实而有光辉之谓大，大而化之之谓圣，圣而不可知之之谓神。"⑦这就是纯粹从内在的道德品质和道德修养的角度解释美。《庄子・知北游》则说："天地有大美而不言……圣人者，原天地之美而达万物之理。"⑧《庄子・田子方》又说："夫得是，至美至乐也，得至美而游乎至乐，谓之至人。"⑨这里的"美"也并非天地自然作为客观事物本身的美，而是人在天地万物之中感悟的"道"，通过感悟"道"而达到精神上的"逍遥"，从而达到"至乐"的境界。

---

① 陈鼓应 . 老子今注今译［M］. 北京：商务印书馆，2003：80.

② 同①：349.

③ 杨伯峻 . 论语译注［M］. 北京：中华书局，1980：8.

④ 同③：35.

⑤ 同③：129.

⑥ 同③：209.

⑦ 杨伯峻 . 孟子译注［M］. 北京：中华书局，1960：334.

⑧ 陈鼓应 . 庄子今注今译（下）［M］. 北京：商务印书馆，2007：650.

⑨ 同⑧：623.

另一方面，美学思想的产生与发展从来都与艺术的发展有不可分割的联系，中国美学思想也不例外，对具体的艺术现象的研究和思考成为美学发展的重要动力和主要内容之一。但由于艺术自身发展状况不同，并且艺术在社会结构中所处的地位、所发挥的作用不同，所以在对艺术问题的思考中产生的美学思想也不尽相同。

先秦美学关注的主要艺术对象是“乐”，“乐”是上古时期最重要的艺术类型，它是一种综合性艺术，包括音乐、舞蹈、诗歌等多种元素。“乐”之所以重要，不仅是因为它是当时发展最为成熟的艺术类型，更是因为它在当时的社会文化中占有极为重要的地位，发挥着巨大的作用。儒家的乐论思想是先秦最重要的美学成果之一，从孔子到荀子和《礼记》，儒家乐论发展到了相当成熟的状态。

对于“乐”，儒家与道家和墨家等持完全相反的态度，这是因为老子、墨子等人是将“乐”作为一种一般的艺术形式进行讨论的。老子并不否认“乐”本身的美，但他认为这种感性的美在满足人的审美娱乐需求的同时也在进一步地激发人的欲望，从而使人迷失于不断膨胀的欲望当中，妨碍了人对“道”本身的体认。墨子则从功利主义的角度出发提出“非乐”的主张，认为以“乐”为代表的艺术是一种只能满足人娱乐需求而不能满足更为基本的物质需求和更加重要的政治需求的活动，并且艺术被统治者所垄断，不仅不能给社会大众带来利益，反而要消耗大量社会资源，最终会造成严重的社会问题。

儒家则把“乐”看作“礼”的重要组成部分，在儒家的道德哲学和政治哲学中，“礼”是最核心的范畴，它既是外在的社会秩序的根基，也是内在的道德观念的原则，甚至在某些地方被视为具有本体论意义的宇宙秩序。“礼”的具体形态是儒家总结并加以发挥的一套礼仪制度及其原则、政治制度及其原则、教育制度及其原则，以及“乐”的制度及其原则等。从这个角度看，“乐”绝不仅仅是一种纯粹的艺术，同时还是政治活动、教育活动和伦理活动的重要内容。

基于对“乐”的理解，儒家乐论提出了一系列重要的美学问题：比如“美”与“善”的关系问题，孔子认为“乐”应该“尽善尽美”，荀子认为“乐”应该“美善相乐”，也就是说“美”不是艺术的一种独立的价值，而是在与“善”的关系中被规定的价值；又如美育问题，礼乐的重要作用之一就是教化，以乐教为代表的美育是维护良好社会秩序、培养理想的君子人格的重要方式，而乐教最重要的特点和优势在于它将道德和政治观念融入艺术之中，使人在审美愉悦中获得精神境界的升华；再如“文”与“质”的关系问题，孔子说“质胜文则野，文胜质则史。文质彬彬，然后君子”[①]，对于美学而言，文质关系问题意味着艺术所要传达的思想观念与艺术自身的审美特性之间的关系问题，这一理论问题在后世逐渐演化为古代文论中的重要命题“文以载道”。

先秦道家，不论老子还是庄子，都有比较明显的反艺术倾向，但这种立场是有具体前提的，他们反的是当时以“乐”为代表的，被贵族阶层垄断的主流艺术。当后世艺术发展到新的阶段，尤其是诗歌、绘画、书法和单纯的音乐等艺术发展起来之后，道家美学思想就被融入这些艺术之中，并形成了具有明显道家色彩的诗论、画论、书论等，如魏晋南北朝时期画论中提出的一系列重要命题：传神写照、澄怀味象、气韵生动等，

① 杨伯峻.论语译注［M］.北京：中华书局，1980：61.

都具有道家美学的思想背景。

道家美学在诗论、画论等中之所以能够得到进一步的发展，是因为它本身虽不关注艺术，但其阐释的人生修养和精神境界与艺术中的审美活动、审美境界有相通之处。道家追求自由的人生境界，而其根本方式是对自然的顺应，这两点都要基于一个前提，即对“道”的认识和把握。因此老子和庄子都特别强调一种特殊的对“道”的把握方式，用老子的话来说就是“涤除玄鉴”，即洗垢除尘、排除杂念；用庄子的话来说就是“心斋”“坐忘”，即应摒弃我们看待世界和客观事物的种种成见，回归人与事物最本真的关系之中，从而使其最真切的意义显现出来。因此，可以说道家美学提出了另一个重要的理论问题，即“美”与“真”的关系问题，但需要强调的是，这里的“真”不同于知识论意义上的“真”，即主观意识符合于客观事物的“真”，而是一种存在论意义上的“真”。中国的传统艺术，如绘画，强调神似胜于形似，就是这种美学观念的生动体现。

佛教思想对中国传统美学思想的影响

当佛教传入中国之后，佛学思想对中国传统美学产生了深刻影响，到唐宋时期实现了较为彻底的佛教中国化，其代表流派为禅宗，对文学、艺术及美学的影响广泛且深入，极大地改变了中国传统美学的面貌。

禅宗为中国美学引入了一些新的思考“美”和艺术问题的视角，将佛学思想中的一些重要范畴与中国传统哲学、美学思想相结合，发展出一系列重要的美学概念和命题，使得中国传统美学获得进一步的发展。

比如，佛学中“境界”概念被运用到诗学当中，最终发展出“意境”这一重要的美学范畴。“境界”在佛学思想中原指人的意识活动外化到对象世界所呈现的范围。佛学认为人的意识活动可以分为“六尘”，即“色、声、香、味、触、法”，这六种意识活动都有相应的对象世界的范围，即“六境”。这一概念的重要意义在于，它将客观事物理解为在“境界”之中呈现的对象，而非独立存在的对象，对象如何呈现，与人以何种方式去接触对象、观察对象，乃至思考对象是紧密相关的，这就使得对象的意义不再局限于其作为客观事物的固定意义，而是同时包含着其背后的“境界”的更广泛、丰富，乃至无限的意义。

“境界”概念在唐代被正式引入美学领域，王昌龄在《诗格》中说：“诗有三境：一曰物境。二曰情境。三曰意境。”尽管这里的“意境”与后来发展成熟的“意境”范畴还不一致，但已经体现出特殊的理论意义。为何说意境理论在传统美学中有特殊的重要意义呢？因为它既能充分融合传统美学思想，尤其是道家美学思想中的一些重要观点，又能超越传统诗论、画论等的局限，从而揭示了艺术活动中一种特殊审美现象的内在本质。

道家哲学中原有“虚、实”这一对概念，常被用来揭示艺术作品中通过有限的“实象”传达无限的“意蕴”这一特殊的审美现象。但这对概念尚未成为有着广泛影响力的基本美学范畴，而意境范畴的出现，既包含了“虚、实”概念的美学含义，又能够在艺术评论中得到广泛应用。此外，传统美学中原有“意象”这一概念，它源自《周易》中“象”这一哲学范畴。《周易》有“立象以尽意”的命题，原指设立卦象以表达特定的意义，后被《文心雕龙》等文论著作运用于艺术批评，逐渐发展成“意象”概念。“意象”指的是艺术形象的一种特殊性质，即它既包含其作为具体的感性形象的意义，又包含这一形象通过某种方式被赋予的超出形象本身之外的特定意义，是这两种意义的完美统一。虽然“意象”已经成为重要的美学范畴，但并未完全涵盖艺术形象的全部特性，所以“意境”范畴的兴起完成了对“意象”理论的超越和补充。

又如，“悟”是佛教中非常重要的一种思维方式和修行方式，尤其禅宗南宗特别注重“顿悟”在宗教修行中的作用。这种思维方式也被引入美学之中，用以揭示艺术创作和艺术欣赏中一种特殊的审美心理现象。在佛教思想中，“悟”的对象是佛学的“真谛”，相当于中国哲学中的“道”，西方哲学中的“真理”。但佛教对这种“真理”的把握方式却不同于或不仅是西方哲学式的逻辑推理和论证，而是通过一种介于理性思维与感性直观之间的直觉思维，即“悟”。这种直觉思维与艺术活动中的审美心理运作极为接近，因此在唐宋时期被广泛运用于艺术批评当中，并形成了一系列重要的美学范畴和命题，如唐代张璪的“外师造化，中得心源”说，宋代严羽的“妙悟”说，等等。

“悟”不仅揭示了审美心理活动的特殊规律，还在融合中国传统美学思想的基础上完善了一种思考美学问题的独特视角。“悟”解释的是审美主体把握审美对象的方式，在传统的美学思想中，讨论审美主客体关系的主要是感物言志说。“感”这一概念出自《周易》，既指具有不同属性的事物之间的感应，也指人对各种客观对象在精神层面的感应。《礼记·乐记》提出了“心”感于物而动的说法，即将审美活动的发生理解为人对外物感应的结果。这一观点对中国传统美学有着深远的影响，但一直没有发展成为成熟、完备的理论；而佛教，尤其是禅宗哲学在“心—物”关系这一问题上有着深刻的思考，特别是对“心”的阐释极为丰富而深刻，因此后世的美学思想自然就将禅宗“心”和“悟”的思想与传统的“感物”思想融合起来，发展出更完善的美学理论。

总体而言，中国传统美学思想诞生于中国独特的文化传统和社会环境当中，有着区别于西方美学的思维方式，也有从具体的社会现实中提炼出来的、不同于西方美学的理论问题。中国美学在发展过程中，也受到外来思想的影响，主要是佛教思想的影响，但这种影响基本是以外来思想融入本土文化的方式实现的，并未改变中国美学的基本结构。然而西方美学思想的传入则是另一种情况，它并未通过与中国传统美学的充分交流，而是凭借政治、经济及文化的强势地位，直接进入中国的文化语境，因而必然会与中国传统的思想和文化产生冲突，并极大地改变了中国美学的基本面貌。

西方美学思想的发展历史

西方古代的美学思想是现代美学理论的直接来源，不论是在方法上还是在问题意识上，二者之间都有明显的继承关系。自现代美学建立之后，它的发展变化一方面呈现出与古代美学思想截然不同的特点，另一方面又不断受到古代美学思想资源的影响。对当前美学理论的发展，包括我国美学理论的建设而言，西方的美学思想从古至今都是重要的理论资源。

前现代的西方美学思想

西方的美学思想史一般被认为开始于古希腊时期，尤其是柏拉图时期。在柏拉图之前，虽然已有哲学家、艺术家等提出了一些美学观点，但只有到了柏拉图这里才确立了一种可以全面、深入地思考审美现象的理论框架，并且这种理论框架对后世的西方美学产生了极为深远的影响。柏拉图美学提出的首要问题是“美本身”这一命题，这一发问方式清楚地划分了西方美学与中国传统美学的区别。在柏拉图所处的时代，关于“美”流行的看法主要有两种：一是将“美”理解为客观事物所具有的某种属性，如毕达哥拉斯学派对音乐的音程和造型艺术中“黄金分割”等现象的研究，就是将“美”理解为因事物的构成要素符合某种数理关系或组合规律而具有的属性；二是将“美”与效用联系在一起，如苏格拉底就认为美的事物首先应该是有益的，所以某一事物是否美，并不完全取决于其自身，而是根据它在特定条件之下能否发挥正面的作用而决定的，也就是说，事物的美一方面要看其本身的性质，另一方面要看它被运用的情况。

然而这两种看法柏拉图都不认同。针对第一种看法，柏拉图认为感性事物不可能是真正美的，所有感性事物都是有限的，也就是有缺陷的，而有缺陷的事物不可能成为真正美的事物。更重要的是，有限的感性事物不可能是绝对真实的，柏拉图认为，现实世界的不完满说明在其之外存在另一个真实的世界，他将其称为理念世界，二者之间的关系类似于实体与影像，也就是说现实世界只是理念世界投射出来的虚幻的影像，它只是在各个方面与理念本身相似，但实际是残缺的，事物的美也同样如此。从这种观点来看，柏拉图显然是将“美”与“真”联系在一起了，“美”的前提必然是“真”，但这个“真”主要是本体论和认识论层面的“真”，与中国道家美学中的“真”并不相同。

针对第二种看法，柏拉图认为事物的美与其实际功能并不完全是一回事，因为实际功能大多针对特定的目的，因而是相对的，而“美”不应是相对的，否则某一事物就可能因条件的变化而既美又不美。更重要的是，事物的效用是有等级差异的，越是不完满的事物，其所具有的效用越有可能是低等的，而“美”本身应该是与“至善”相统一的。

由此我们可以看出，柏拉图虽然承认现实事物的美，即感性的美，但在理论上却将“美”的根源归于理念，这与其根本的哲学思维方式一致。他将抽象的“美的理念”与具体的事物感性的美截然分开了，只有通过某种特定的方式，现实事物才能从理念那里分有一部分“美”。这就意味着，美学所要研究的对象，归根究底并非感性事物，而是隐藏在感性事物背后的东西，它可能是柏拉图的“理念”，也可能是基督教神学的“上帝”，或者是黑格尔的“绝对精神”，但无论如何，它都是形而上的。

相比于柏拉图，亚里士多德对西方美学的发展更具有奠基的作用。亚里士多德的美学思想与柏拉图有着非常明显的差异，其中最重要的一点就是他没有接受柏拉图“美本身”或“美的理念”这一观点。他不认为在现实世界之外存在一个更本源的理念世界；相反，他认为人的思想中构建起来的那个观念的世界，最终是来源于现实世界的。那么就不可能在现实事物之外存在一种独立的“美”，“美”只能是现实事物的一种属性。

然而，亚里士多德仍然要面对与柏拉图相

似的问题，即现实事物之美的相对性、差异性和不完满性，他必须解释为何有些事物是美的，有些事物是不美的；有些事物比另一些事物显得更美；等等。也就是说，如果要将“美”理解为现实事物的一种属性，就必须确定这种属性的客观性，只有找到了美的客观标准或规律，谈论“美”才有意义。

既然亚里士多德不再将“美”视为一种能够脱离现实事物的实体，而是现实事物的一种属性，那么现实事物就必须符合某种规律才能具有如此属性。亚里士多德认为这种规律是秩序与和谐，他将生物学中的有机整体概念引入美学，认为整体的事物是由各个部分组合而成的，而各部分组成整体的方式遵循着内在的逻辑必然性。严格按照这种内在逻辑组合起来的事物就是一个有机整体，也就是美的，否则就是不美的。

亚里士多德对“美”的看法也与柏拉图有一致之处，如他们都认为“美”和“善”是一致的。但在他们的思想中，“美”和“善”不只是一种伦理层面、政治层面和美学层面的价值，而且具有知识的属性，也就是说“美”和“善”与人对真理的认识密切相关，获得关于“美”和“善”的知识就相当于获得了“美”和“善”本身。这种看法与中国传统美学极为不同，中国美学将“美”理解为一种与实践相关的价值，从来不将纯粹的认识活动看作价值的来源。

由此可见，传统西方美学从开端就与中国美学有所区别，不论是柏拉图还是亚里士多德，在讨论“美”时主要是从物的角度出发，即首先将事物的“美”看作一种客观现象，再追究这种“美”的客观根源；而中国美学则首先从人本身出发，“美”这种价值并不属于事物自身，而是建立在人的活动的基础之上的。

古希腊的美学思想经过古希腊和古罗马时期的发展，逐渐演变为基督教神学的一部分。神学中的美学思想更多地继承了柏拉图哲学的观点，只是在理念世界之上树立了一个最高的、形而上的存在，即上帝。现实事物的美被看作对上帝光辉的一种映射。神学比柏拉图哲学对感性事物持更加严格的否定态度，因此在承认现实事物之美的同时，也极力地反对这种美的价值，转而推崇一种“精神之美”，这对后世的美学也产生了重要影响。

古希腊美学同样在艺术研究当中得以充分展开，柏拉图和亚里士多德都比较关注艺术问题，后者还写了第一部研究艺术问题的专著——《诗学》，其研究的重点是当时最重要的艺术形式——戏剧和史诗，尤其是悲剧。两人看待悲剧的基本态度相互对立，其中柏拉图的态度虽有自相矛盾之处，但基本立场是否定的；亚里士多德则全然持肯定态度。然而，二人评判艺术的依据却是相近的，柏拉图之所以反对艺术，是因为他将艺术看作对现实世界的模仿，而现实世界又是对理念世界的模仿，因而艺术“与真理隔着三层”[①]；而亚里士多德支持艺术则因为艺术从零散的个体事物上升到了具有一定普遍性的艺术形象，如他比较史诗与历史，认为后者只是现实发生的事件的记录，而前者则描述了可能或应当发生之事，可能性比偶然的现实性体现了更深刻的规律性和必然性。可见，艺术之美在很大程度上取决于它所反映的客观世界的规律性，也就是它所提供的知识的深度和广度。而亚里士多德将知识分为三类，其中理论的知识高于实践的知识（美包括在内），实践的知识又高于创制的知识

① 柏拉图．柏拉图文艺对话集［M］．朱光潜，译．北京：商务印书馆，2013：64-69.

（艺术包括在内），所以艺术之美就很大程度上被其包含的知识的质和量所决定。

近现代的西方美学思想

文艺复兴之后，西方美学观念呈现出一个明显的转化倾向，即“美”的观念越来越独立化，“美”不再像古代时期依附于伦理政治中的“善”、认识活动中的“真”，也不再依附于宗教信仰中的“上帝”，而逐渐有了独立的地位。这种独立化的倾向表现在两个方面。

一是现代艺术观念逐渐形成。自古希腊以来，艺术这个概念的外延比较宽泛，其本义更接近“技艺”，涵盖从手工技艺到治国、治家、治军等各种活动；到中世纪形成了“自由艺术”概念，但“自由艺术”与宗教关系密切，仍然不同于现代艺术观念。直到文艺复兴之后，随着艺术本身的蓬勃发展，绘画、音乐等艺术类型的审美特性凸显出来，终于在18世纪形成了“美的艺术”的观念。二是美学逐渐从哲学、神学中独立出来。古希腊时期和中世纪的美学思想大多散见于哲学和神学著作，并未形成以“美”为研究对象的独立学问，文艺复兴之后，尤其是认识论哲学发展起来之后，越来越多的思想家开始将审美现象作为重要的研究对象，最终在18世纪中期由鲍姆嘉通提出建立一门专门研究“美”的学问，即美学。

现代美学最初将研究的重心从“美”转向了审美，即审美意识及其对象上来。鲍姆嘉通将美界定为“感性认识的完善”，他认为感性认识是不同于理性认识的，但仍有其独立价值的意识活动，这种意识活动有内在的规律，符合这些规律的对象就成为审美的对象。

鲍姆嘉通的观点是此前近代思想家们美学思想的总结。在他之前，无论经验主义的还是理念主义的思想家，都对人的审美意识的性质和规律，以及能够引起人的审美意识的对象的特性进行了深入的研究，如对在审美意识中起关键作用的想象、情感体验等的深入分析，以及对审美对象的形式特征的分析等。这些研究为后来德国古典美学的建立奠定了坚实的思想基础。

但这一时期的美学思想还没有将审美意识与功利意识、道德意识彻底区分开来，很多思想家仍然认为“美”与人的功利目的，尤其是道德目的有着密不可分的联系；更重要的是，审美没有与认识活动区分开来。直到鲍姆嘉通的观点的提出才确立了审美活动的独立地位。但是他仍将审美划入感性认识的范畴，并认为感性认识低于理性认识。

审美的独立性最终在德国古典美学中得以确立。德国古典美学是认识论美学的集大成者，尤其是康德和黑格尔的美学理论，不仅是对此前美学的总结和提升，而且对其后的美学发展产生了深远的影响。

康德将美学确立为其批判哲学体系三大组成部分中的重要环节，而且与纯粹理性和实践理性相比，判断力不仅不是次要的和低等的，甚至是更为重要的，是连接必然王国与自由王国的桥梁。康德美学理论的主要特点包括如下方面：第一，他仍然延续认识论美学的传统，将美学的研究重心放在审美意识领域，并且对其作了更加严格的规定，即规定为审美判断力。这一规定使审美活动的独立性更为凸显，因为这样审美活动就不再取决于对象与主体之间的现实关系，也不再取决于主体对对象的认识。康德对审美意识进行了深刻的分析，尤其强调了想象力在审美活动中的作用，这对后来的现代美学和审美心理学都有重要影响。第二，他重点分析了“崇高”这一美学范畴，“崇高”在此前的认识论美学中已经得到了高度重视，人们已经意识到这一区别于传统美学观念的美学范畴所具有的重要意义。在康德这里，“崇高”获得了高于“优美”的地位，并且与道德理性联系在一起。“美”的观念以及美学理论的独立并不意味着“美”与“真”“善”等完全切断联系，而是说“美”并不从属于“真”和“善”。事实上，在康德看来，“优美”与知性是有联系的，而“崇高”更是与道德理性密不可分，正因如此，审美活动才成为连接知性与理性的中介。

美学在黑格尔的哲学体系中也获得了重要而稳固的地位，在他看来，“美”是他的哲学核心概念“绝对精神”自我演化的重要环节，它属于绝对理念自我发展的高级阶段，即精神阶段，并且属于精神阶段中较高的主观精神和客观精神辩证统一的、狭义的绝对精神阶段，在绝对精神的自我发展中仅次于宗教和哲学。由此可见，如果说逻辑学是黑格尔哲学大厦的基石，那么美学已经处于塔尖的位置了。黑格尔美学理论的另一个重要特征是，他将“美”的本质与“美”的现象历史性地展开并统一起来，也就是说，在他那里美学的理论研究同时就是历史研究，反之亦然。“美”的本质不是一种抽象的、固定的存在，而是一种历史过程。

在德国古典美学之后，现代西方美学的发展迎来了急剧的转向，这种变化的首要特征就是美学的多元化发展。德国古典美学所达到的高度使得传统的美学研究方式走到了尽头，而新时代的美学将德国古典美学同时作为思想资源和批判对象，通过替换哲学基础或者引入新的理论方法等方式来探索新的美学之路。比如，审美心理学就借鉴心理学的方法对德国古典美学中的很多理论问题进行了更细致的研究；而各式各样的非理性主义的美学则从与理性主义截然不同的前提出发，与德国古典美学进行针锋相对的批驳与争论。马克思主义美学则在继承德国古典美学理论资源的基础上，广泛吸收现代科学的研究方法，最重要的是，它彻底颠覆了西方近现代美学唯心主义的哲学立场和形而上学的思维方式，开辟了历史唯物主义和辩证唯物主义的科学道路，从而使得马克思主义美学具有了超越西方美学传统的科学性。

总之，对于现代美学而言，传统西方美学思想的影响是根深蒂固的，我们进行美学理论的研究和美学学科的建设，不可能忽视其背后的思想传统。但同时，我们也必须认识到美学从来不是固定不变的理论形态，在西方美学内部仍然存在着激烈的争论，而马克思主义美学作为在西方文化传统的背景下产生的一种理论形态，具有区别于一般美学理论的科学性，因而成为我们美学研究的指导性原则。

美学的研究对象、研究方法和学科定位

通过以上对中西美学思想的发展历程的描述，我们了解到美学是一门至今仍处在不断发展变化之中，并且在一些重要的理论问题上尚未达成共识的学科。因此，对于我们而言，依据中国现实生活与审美实践，继承中国传统的美学思想，构建新的美学理论体系，不仅对于当下的理论研究和审美实践具有现实意义，对于美学学科

本身的发展也有重要的意义。所以，我们在对美学的学习和研究中，从一开始就应关注它的学科建设问题。也就是说，我们在进行诸如“美的本质是什么”“美感是怎样的”这些美学问题的思考之前，首先应该确认美学本身的研究对象和研究方法是什么，以充分地了解美学是一门怎样的学科。

美学的研究对象

美学的研究对象如何确定，是关系到其学科性质的重要问题，研究对象的范围是否确定、性质是否明晰，直接关系到美学自身的严格性和科学性。而我们通过上面章节的学习知道，这恰恰是一个很难确定的问题，历史上和现实中对此问题有很多不同观点，其中比较有代表性的观点包含以下几种。

（1）认为美学的研究对象是美的本质或规律。这是一种比较传统的观点，存在比较明显的问题，即犯了同义反复的逻辑错误。至少在中文语境中，“美学”和“美的规律”包含着共同的意义，因此这一说法并没有对美学做出真正有效的解释。

（2）认为美学的研究对象是艺术。这是现代美学的主流观念，如黑格尔就认为美学的主要研究对象就是艺术。但这种观点也存在着显而易见的问题：一方面，这种说法的前提是艺术是所有审美现象中唯一值得重视的，其他审美现象（如果存在的话），要么只是“美”的不成熟的状态，要么处于审美领域的边缘。然而这种看法显然是不符合实际情况的，尤其是当代，人们的日常生活中渗透进越来越多的审美要素，“美”已经不再局限于艺术领域。另一方面，这种说法还假定“美”是艺术的根本特性，“美”的本质或规律就等于艺术的本质或规律。显然这种看法也是有缺陷的，审美特性的确是艺术的重要性质之一，但不一定是最根本的，“美”也不一定是规定艺术本质的必要条件，这在艺术的发展，尤其在当代艺术的发展中已经有了清楚的呈现。另外，这种看法还涉及美学与艺术学的关系问题，我们将在下文详述。

（3）认为美学的研究对象是审美经验，即审美意识及其对象。这是近代认识论美学的主要观点，在当代美学中也有重要的影响，但其片面性也比较明显。审美意识的确是审美现象中重要的、不可或缺的组成部分，但并不能涵盖审美现象的全部；而且这种观点还潜在地将意识设定为美的根本属性，甚至把审美对象降低为依附于审美意识的第二性的事物，这就使审美现象主观化了。

（4）认为美学的研究对象是审美关系。这是中国当代美学理论中的一种重要观点。这种观点试图克服传统美学中主观论和机械客观论两种错误倾向，从人与对象世界的关系这一根本问题出发解释审美现象。但“审美关系”这一概念更适合于解决“审美现象是如何产生的”这一类问题，在分析研究更为丰富和复杂的审美现象时略有不足。

总之，以上观点大都有其合理性，同时又存在缺陷，那么我们如何来规定美学的研究对象呢？有学者提出了“审美活动”的概念，这一概念虽然界定不够清晰，但相对比较合理。

首先，“审美活动”兼顾了审美现象中人的意识和客观对象两个方面，而且将审美对象的范围拓展到包含艺术，甚至更为广泛的领域。一方面，它避免了“审美意识”概念所隐含的主观主义危险，意识活动当然是人最重要的存在方式之一，但不应将其视为人根本的存在方式，意识不是无条件的，而是有条件的，如果否认这一点就会退回已被克服了的认识论哲学的错误中去。另一方面，审美活动也避免了将“美”理解为客观事物具有的现成属性，甚至其本身就是一种客观存在的形而上学的危险。虽然在现代美学中有部分人赞成将“美”视为一种观念化的客观存在，但将“美”视为事物本身具有的现成性质，才是流传颇广的观点，这种观点显然将“美”与事物的自然属性混为一谈。“审美活动”概念包含了“审美意识”，但又没有将审美现象的本质简单规定为意识，而是为揭示其背后更为根本的人的存在方式留下了余地；这一概念也将审美对象包括在内，但没有将其视为外在的、绝对“客观”的东西，而是揭示了人与对象在动态活动中形成的辩证关系。

其次，“审美活动”这个概念暗示了与其相关的人的其他活动方式，以及它们之间的关系。“活动”这个词本身虽然算不上是个严格的哲学或美学概念，但其经常与其他词汇组合成重要的概念，如认识活动、实践活动、审美活动等，从这个角度说，当我们使用“审美活动”这个概念时，强调的是审美作为一种人的基本生存方式的意义，而非像审美意识或审美关系一样，强调审美现象的特殊性。因而，“审美活动”这个概念就内在地包含着其与认识活动、实践活动等的关系。因此，使用这个概念更容易将美学理论建立在马克思主义基本的哲学观念和理论方法上，形成更加科学、全面的理论体系。

研究方法

美学是从哲学中派生出来的学科，因此在研究方法上受到哲学的深刻影响。但哲学本身的方法论也是丰富且在不断发展变化的，如西方古代和中世纪最为常见的逻辑演绎方法，即从一个前提出发，通过逻辑推演得出一系列结论的方法；又如归纳方法，即从大量的经验事实中总结、提炼出一般规律的方法等。传统的美学思想主要使用这两种方法，对“美”的本质的一般讨论主要使用演绎方法，如柏拉图对“美本身”的讨论，康德和黑格尔对“美”的本质的规定等；对艺术的研究较多使用归纳的方法，如亚里士多德的《诗学》对悲剧、史诗的研究等。当然，这两种方法不是截然分开的，这些思想家在研究“美”的问题时大都综合运用两种方法。

在德国古典哲学之后，尤其是 20 世纪之后，哲学的方法论发生了很大改变，出现了大量新的理论视角和思维方式，导致在哲学和美学研究中涌现出许多新的理论问题，以及对这些问题的解释和解答。其中比较有代表性，且对美学研究产生重要影响的哲学方法包括现象学的方法、解释学的方法、结构主义的方法、分析哲学的方法等。这些哲学方法都不是针对具体美学问题的，但是能够对美学的基本理论形态产生影响，如重新规范美学的研究对象、重新梳理美学的基本问题等，因此对现代美学产生了极为深刻的影响。其中，现象学的方法和分析哲学的方法影响特别广泛，它们对审美现象的基本特质作了更为清晰和明确的描述，对美学理论自身的研究方式、表述方式进行了深刻的反思，对于我们的美学理论研究具有重要的借鉴价值。

现代美学方法论的另一个重要特点是对科学方法的大量借鉴。在 19 世纪后半期，传统的研究方法已经越来越明显地呈现出其局限性，尤其是相较于当时蓬勃发展的科学，其弱点已经成为无法回避的问题。因此，美学的发展除了依靠哲学自身的革命性发展之外，不可避免地要受到科学的影响。由于美学研究对象的特殊性，其所借鉴的科学方法除少部分来自自然科学，如达尔文的进化论，更多是来源于当时方兴未艾的社会科学，其中最重要的是心理学、人类学、社会学、语言学等。

20 世纪的美学受心理学影响颇深，心理学原本就是一部分学者不满于认识论哲学对意识现象研究的主观性和抽象性，而借鉴了自然科学的数学方法、实验方法等发展起来的，因而自然能够重新对认识论美学的诸多问题进行科学化的解释，其中精神分析学、格式塔心理学、“意识流”学说、结构主义心理学等流派对美学的影响尤为显著。社会学是将自然科学方法运用于社会现象研究的典型代表，其创始人孔德是较早明确提倡以科学方法取代传统哲学方法的思想家。孔德认为，自然科学的实证主义方法论比传统的哲学方法更为客观、更为准确，因此科学知识比哲学“知识”更具有真理性。

我们认为，哲学方法和科学方法对美学研究而言都是不可或缺的，如注重实证研究的科学方法的确克服了传统美学研究中主观化和空疏化的倾向，传统美学的研究对象很少得到严格的规定，研究者大多只满足于对研究对象主要特征的把握，很少进行量化研究，其论证过程也过度依赖逻辑推导或经验总结，很少进行可反复验证的实验研究。科学方法的引入，为美学研究提供了关于研究对象更为翔实和精确的材料，使得许多原本模糊的美学问题得以澄清。而哲学的方法，尤其是现代哲学的丰富方法为美学研究提供了更为广阔的发展方向，哲学方法的变化往往意味着思维方式的改变，从而对美学理论的整体结构的调整和发展产生影响。而且哲学方法擅长对研究对象进行整体性把握，这就可以避免美学研究变得琐细，为美学研究奠定宏观的理论视野和正确的研究方向。

我们认为马克思主义的辩证唯物主义和历史唯物主义方法是当前美学研究的根本方法，因为马克思主义一方面继承了西方哲学，尤其是其巅峰——德国古典哲学的精华，又从根本上改变了其唯心主义的理论基础，使得西方哲学的方法论上升到更高的层次；另一方面，马克思主义具有深厚的科学性质，马克思主义的主要著作集中于经济学、社会学、政治学、史学等社会科学领域，充分吸收了科学发展的成果，而且马克思主义理论作为一种活的理论形态，始终随着社会文化的发展而不断发展，能够不断吸收现代科学发展的最新成果。总之，我们的美学研究应该在坚持马克思主义方法论的前提下，广泛吸收各种哲学和科学的有价值的理论方法和研究成果，推动美学理论不断发展。

美学的学科定位

研究对象和研究方法的确定，意味着明晰了美学的学科定位。如上文所述，美学的研究对象是人的社会活动的重要组成部分之一——审美活动，因此，美学显然应该是一门人文学科，即研究社会现象中具有文化属性的对象的学科。自然科学、社会科学与人文科学的划分主要以研究对象的性质为依据。其中社会科学和人文科学的划分标准是，后者具有更明显的文化属性，或者说后者的研究对象都包含着价值属性。社会科学，如法学、经济学、社会学等，其研究对象基本都可以被理解为客观的社会现象，虽然这些社会现象本身都含有价值观念的成分，但社会科学在对其进行研究时可以将这些具体的价值观念悬置起来，纯粹地研究事实及其背后的规律。而人文科学则不同，它的研究对象必然包含着价值观念，或者说，价值观念本身就是人文科学研究的主要对象之一，如文学、美学、艺术学、宗教学等，虽然可以将其对象作为一种客观的社会现象进行研究，但作为一门完整的学科，绝不能把这些现象所包含的价值观念排斥在外。因此，美学是一种典型的人文科学。

现代美学的另一大特点是它是一门交叉性学科，这是其具有的鲜明特征。而传统的美学并非交叉学科，因为从古希腊哲学到德国古典哲学，美学基本上是哲学的一个分支，而且在美学学科独立之前，它甚至算不上一个重要的哲学分支。但在德国古典美学之后，现代美学发生了重要的变化，这就使它与其他几门与之关系密切的学科形成了交叉互动的关系。

首先，美学与哲学仍然存在交互影响的密切关系。虽然美学作为一门学科已经独立于哲学，但在实际的美学研究当中却很难将二者清楚地区分开来，现代美学中的很多重要理论都是来自哲学家对审美现象的思考，现代哲学提出的理论问题和提供的研究方法，也仍旧深刻地影响着美学。另外，美学的发展也在影响着哲学，现代哲学中存在着一种重要的理论倾向，即哲学的美学化，或者说美学问题成为许多现代哲学家关注的首要问题，这与此前古典哲学、认识论哲学将认识问题和伦理问题排在美学之上的情况大相径庭。哲学与美学之所以仍然保持着密切联系，是因为二者的学科性质具有很大的相似性，它们都以人的存在意义以及与此意义相关的人的活动为主要研究对象，并且都是从宏观的、整体性的视角出发来把握其研究对象。

其次，美学与艺术学有密切联系。艺术学是一门比美学更为年轻的学科，它的产生恰恰来自美学在发展过程中面对的困境。在美学独立之后，发展到 19 世纪后半期，越来越多的学者开始提出对它的质疑，其中的关键问题是：美学的主要研究对象是艺术现象，而美学对艺术的研究往往以将艺术的本质设定为“美”作为理论前提，但人们对艺术的研究越深入就越会发现，艺术与“美”的关系绝非如传统美学设想的那样理所当然。“美”是艺术现象的重要因素之一，但并非具有决定性意义的根本要素，也就是说，“美”不是规定艺术的必要条件。而且艺术现象与审美现象相比更为具体也更为复杂。总体的艺术现象由多种不同类型的艺术形式组成，每种艺术形式都有其独特的性质和规律；而总体的艺术又有更为普遍的共同规律。对艺术的研究面对的问题比美学更为丰富，不是单纯的美学学科所能涵盖的。所以，从 19 世纪末到 20 世纪初，不断有学者提出建立一门独立的艺术学，最终导致艺术学与美学的分离。

但美学与艺术学仍然有着密不可分的关系，这一方面是因为二者的研究对象有很大的重合度，现代艺术的发展虽然呈现出与传统艺术迥然不同的态势，但迄今为止，它仍然是审美现象最集中的领域，也是美学研究不能绕开的重要话题。另一方面，尽管艺术学的哲学色彩更淡，科学色彩更浓，但至今仍不能完全脱离哲学，尤其是美学的影响，艺术学独立之后至今，百余年的发展历程中取得的主要理论成果，有相当一部分仍然是从美学中来的。而艺术学的独立发展又反过来对美学产生了重要影响，一是艺术学揭示了被传统美学忽略的很多艺术的特性和规律，这极大地拓展了现代美学的理论视野，使得美学对艺术现象，乃至对审美现象的把握更加全面；二是艺术学的独立迫使美学开始对美与艺术的关系进行反思，进而对美的本质和规律进行反思，从而开辟出美学研究新的方向。

总之，美学是一门交叉性的人文学科，这就要求我们在研究和学习美学时应始终牢记：一方面应该拓宽理论视野，掌握更为全面的美学知识，了解更为丰富、复杂的审美现象；另一方面应该更加关注审美现象和美学理论的价值观基础，应通过学习和研究美学，继承优秀民族文化，弘扬人文精神。

本章小结

美学作为一门交叉性人文学科，在发展过程中受到哲学、文艺学、艺术学、心理学、社会学、人类学等众多学科的影响，其所关注的研究对象和提出的理论问题也在不断发展变化，我们在学习美学时要特别注意将理论知识与生活经验、审美经验相结合，更好地掌握美学的理论方法和相关知识。

思考题

1. 儒家美学思想的主要特点是什么？
2. 康德的主要美学观点是什么？
3. 简述美学与艺术学的关系。

延伸阅读与参考书目

［1］柏拉图．柏拉图文艺对话集［M］．朱光潜，译．北京：商务印书馆，2013.

［2］叶朗．中国美学史大纲［M］．上海：上海人民出版社，1985.

［3］朱光潜．西方美学史［M］．北京：人民文学出版社，1979.

［4］B. 鲍桑葵．美学史［M］．张今，译．北京：中国人民大学出版社，2010.

第 1 章　美的本质

“美”的本质是美学的核心问题，是完整的美学体系的理论基础。只有在“美”的本质问题上提出某种比较明确的观点（不管这种观点是什么，甚至可以是否定性的观点），才能够进一步发展出对整体审美现象的不同层面、不同角度的阐释；而是否能够对“美”的本质有正确的认识，自然就决定了美学理论的科学性和严谨性。因此，学习美学，首要的任务就是深入了解“美”的本质问题。

1.1　中西美学关于美的本质的观点

美学史上关于“美”的本质的研究成果非常丰富，虽然其中很多观点在今天看来已经显得很不合理，或者与我们当下所理解的审美现象不相符合，但其思考问题的方式以及对于某些具体问题的探讨仍然具有一定的现实意义。今天我们要重新思考“美”的本质这一问题，并获得较为科学的结论，在此之前有必要先回顾关于“美”的本质的观点在中国和西方美学史上的发展历程。

1.1.1　中西美学关于美的本质观念的差异

什么是本质？这个概念与人们认识客观世界的方式有关，当人们对客观事物进行认识和思考时，会发现认识对象的两大特征，一是杂多性，二是变化性。也就是说，人们能够直接观察到的事物大多是处于变化之中的，事物很难保持其固有的特征始终不发生变化；而且不同事物之间总是或多或少地存在差异。但同时，人们也发现这些处于不断变化中的杂多事物在某些方面也具有共性，而且在某些方面也有不变的东西，或者说它们的变化是有规律可循的。由此，人们就产生了“统一”与“杂多”，以及“不变”与“变化”这样相对的概念，一旦“统一”“不变”等概念被理解为某种客观存在的事物的特性，我们就说它是事物的本质。

一说到本质，我们首先会联想到另一个概念，就是现象。有现象就有本质，有本质就有现象，二者合在一起才成为一个完整的范畴。把万事万物分成本质和现象，或者其他类似的两个层面的思维方式，叫作“二分法”或“二元论”，这是西方思想中根深蒂固的一种思维方式。其他文化传统，包括中国文化传统同样存在二分思维，但只有西方思想形成了典型的“二元论”，这是为什么呢？这主要来源于西方人对于“存在”的一种特殊信念。

“美”的事物是客观存在的，但在不同人眼中的“美”，以及不同领域的“美”是有差异的，这就意味着具体事物的“美”没有统一的标准，因而是有限的，同时大多数事物的“美”是难以持久的。但古希腊人则坚持一种信念，他们认为，“美”应该是存在的，而存在意味着“统一”和“不变”，因为如果承认“杂多”与“变化”，就等于承认一个事物既是美的，又是不美的，这就导致了自相矛盾。与之形成对比的是古印度文化的观念，古印度哲学承认“无常”本身是最真实的，整个世界就是所谓的“四大假合”，即一场“空”，具体事物呈现出来的“美”当然也都是虚幻的。

但这种“统一”和“不变”的存在很难在现实世界中找到，因此在苏格拉底之后，古希腊思想家开始设想一种超越于现实世界之上的、不能被感官把握到的存在，由此就形成了西方思想的一个重要特征，即形而上学的思维方式。西方人对本质和现象的理解深受形而上学思维方式的影响，总是倾向于将本质理解为超越于现实世界之上的客观存在，这种超越不仅指其不能被人的感性能力所把握，更指本质相对于现象更真实，并且对现象具有决定性作用。这一区分的意义是非常重大的，它不仅深刻影响了西方两千余年的思想发展，而且随着现代化和全球化进程的展开，对包括中国在内的非西方文化产生了深远影响。

受到形而上思维方式的影响，西方美学关于“美”的本质的思考倾向于以“下定义”的方式来回答“美是什么”这一问题，而中国美学则很少直接对这一问题进行回答。但这并不意味着中国美学缺乏对美的本质的思考，而是其思考和表述的方式与西方美学有明显差异。

西方美学受二元论思维模式的影响，将“美”的本质理解为一种超越生动、具体的审美现象之上的、同一的、不变的东西，现实的各种美的事物只是美的表象，而表象背后的那种使事物变成美的力量才是美的根源。因此，把握它的方式就应该是以明确的概念按照符合逻辑的方式对“美”进行界定。但中国美学以及它背后的哲学思想却没有形成彻底的现象—本质二元论，它承认事物的变化是有规律可循的，但并不认为现象背后存在形而上的本质，相反，它认为变化本身就是世界存在的基本方式。因此对于“美”的本质，中国美学常常通过对审美现象的发生机制的描述来进行解释。

如儒家美学思想多以“气”“象”“意”等范畴来解释“美”的本质，孟子曰“充实之谓美”，这并非对“美”这一概念所作的严格界定，而是对人的内在的精神气质在外在仪表上呈现出来的“美”的一种解释。他把人的精神理解为一种“气”，“气”的变化导致人的精神状态以及道德品质的不同表现。孟子曰：“可欲之谓善，有诸己之谓信，充实之谓美，充实而有光辉之谓大，大而化之之谓圣，圣而不可知之之谓神。”[①]这是对内在的“气”在人身上所呈现出来的不同阶段的状态的一种描述，尽管他并没有定义“美”是什么，但通过这种描述，我们对“美”已经有了深刻的理解。

道家美学思想对“美”的不可定义性有更明确的认识，老子曰“天下皆知美之为美，斯恶已”[②]，也就是说，固定的、形而上的“美”的观念，对于“美”本身来说并非揭示，而是一种遮

---

① 杨伯峻.孟子译注［M］.北京：中华书局，1960：334.

② 陈鼓应.老子今注今译［M］.北京：商务印书馆，2003：80.

蔽，人们一旦固着于某种“美是什么”的观念，很有可能就丧失了对美的事物自身的把握和理解。这与它对“道”的论说方式是一致的，《老子》开篇即说“道可道，非常道”[①]，似乎宣布了对“道”的讨论是无效的，然而全篇五千字又都在讨论“道”。实际上它只是刻意避免以僵化的思维方式和语言方式来限定对“道”的理解，转而另辟蹊径，通过对“道”在各种事物身上的呈现方式的描述来解释“道”，以此尽量在人们的思想中保持“道”本身的原始状态。这种思维方式深刻影响了后世美学的“美”的本质观，后世的思想家大都是以描述的方式来解释“美”是如何发生的，如用“意象”“意境”“情景”“滋味”“气韵”等概念来解释文学艺术中的“美”的机制，而很少直接谈论“美”这个概念。

我们必须承认，对于美学理论而言，中国美学的这种本质观既有优势，也有缺陷。它对于克服西方美学中的二元论传统，避免对“美”的本质产生形而上学的理解，有重要的意义。事实上，当代西方美学也开始反思其二元论和形而上学的思想传统，现象学和分析美学的许多观点与中国传统美学是相通的。但同时，正是这种本质观使得中国美学对“美”的本质问题的研究相对狭窄，远不及西方美学理论思考得深入和全面。因此在美学的学习和研究中，我们可以将中国美学的本质观作为一种重要的借鉴，但需要在其基础上进行更具体的研究和思考。

1.1.2　西方传统美学中美的本质观念

西方美学认为，“美”的本质是隐藏在事物表象背后的、内在的、不变的东西，虽然是看不见、摸不着的，但比鲜活的现象更根本、更重要，因为它决定着某一具体事物是美的还是不美的。那么这种内在的、不变的“美”的本质究竟是什么呢？从古希腊时期到现代美学产生之前，西方人的基本观点大体可以分为两个方向。

1. 将“美”的本质理解为一种形式上的组合规律

古希腊早期的自然哲学家们认为世界是由某种或几种基本元素组合而成的，如土、水、火、气或者原子等。而同样的元素构成的不同事物，有的美有的不美，当然这取决于它们组合的方式。例如，毕达哥拉斯学派认为，宇宙万物是按照数学规律构成的，事物之所以美就是因为它们是按照特定的数学原则组合而成的。美的事物的构成要素应该遵循一个普遍的形式规则，他们称这种规则为“和谐”，所谓“和谐”就是指不同要素按照某种数理关系组合成一个整体。这种普遍规则在不同的艺术形式中又体现为具体的数理关系，如音乐中的音程关系、造型艺术中的比例关系等。音程是乐音在音高上的相互关系，不同的乐音音高不同，但所有乐音的音高都符合相同的比例，这是进行音乐创作的理论基础。在造型艺术中经常运用的一种比例，叫作“黄金分割率”，按照这种比例构造出来的图像会让人产生舒适的感觉，因此它在绘画、雕塑、建筑，乃至设计艺术中得到广泛运用。据说音程就是毕达哥拉斯偶然听到铁匠捶打铁块的声音而发现的，而“黄金分割率”也是毕达哥拉斯学派发现的。

这种注重形式规则的观念在当时的绘画、建筑、雕塑、音乐等艺术领域影响很大，亚里士多德总结了一条基本规则，即美是多样的统一：美的事物一方面应该包含许多不同的组成部分，另一方面这些部分应该组成有机的统一体。这个观

① 陈鼓应 . 老子今注今译［M］. 北京：商务印书馆，2003：73.

点在西方美学史上十分重要，并且影响深远，成为关于“美”的本质的一种重要的理解传统。这种观点的要点有二：一方面，美的东西应该包括杂多的元素，简单或单纯的东西即便美，美的程度也不够高，而复杂的东西如果协调一致起来，就显得非常美了。比如，史诗和戏剧相比，戏剧除语言外，还包含着音乐、表演等各种因素，所以应该比史诗更美。这就意味着，美的现象，或者美的外在因素，虽然不是决定“美”的最根本的原因，但也是非常重要的。另一方面，决定“美”的根本要素在于内在的规则。杂多的因素怎样才能统一为一个整体呢？必然要有一个力量把这些元素凝聚起来，这种力量就是各种元素之间的关系。只有有关系的事物才能结合为一个整体，如有亲属关系的人才能组成一个家庭，这种关系越紧密，它们所组成的整体就越稳固。所以构成美的事物的各种元素，应该是通过某种必然的，而非偶然的关系组合起来的。

在不同的美的事物当中，这种必然的关系会有不同的体现，但它们大都属于形式上的规则，而且，这种规则会使美的事物达到一种特殊的状态，即它的各种构成要素达到了“有机”的统一。所谓的“有机统一”是亚里士多德从生物学中引入的概念，指一个事物身上的每一个部分都是整体中的不可或缺的一部分，任何一个部分的变化都将导致整体某种程度的变化。当某种事物达到了这种“有机统一”的和谐状态，并且能够与其所处的环境也达到和谐状态时，这个事物就是美的。

2. 将“美”的本质理解为一种不依赖于具体事物而实际存在的东西

美的规律虽然是客观的，但美并不一定是一种独立存在的东西，如音乐的节奏、旋律、和声等形式要素，并不在具体的乐曲之外存在，每一首曲子都有自己独特的节奏和旋律，这些音乐的形式要素只能依存于具体的乐曲。亚里士多德等思想家都是持这种观点的。但古希腊的另外一些哲学家，以亚里士多德的老师柏拉图为代表，却提出了一种非常特殊的观念，即“美本身”。“美本身”这个概念与美的规律最重要的区别在于，前者是在具体的美的事物之外独立存在的。它不是一种个别的、具体的对象，而是一种抽象的、超验的存在。这个抽象的，但又是独立存在的“美”，就是柏拉图所说的“美本身”，或者说是“美的理念”。

“理念”这个概念有很多中文译法，如“理式”“共相”等，在西方哲学史上这个概念既重要又复杂。所谓“理念”与我们平常所说的“概念”是不同的。“概念”是我们从众多现象中抽象出来的、能够反映某类事物内在本质的一个观念，也就是说，它是我们头脑里的东西；而“理念”虽然与概念很相似，却是一个客观存在的东西，它不存在于现实世界，而是存在于“超验”的世界，它看不见摸不着，但却实实在在地发挥作用，如“美的理念”的作用就是让现实世界中的某些东西显得美。

以上所说的两种关于“美”的本质的观念，都对后世产生了深远的影响，其中最根本的影响，就是西方人从此习惯从两分法的角度思考“美”的本质，这形成了一种思维模式，于是“美”的本质就一定是在现象背后的，又起着决定作用的一种东西。但这两种观念的影响又有不同之处，亚里士多德的思想更多地影响了后世关于艺术美的研究，在具体探讨“艺术为何而美”的问题时，人们往往从艺术的构成规律，乃至形式规则等方面考虑；而柏拉图的思想则更宏观而抽象，对后世偏于思辨的美学研究产生了深远影响。

1.1.3　西方近现代美学中美的本质观念

在西方古代美学思想中，关于“美”的本质的两种观点虽然各有侧重，但都是从研究客观的美的事物出发的，也就是说，它们都认为“美”是一种客观存在的东西，即先有了美的事物，人才能感受“美”，进而思考“美”。但这种观念到了近代美学学科诞生前后，发生了重要的变化。

美学在独立之前一直是哲学的一个分支，美学思想的变化很大程度上受到了哲学思想变化的影响。近代哲学思想与古代哲学的不同有一个非常重要的方面，就是古代哲学注重对世界本原问题的探究，如世界是由什么构成的、是按照什么规则运行的等，这被称为本体论的问题。上述关于“美本身”以及“美是和谐”的观点，也是本体论范围内讨论的观点。

而近代哲学研究的重点，则转移到了我们如何来认识世界的问题，也就是说，既然世界分为本质和现象两个层面，而本质（或本体）是不可见的，那么我们如何获得关于世界的知识呢？这些知识的可靠性如何保证呢？这种问题被称为知识论或认识论的问题，它的研究对象从我们周围的世界，转向了人的精神或者意识。因为所谓的知识首先是人的思想，如果这种思想与事实相符合，那么它就是知识，如果我们无法验证它是否符合事实，那么它就只是意见。虽然知识论也强调知识的可靠性，即观念与对象的一致性，但毕竟它的理论重心已经转向了内在意识，因为事物必须先被我们意识到，才能进一步验证知识，而意识本身比起外在世界更贴近、更直接，是可以被我们直接把握到的东西。

举例来说，“美的理念”是看不见的，我们要获得关于“美”的知识，需要分析它的影子，也就是通过对美的现象的感受，在这些具体的审美经验的基础上，提炼出关于“美”的本质的一般性看法，如果这种看法与美的现象相一致，那么它就是真理或者可靠的知识。但我们还是无法直接知道二者是否一致，我们能知道的，一是自己的观点是否合乎逻辑，二是这种观点是否与我们的经验符合。可见，知识论研究知识的可靠性，归根结底是在意识范围内进行的，至于意识之外的对象本身，尤其是那些像“美的理念”这样的看不见摸不着的对象，反而不太被关注。

在这样的哲学背景之下，审美感受或者审美体验，就成为新的美学研究的核心内容，而“美”的本质这个问题，在某种意义上已经被转换为审美意识的本质问题了。当然，审美对象仍然是美学的重要对象，但对对象的研究是依附于对审美意识自身的研究的。比如，这一时期的美学非常重视对形式美的研究，但形式美的规则与人感受这些形式的感性能力结合在一起才有意义。这种研究既可以说是对审美对象的研究，也可以说是对人的视觉、听觉等感官能力的研究，如绘画、雕塑、建筑等视觉艺术所呈现出来的美，离不开色彩、线条、明暗、层次、形状等视觉因素的范围；音乐的美离不开节奏、旋律、和声等听觉因素的范围。总而言之，美或不美与我们的感觉器官如何来感受美的对象密切相关，这样，关于美的规律这个问题，就从客观的方面转移到了主观的，也就是审美感受的方面。

然而，这种转换并不意味着自古希腊以来的二分法思维方式已经失去影响力。近代美学虽然侧重于从主观意识方面研究“美”，但不可能将“美”当成一种纯粹的意识现象，更不是仅仅将其作为感性的意识现象。意识现象，尤其是审美意识本身是主观的、个体化的，西方有一句谚语，叫“趣味无争辩”，即不同的审美都有其合理性，没必要千篇一律。但这就意味着“美”失去了客观的标准，人们各美其美，相互之间却无法共享或交流对“美”的感受，那么美学也就毫无意义了。所以，“美”还是应该有共性的，或者说有“本质”的。不过，在知识论哲学的时代，人们都更倾向于在精神或意识的层面上寻找这种共性和本质。

而要在精神或意识的层面上寻找“美”的规律或本质，就必须考察各种心理功能中与审美有关的因素，如感觉（主要是视觉和听觉）、知觉、记忆、想象、情感等。这些心理功能，尤其是想象与情感，在审美体验中的确非常重要，但问题是它们归根结底还是不能保证审美体验的共性。比如，对同一个事物而言，不同人会有不同的感觉，甚至同一个人在不同时间、不同处境下也有不同的感觉；人对某件事的记忆，会随着时间的流逝而发生改变；人对他人的好恶，也会随着交往的深入而变得不同，如此；等等。

所以近代美学还需要在人的精神或意识当中找到一种客观的，即对所有人都有效的东西，来作为审美共性的保证，这个东西只能是人的理性能力。也就是说，古代美学中“美”的本质与现象的二分，在近代美学中就转换为感性与理性的二分，二分法的思维方式仍然没有改变。

那么理性是什么呢？首先，在知识论哲学的理解中，它是一种内在的东西，也就是我们心灵当中的东西，而不是外在的东西。其次，它又不是个体化的东西，它不像感觉、情绪等感性的意识功能，是因人而异的；相反它是对所有人都有效的。这样，理性才能成为保证不同的人有共同的审美标准的重要条件。

理性的能力主要有两个方面：一是判断真假，二是判断是非。真假是一种知识判断，获取可靠的知识必须依靠理性。是非是一种价值判断，它也是客观的，这种客观性来自事实依据，但我们并不总是依据实际后果才能判断是非善恶，尤其是道德判断不能以经验性的、功利性的结果为前提，而要求一种超越于经验之上的共同原则，因此它也是一种理性的能力，而且是先验的理性能力。

那么审美判断属于哪个范围呢？首先它不是知识判断，而应该是一种价值判断；其次它与道德判断又有所不同，在审美判断中，人们在乎的主要是“美还是丑”，而不是“善还是恶”的问题。因此，在当时的美学家看来，审美判断就更加与研究对象带给我们的实际影响无关了。

既然理性是审美共性的保证，那么审美判断要避免陷入主观化的境地，就也应该包含理性的成分。但审美本身毕竟是一种感性的活动，如何来解决这个矛盾呢？号称“美学之父”的鲍姆嘉通提出了一种解决方案，他说：“美学的对象就是感性认识的完善（单就它本身来看），这就是美。”[①] 这个定义虽然有明显的缺陷，但反映了认识论美学普遍的思维方式。

首先，鲍姆嘉通将审美界定为感性认识的活动，这本身就是在感性 / 理性二元论的前提之下的一种界定，感性 / 理性二元与之前的现象 / 本质二元一样，都是重后者而轻前者，也就是说，作为一种提供知识的认识活动，感性所能提供的知识显然不如理性可靠。事实上，当时的人普遍认为感性能力不仅提供不了可靠的知识，反而对

① 朱光潜．西方美学史［M］．北京：人民文学出版社，2002：289.

理性的认识活动有阻碍作用，因为感性认识会带来很多错误的信息，如错觉、模糊的记忆，甚至幻觉等。

其次，审美又不是普通的感性认识，而是这种认识的“完善”。表面上看，所谓“完善”是指审美观照的对象更规则一些、更有序一些，不像一般感性事物那样杂乱无章、真假难辨。但如果严格按照感性 / 理性二元论的思维方式细究，就会发现“完善”这个概念本身并不是感性认识范围内的东西，因为人用感官能把握到的对象，都不是完善的，甚至可以说感官本身就是不完善的。

事实上，“完善”这个概念来源于鲍姆嘉通所属的知识论哲学中理念派的思想传统。这个概念不可能从经验中得来，所以其本质上是一个先天的理念，鲍姆嘉通强行把感性和审美与理性的“完善”嫁接在了一起。

虽然二者都属于知识论哲学，但欧洲大陆的理念论和英国经验论还有所不同，经验派主张审美只涉及感性能力，理念派则强调审美必然与理性有关，双方争执不下，最终还是由德国的哲学家康德给出了一个调和的方案。

康德认为，首先必须承认审美活动是一种纯粹的感性活动，其次必须把审美中的抽象概念的杂质剔除出去。也就是说，在纯粹的审美活动中，我们是不可能获得任何知识的，从内在的审美心理的角度说，只有感觉、想象、情感等感性心理能力在直接发挥作用；从对象的角度说，让我们体验到美的，只能是对象的形式因素，因为一旦涉及思想内容，就不可避免地会有抽象概念掺杂进来了。

但同时我们又必须承认审美不是纯个人化的，它还与知性能力有关系，怎么获得知性能力呢？康德认为要靠想象力。想象力是一种很特殊的心理功能，它本身是具象的，但又在形成抽象概念的过程中发挥着关键的作用，所以它能够成为一个桥梁，把感性和知性联结起来。当我们进行审美活动时，虽然只是感觉、想象、情感等感性能力在起实际作用，但由于想象力的活跃，知性能力也被调动起来，潜在地发挥作用，从而使审美不再是纯主观化的活动。这是一种非常特殊的心理状态，它既要求知性能力活跃起来，又拒绝它真的参与到审美活动中来，所以审美是一种很微妙的心境。

不仅如此，康德在优美之外，还重点谈到了“崇高”的问题。“崇高”也是一个美的范畴，但与和谐且让人愉悦的“美”不同，它是不协调的，给人的感觉是夹杂着痛感的。“崇高”之所以能够存在，同样是想象力运作的结果。对于形式上很美好的东西，我们的感官会很舒适，我们将很容易地接受它，再加上想象力激发知性能力的活跃，于是美感产生。这类事物的特征是体积适中、表面顺滑、结构有序等。总而言之，这种对象会让人产生亲近感，而不是距离感，更不是恐惧感。但当我们面对庞大的、不规则的，甚至恐怖的东西时，我们的感官一开始一定是排斥的，更不会产生审美愉悦感。即便是没有实际危险的对象，如果其太过于庞大，或者蕴含着狂暴的力量，尤其是不可控制的毁灭性力量，或者形态和结构非常不和谐、不规则，那么我们还是会产生不舒适的感受。

但这个时候，想象力再次活跃起来，这次它不是激发了我们的知性能力，而是激发了道德理性能力，我们不是因为能够透彻地、合理地把握了对象而感到愉悦，而是因为面对无法抗拒的巨大力量时，没有被这种力量压倒，从而获得了一种道德上的优越感，这不是对外在审美对象的肯定，而是对自身的肯定。这种崇高感，在悲剧等艺术类型中比较常见，如海明威在《老人与海》中写下的名言“人可以被毁灭，但不能被打败”，就表现了这种崇高感。

总而言之，康德力图在感性与理性之间搭建一个桥梁，从而解决审美活动中感性与理性的内在矛盾。而“美”的本质就在于理性与感性的统一。

康德之后，关于审美活动中感性与理性、本质与现象之间的关系问题，出现了两种不同的趋向。

一种是更加强调其中理性的方面，如黑格尔的观点。黑格尔继承了康德的基本立场，即审美活动既是感性的，又与理性相关，但他认为，康德的理论并没有真正地将感性和理性统一起来，没有真正解决二者的矛盾。问题的根源还是在二元论上，只要二元论仍然是哲学思维的基础，这个问题就永远无法解决。所以黑格尔试图用理性的一元论来克服二元论的问题，也就是说，人的认识活动，乃至整个世界的运行，都是遵循着一个根本的规则的，这个规则是理性的规则，黑格尔称之为“绝对精神”。但一方面“绝对精神”不同于个人主观的精神现象，它比个人的理性和感性能力更根本，所以它应该是客观的；另一方面，我们不能说在认识活动、审美活动、伦理活动中有不同的精神，“绝对精神”应该是自身统一的，所以它不是静态的，而是不断发展变化的，“绝对精神”的不同形态只是它自身发展的不同阶段。

“绝对精神”可以在万事万物中呈现，如可以体现为自然界运行的规律、人类社会运行的规律等。当人开始对“绝对精神”进行反思的时候，它就在人的思考中呈现出来。人如果用艺术的方式反思“绝对精神”，它就呈现为“美”；人如果用宗教的方式反思它，它就呈现为“善”；人如果用哲学的方式思考它，它就呈现为“真理”。就审美活动而言，该活动是“绝对精神”自身发展的一个特定阶段，这个阶段的特点是通过感性的形象表现出来，也就是说，感性在这里只是“绝对精神”表现自身的一种形态。由此黑格尔也给“美”下了一个定义：“美就是理念的感性显现。”①

但黑格尔其实也没有真正解决感性 / 理性二元论的问题，所谓“理念的感性显现”，体现在艺术当中，可以被直接把握到的也只是感性的形象而已，“绝对精神”自身仍然是隐匿在形象背后的。很多艺术作品的确能够让我们感受到一种强大的精神力量，但这种精神力量是不能被清楚地表述出来的，假如非要像黑格尔说的那样，必须在艺术作品中分析出确定的思想内涵，往往会导致对艺术的误解乃至曲解，反而偏离了艺术自身的价值所在。

另一种趋向则恰恰相反，是强调审美活动中非理性的一面，如叔本华和尼采的观点，尤其是尼采的观点。非理性主义美学对黑格尔将“美”的本原归结为“绝对精神”的观点不屑一顾，在黑格尔那里，以美的形式来呈现还远不是绝对精神的最高境界，只有在哲学思考中人的理性和“绝对精神”本身才能达到统一，所以他对人的理性是充满信心的。尼采则恰好相反，他认为理性从来都不是决定世界运行以及人的命运的决定性力量，它只是一种工具，用以为达到更根本的目的提供条件而已。这个更

① 黑格尔 . 美学（第一卷）[M] . 朱光潜，译 . 北京：商务印书馆，2011：142.

根本的力量是“权力意志”，即永远扩张、永远占有、永远不满足的本能欲望。

所以，“美”就不应该是“绝对精神”的感性显现，而是“权力意志”的自我表现，而且是最高层次的展现。这种表现又有两种不同的形态，一种是被尼采称之为“日神精神”的展现，另一种是“酒神精神”的展现。前者体现在造型艺术领域，特点是营造出梦境般美轮美奂的景象，麻痹人的理智，以暂时地安慰那永不满足的欲望；后者体现在音乐和悲剧中，特点是展现无可逃避的命运，压碎人的理智，以使人回归到更为原始的欲望宣泄的狂喜之中。表面上看，尼采对“日神精神”和“酒神精神”的划分，与康德对“美”和“崇高”的划分很相似，但本质上二者是完全不同的。康德强调的是作为感性现象的“美”和“崇高”与理性的相通性，而尼采则强调，不管是“日神精神”还是“酒神精神”，都是通过不同方式对理性的克服。

尽管尼采更强调审美活动中的非理性因素，但他也并没有彻底摆脱二元论思维方式的影响，他的“权力意志”这一范畴，虽然不是理念，但却起着与黑格尔的“绝对精神”非常相似的作用，它们都是世界的本原，是推动世界运行和人的行动的本原力量，在审美现象中，它们也都是隐匿在感性表象背后的深层的东西。

这种二元论的思维模式对“美”的本质研究的影响，到了现代美学阶段才开始逐渐被克服。当代西方有两个主要的哲学流派：现象学和分析哲学，都对打破二元论思维模式作出了重要贡献。

如现象学，它所强调的是“回到事实本身”，所谓“事实”指的是纯粹现象，即排除了一切关于现象的存在论设定的、仅就其对人的显现而言的现象。关于内在本质的所有构想，都是以现象本身为前提的，本质不是藏在现象背后，永远无法直接把握的东西，而是和现象本身为一体的，能够被直观把握的东西。审美现象当然也是这样，现象学的重要哲学家海德格尔说：“美是作为无蔽的真理的一种现身方式。”[①] 按传统的看法，所谓的真理很大程度上是符合论的真理，这种真理是抽象的、现象本身之外的观念。而海德格尔认为，不存在现象之外的本质或真理。如“美”，我们不应该认为有一个在美的现象之外的，或背后的“美”的本质或规律，只有与这个本质相符合的才叫美的现象，“美”就是美的显现本身，显现就是“美”自身。

分析哲学则从另一个角度破除了二元论的影响，如维特根斯坦认为，我们能够谈论的所有理论问题，必须有一个明确的界限，那就是理论必须有事实相对应。历来关于“美”的本质的研究，往往不是依据事实，而是一种虚构性的理论的构想。以艺术这个概念为例，我们称之为美的艺术的各种事物之间，如音乐与绘画之间、文学与建筑之间，在何种程度上有共同性呢？事实上它们的区别显然比共性要多，可我们却习惯性地把它们归为一类，并进一步谈论它们共同的本质。

维特根斯坦认为，这种本质是不存在的，我们之所以会有这样的误解，是因为各种不同事物带给了我们类似的感觉或印象。我们是依据这种相似性把不同的东西串在一起，将其规定为具有共同本质的东西，其实它们之间并没有什么共同本质，只不过具有“家族相似性”。所有美的事物都是因为“家族相似”而联系在一起的，于是

① 海德格尔 . 林中路［M］. 孙周兴，译 . 北京：商务印书馆，2018：46.

"美"的本质问题，乃至美学本身，就这样被取消掉了。

1.2 对美的本质问题的反思

通过上文对中国与西方美学思想中关于"美"的本质问题的讨论，我们可以发现，要对"美"的本质作出明确的界定是困难的，但这并不意味着"美"的本质是无法研究的。我们可以总结出与"美"的本质相关的主要问题，通过对这些问题的解答逐渐逼近"美"的本质本身。其中首要的问题是："美"是主观的还是客观的。而这一问题又与审美现象的两个根本特性密切相关，即"美是感性的还是理性的"以及"美是功利的还是超功利的"。

1.2.1 感性与理性

在前面的章节中，我们回顾了西方美学关于"美"的本质的思考。虽然有很多互不相同的观点，但它们大都集中在一个方向上：在美的现象背后，存在着某种不能直接看到的本质。不管这种本质是形式规则、超验的理念，还是人的理性能力，它们大都与理性相关。因此，西方美学关于"美"的本质的探讨，大都集中在感性与理性之间的关系方面。

我们对主观与客观的划分，不论在哪个意义上，都与感性 / 理性的二元论有着密切的关系。感性的现象一般被认为是主观的，感性意识活动是人的内在精神世界与外在世界相连接的最直接的部分，本应最具有客观性，但事实上感性一向被理解为杂乱无章、变动不居的，而且人与人之间存在巨大差异。也就是说，感性是个人化的，所以当然是主观的。而理性的现象一般被认为是客观的，前面我们反复强调，理性是对所有人都有效的，正因为有理性，人们之间才能达成共识、相互交流，从这个意义上来说，理性的现象，虽然很多都是看不见、摸不着的抽象的观念，但它们反而是客观的。

比如，古希腊时代的"美"的本质观，不论是柏拉图的理念论，还是亚里士多德的"多样统一论"，都是偏于客观论的。因为理念虽然不属于物理世界，但在柏拉图看来却是客观存在的；而亚里士多德关注的美的事物的形式规则，更是客观存在于美的事物之中，是物理现象的一部分。

到了近现代美学中，这个问题就开始变得复杂起来。这个时期关于"美"的本质的讨论，实质上是关于审美意识本质的讨论，想象力、快感、判断力等问题成为美学研究的重要内容。在这些讨论当中，美学家们面临着同样的困境：一方面，从常识和传统出发，我们应该承认，某些东西让我们感觉是美的，是因为它本身具有一些特性，如绘画中规则的构图就比杂乱的构图更有美感，音乐中规律的节奏就比杂乱无章的声音更有美感；但另一方面，我们又必须承认，美感是一种非常个人化的东西，尤其是美感体验当中的情感因素更是如此。

是否获得了审美愉悦，或者审美快感，是判断我们是否进行了审美活动的重要标准之一，问题在于，对同一个对象，哪怕是经典的艺术品，不同的人仍然会有不同的感受。在情感好恶方面，人与人之间会有很大差别，而情感因素又在审美意识中占有很重要的地位，那是否意味着，审美意识也是个体化的东西呢？这就涉及那个时代关于“美”的本质的一个重要争论，即“美”是相对的还是绝对的，或者“美”有没有客观标准。

当然，多数人还是认为美是有客观标准的，但这个标准是什么，以及怎样来证明这种标准是存在的，是一个非常复杂的问题。对此，历代思想家提出了各种解释。比如，有的美学家认为，“美”一方面来源于客观事物的属性，尤其是感性形式方面的某些特性，另一方面又来源于人主观的心理功能。而不同的人之所以能够对同样的对象产生大致相近的审美感受，是因为对象与人的心理功能之间，恰恰有一种对应关系。又如，有的美学家认为，人能够感受到客观事物的“美”，不是通过自己的视觉、听觉等感官。因为视觉看到的只是一片色彩、线条等，并不是“美”；听觉听到的也只是一串声响，也不是“美”。而且，由视觉和听觉所引发的个人感受是难以避免主观性的。他们提出，人有一种特殊的感官，可以称之为“第六感官”。它既不同于视觉、听觉等肉体的感官，因为它感知的不是对象具体的物理属性；也不同于思维活动，它对对象是纯粹的感受，是不经过概念、判断、推理等思维过程的。它独特的功能就是感受对象的“美”。这种观点看似无懈可击，但同样无法证明自身。

康德对这个问题也做了深入研究。康德哲学的前提是对“物自体”和“现象界”的划分。所谓“现象界”是指，我们对客观世界的了解，只能通过感官进行，因此，我们的认识对象，实际上并不是世界本身，而是通过感官呈现出来的现象世界；而世界本身，也就是“物自体”，本质上是不能被认识的。世界是不是真的存在，它有没有一种主宰性的力量或规律，等等，这些问题只能交付给信仰。

而审美活动，它的对象，不管是美的对象，还是崇高的对象，都是感性的形象，当然是属于现象界的。因此，审美活动基本上可以归于内在的意识活动。所以，康德就只能将审美的客观性，理解为社会性的客观性。所谓“社会性的客观性”是指，审美对所有人都有效，因而是客观的。

如何来证明这种客观性呢？总体而言，康德不是用做加法的方式，而是用做减法的方式来证明这一点。也就是说，他通过说明审美虽然不是理性的，但也不是一般的感性活动，它没有导致一般感性活动主观化的那些因素，所以是客观的来证明这一点。

首先，审美不是一般的感性体验，而是一种判断。因为一般的感性体验都与利害得失有关。比如，通过饮食得到的快感，只能是个人的、主观的，我们不能假定他人也有这种快感，因为他人没有占有同样的美食，或者他的口味是与“我”不同的。因为排除了实际的利害关系，所以审美就摆脱了个人欲念的控制，有可能成为一种众人共通的东西。

其次，审美判断不是逻辑判断，而是一种情感判断。逻辑判断通过抽象概念，能够达到普遍性，而情感判断只能是单称判断。因为只有当面对具体的对象时，我们才会有情感反应。但单称判断怎么具有普遍性呢？这一点事实上不可能被彻底证明，所以康德只能假定人们具有一种“审美共同感”，前面我们说过，审美与知性和理性是相通的，既然知性和理性具有普遍性，那么我们也可以假定审美也具有类似的共通性。

可见，康德对审美客观性的证明，算不上是真正成功的，最终还是要依赖对所谓的“普遍人性”的假设。在他之后，黑格尔试图弥补这一缺陷。所以他一反自鲍姆嘉通以来的传统观念（也就是认为审美只涉及感性这一普遍的看法），提出了美是感性和理性的统一。而且这种统一不是康德那样的不彻底的统一，而是实实在在的统一，即在审美现象中真实地包含着理性的成分，甚至，理性的内容是起决定性作用的。如此一来，审美自然就有了客观性和普遍性。但这种观点的缺陷也是很明显的，审美毕竟首先是感性的，过分强调其中的理性因素，与现实的审美现象并不符合。

1.2.2 功利性与超功利性

美的客观性问题，除了与理性和感性的关系有关，还涉及"美"和"善"的关系。前面的章节曾经提到，康德把审美界定为一种价值判断，而道德行为的核心也是价值判断，两者之间有很密切的关系。虽然对康德的这一界定存在很大争议，但"美"和"善"之间存在密切联系，却是自古以来很普遍的一种看法。

比如，在古希腊时期，人们就普遍认为"美"和"善"是统一的。柏拉图在讨论"美"的问题时，除了对"美的理念"这一思想进行分析之外，还重点从"美"的效用这个角度做了分析，他认为，美的事物首先一定是好的，而好的往往意味着有用的，或者有益的，更准确地说，就是有价值的。

价值与人的目的有关，凡是能够符合人的目的的东西就是有价值的，反之则是无价值的，甚至是有负面价值的。人有各种各样的目的，事物对人的价值自然也就有不同的类型。美的事物当然是有价值的，但其价值与跟衣食住行相关的各种事物的价值并不一样。首先，美的东西并不靠自身的物理属性满足我们的实际需要，它只涉及事物外表。比如，一个好看的水瓶和一个好用的水瓶就不是一回事。其次，美的事物没有独占性，一般有价值的事物都有独占性，如一份食物只能满足一个人的饮食需求，一件衣服只能满足一个人的遮体需求等，但美丽的风景则是人人都能欣赏的。最后，有价值的事物能满足我们的需求，自然就会让我们产生快感，但我们对美的事物产生的快感是很特殊的，这一点下文将详述。

这样我们就把"美"的价值和功利性的价值区分开来了，但还没有将其与道德的价值作明确的区分。满足人的物质需求的事物有价值，满足人的心理需求的事物同样有价值，甚至有更高价值。美国心理学家马斯洛提出过一个需求层次理论，他把人的需求分成生理需求、安全需求、爱与归属感、尊重和自我实现五类，越是高层次的需求获得满足，得到的快感就越持久而强烈。审美和道德显然都是满足人的高层次需求的，所以人们说的美善统一，一般指的是"美"与道德层面的"善"的统一。比如，亚里士多德就认为，"美"是一种"善"，它之所以能引起快感，就是因为它是"善"。这里的"善"，主要指的就是伦理和政治层面的"善"。柏拉图在其代表作《理想国》中，对艺术家做了严厉的批评，也是从伦理和政治的角度出发的。"美"与"善"在这个时期还没有得到清晰的区分。

在此后相当长的一段历史时期内，关于美善关系的思考在逐渐发展，但一直没有彻底改变。比如，古罗马时期的哲学家普罗提诺认为，"美"分为不同的等级，仅仅靠外在的形象悦耳悦目的"美"，只是低层次的"美"，最高等级的"美"应该是真善美的统一。中世纪的经院哲学家阿奎那也认为，美善是一致的。但阿奎那的思想更前进了一步，他认为"美"与"善"之间还有细微的差别。“善”是满足人的欲望的，不管是物质性的欲望还是道德上的欲望，总是在实现了之后才得到满足。而“美”则与欲望无关，人只需要看到、听到美的东西，就可以直接获得满足。对“美”和“善”的这种区分，尽管在阿奎那这里还不深入，但对后来的知识论美学思想产生了极为深刻的影响。比如，英国经验论哲学家霍布斯区分了三种“善”：一是满足了欲望的“善”；二是有助于满足欲望的手段，因为有用，也是“善”；三就是“美”，它不是欲望的真正满足，而只是一种象征，使人们一看到就会对“善”有所期待。

在知识论的美学中，讨论“美”和“善”之间的联系与区别成为一个重要的话题，普遍的看法是，二者之间的确有密切的联系，但也有根本的区别。它们的共同之处在于都是某种价值，都能引起快感；不同之处在于，“善”所引起的快感是功利性的，或者说，是有外在条件的，而“美”所引起的快感却是超功利性的，它引起我们的快感，只需要对象本身具有某些特质，而不需要它与我们发生实际的关系。

对审美意识的这种特性，康德也做了很深入的分析。他认为，“美”作为一种价值，一方面能够满足我们的某种目的，这叫作具有“合目的性”，另一方面，这种目的又不能是任何一种特定的目的，因为一旦目的明确了，我们就只能在实现了这个目的之后，才能得到这种价值，所以审美又是“无目的”的。总之，审美的特性就是“无目的的合目的性”。

而由美的事物所引起的快感，当然也就不同于功利的和道德层面的快感，而是一种不涉及利害关系的快感，这种快感的根本特征就是自由。自由是“美”的内核，这是康德美学思想的关键点之一。而所谓的自由，在这里指的是“自足”的和“自发”的，也就是说，美感的产生，不以对象的实际情况为前提条件，也不受外界实际条件的影响和约束，它只与对象的形式有关。从反面来说，就是“美”绝不能是功利性的。

当然，对于“美”不具有功利性这一观点，也不是没有相反的看法。比如，达尔文就认为，人作为一种动物，他的审美能力当然是有生理基础的，这个生理基础一方面与个体的生存需求有关，另一方面与繁衍后代的需求有关。比如，雄孔雀要长出一条大而无当的长尾巴，就是为了吸引雌性；而人对美好的容貌和身材的判断标准，也有类似的依据。又如心理学家古鲁斯认为，人从事游戏、艺术等看似与功利无关的活动，实际上还是源于生存的需要，或者说这些活动起源于对生存能力的训练。

1.2.3　马克思主义关于美的本质的观点

通过回顾西方美学史上关于“美”的本质的各种观点，我们可以发现几个问题：第一，关于“美”的本质的研究始终都贯穿着二分法或二元论的思维模式；第二，在这种二元论中，偏于理性的方面在大多数情况下都是更受重视的；第三，前现代美学倾向于从客观的方面寻找“美”的根源，而越到现代，人们越愿意从主观方面来寻找；第四，在古代人们相信“美”是有条件的，而越到现代，人们越相信“美”是无条件的，是自由的。

显而易见，这些问题的根源还在于二元论的思维方式上。当前，对这些问题主要有三种解决方案，即现象学的方法、分析哲学的方法，以及马克思主义的辩证唯物主义的方法，三者相较，我们认为，辩证唯物主义的方法是最为科学的。

从马克思主义的立场出发，我们认为“美”是客观的，但所谓“客观”是什么意思呢？

首先，“主观 / 客观”与“唯心 / 唯物”不完全是一回事。如果把世界上所有的现象分至心理的和物理的两个领域，那么所有的心理现象就是主观的现象，物理现象就是客观的现象，主观的现象只涉及人心灵内部的感觉、思维、情感，客观的现象只涉及外在的事物。但实际情况当然不会这样简单，因为这只涉及唯心与唯物的区别，但没有完全解释主观与客观的区别。

一方面，除非我们像极少数极端的唯心主义哲学家一样，彻底否定客观世界的存在，否则我们还是得承认，我们心灵获得的所有信息，都是来源于客观世界的。美感体验本身是一种心理体验，当然是主观的；但我们之所以有这种主观体验，是因为存在客观的依据，它又应该是客观的。另一方面，世界上大量的现象，都不是纯粹的心理现象或物理现象，而是既包含心理因素，又包含物理因素，像艺术这样的人文现象就更是如此。那么，我们怎么来确定，“美”是主观的还是客观的呢？

所谓“客观”，还有另外一层意思，即社会性的客观性。也就是说，如果一件东西不是纯粹的物理现象，也不是纯粹的抽象观念，但对所有人而言都是有效的，所有人对它的理解是一致的，那么它就是客观的。因为人的社会行为以及社会意识不是随意的，而是有着客观的条件并遵循客观的规律，所以当一种观念或体验，如美感体验，被广泛认同并能够相互交流，它就应该具有社会性的客观性。

虽然西方近现代美学的主流是从审美意识的角度探究“美”的本质，但还有另外一种证明审美客观性的路径，即从客观的社会条件入手，证明“美”的普遍有效性。例如，狄德罗的“美在关系”说，这个学说与亚里士多德的美学思想有一定的继承关系，但已经超越了前者，因为它涉及社会性的因素。所谓“美在关系”是指事物之间的关系是“美”的源泉，对象不是因为它自身，而是因为它们之间的相互关系才成为美的。这种关系分为三个层面：一是构成事物各部分之间的关系，当各部分处于恰当的关系中时，它就显得美，这显然是指对象的形式规则，与亚里士多德的观念一脉相承；二是事物之间的关系，一个东西美不美与它所处的环境是有关的，事物之间的相互衬托也能决定它美不美，这仍然包含形式规律的意思，但已经更为广泛了；三是对象与人的关系，这种关系不一定是简单的利害关系，也可能是更复杂的社会关系，如当我们看到某种自然现象而联想到一种社会现象时，这就是一种象征关系，这种关系也能使事物显得美。

此外，俄国现实主义文学评论家车尔尼雪夫斯基的观点也是从社会性的角度理解“美”的客观性。车尔尼雪夫斯基提出“美是生活”的理念，所谓“美是生活”是指首先人的社会生活本身就是美的，其次，所有能让人联想到人的生活的东西，即便是自然事物，也是美的。可见，社会性是“美”的根源，因为这里的“生活”一词，显然不是指“活着”或者“生命”等生物学层面的意思，而是指人的社会生活。

上述观点都存在其局限性，真正能够科学解释“美”的客观性问题的，还是马克思主义的美学理论。马克思主义美学理论的基础是实践论，虽然实践论的哲学立场是唯物主义，但不是机械的唯物主义。实践，也就是生产劳动，一方面是物质的，因为生产的要素，包括生产资料，如土地、矿产等，都是物质的，生产工具也是物质的；但另一方面，生产又不是机械的劳动，而是人有意识、有目的的活动。这样，实践就把客观世界与人的主观世界结合在了一起。

人类文明就是在实践的基础上发展起来的。文明发展的过程，从根本上说，就是人通过生产劳动改造自然的过程。自然本身当然是客观的，但这种客观性对人而言不是最重要的，被生产劳动改造过的自然成了人类世界的一部分，它仍然是客观的，但这种客观性已经变成了社会性的客观性。这叫作“自然的人化”。

从相反的角度来看这个过程，生产劳动是需要人发挥自己的本质力量的活动，只有人才具有改造自然的能力，而这种能力又只在感性实践的过程中才能实现。在感性实践的过程中，人确认了自己拥有超出其他物种的特殊能力，证明了自己的力量，并且获得了极大的满足感。这个过程被称为“人的本质力量对象化”。

并且，人能够改造自然的这种特殊力量，也是通过生产劳动发展起来的。人本来只是自然的一部分，为什么能够从自然规律当中挣脱出来呢？人类的特殊能力是有生理基础的，如我们的大脑、双手，乃至眼睛、耳朵等感觉器官，这些器官能够从自然状态进化为属人的状态，发挥出特殊的能力，是因为影响人进化的不再只是自然条件，还包括了生产劳动，也就是说，人开始朝着适应生产劳动和社会生活的方向进化。这样，人与自然、主观与客观，被融合为一个整体。在人类的社会生活中，个人的思想、情感、行为等，看似是主观的，但作为人类文明的一部分，它又是客观的，因为一个人能够如此思考问题、能够有喜怒哀乐的丰富情感，前提就是进行客观的社会实践。

审美活动当然也是如此，从个人的角度来看，不同的人当然可以有不同的审美趣味。但人拥有的审美能力，有着共同的来源。比如，为什么人们会对对称的图形、有节奏的音乐这些按照特定的形式规则构成的现象产生美感呢？那是因为，在生产劳动中人们发现，规则的形式比不规则的形式更能提高生产效率。在漫长的社会实践过程中，这些对形式感的偏好逐渐沉淀在我们的心灵深处，甚至改变了我们的生理结构和功能，最终使我们具备了审美的能力。

总之，审美活动既有主观性，又有客观性，是主观性与客观性的统一。而两者能够统一起来，还是建立在客观的社会实践的基础之上的，因此，它归根结底还是客观的。

本章小结

美的本质至今仍是美学理论研究不能回避的核心问题，虽然很多现代理论对这一问题的合理性提出了质疑，但了解美学史上关于美的本质的讨论，尤其是关于本质与现象、感性与理性、功利性与超功利性等问题的争论，对于我们更好地掌握美学理论的问题意识和理论模式，进而自主地进行理论思考，具有重要意义。

思考题

1. 简述西方古代“美”的本质观。

2. 西方现代美学的本质观有何特点？

3. 为什么说马克思主义的美的本质观最具科学性？

延伸阅读与参考书目

[1] 蒋孔阳，朱立元．西方美学通史[M]．上海：上海文艺出版社，1999.

[2] 蒋孔阳．二十世纪西方美学名著选[M]．上海：复旦大学出版社，1987.

[3] 黑格尔．美学[M]．朱光潜，译．北京：商务印书馆，2011.

[4] 克罗齐．美学原理[M]．朱光潜，译．上海：上海人民出版社，2007.

[5] B.鲍桑葵．美学史[M]．张今，译．北京：中国人民大学出版社，2010.

[6] 柏拉图．柏拉图文艺对话集[M]．朱光潜，译．北京：商务印书馆，2013.

第 2 章　美　感

在前面一章中，我们重点探讨了美的本质问题，这是古典美学探讨的核心问题。自 19 世纪以来，随着自然科学，尤其是心理学的发展，近代美学研究出现了新的趋势：有关美学研究的方法由传统的“自上而下”的哲学研究方法转向“自下而上”的经验美学方法，美学研究的重点由美的本质转向美感。朱光潜先生曾在《文艺心理学》第一章中指出“近代美学所侧重的问题是：‘在美感经验中我们的心理活动是什么样？’至于一般人所喜欢问的‘什么样的事物才能算是美’的问题还在其次”。[①] 美感是美学理论体系的一个重要组成部分。这一章，我们主要探讨美感，主要包括美学史上关于美感的探讨、美感的本质特征、美感的心理因素、审美心理流派等问题。

2.1　美学史上关于美感的探讨

美感，是接触到美的事物所引起的一种感受，是一种赏心悦目和怡情悦性的心理状态，是对美的认识、欣赏和评价。刘鹗的《老残游记》中描写艺人王小玉说书引得众人纷纷叫好。台下正座上，一个约莫三十岁的湖南人说：“当年读书，见古人形容歌声的好处，有那‘余音绕梁，三日不绝’的话，我总不懂。空中设想，余音怎样能绕梁呢？又怎会三日不绝呢？及至听了小玉先生说书，才知古人措辞之妙。每次听他说书之后，总有好几天耳朵里无非都是他的书，无论做什么事，总不入神，反觉得‘三日不绝’，这‘三日’二字下得太少，还是孔子‘三月不知肉味’，‘三月’二字形容得透彻些。”旁边的人都说道：“梦湘先生论得透辟极了！‘于我心有戚戚焉’！”[②] 老残也和众人一样，听得津津有味，不悔此行。众人听王小玉说书，只觉得有说不出来的妙境；梦湘先生听完王小玉说书后有了深切感受——这些，就是我们所讲的美感。

2.1.1　西方美学史上关于美感的探讨

在西方美学史上，美感又被称为审美经验、审美鉴赏、审美判断或趣味判断。在西方美学史上，关于美感的探讨主要分为两种观点。一种观

① 朱光潜 . 文艺心理学［M］. 上海：复旦大学出版社，2009：1。

② 刘鹗 . 明湖居听书（老残游记 · 第 2 回）［M］// 王烈夫 . 中国古代文学名篇注解析译（第 4 册）. 武汉：武汉出版社，2016：692。

点认为美感是纯主观的产物。比如，古希腊的柏拉图就认为美感是灵魂处于“迷狂”状态中的理念的回忆，这种“迷狂”是由于神灵凭附所引起的。在柏拉图看来，每个人的灵魂在出生之前，都曾经观照到永恒普遍的理式世界。一旦灵魂依附于肉体，它原本的真纯本色就会被蒙蔽。只有少部分人在特定的情境下能凭借“神灵”的依附，回忆起它未投生人世以前见到的理式世界的美的景象，并依稀回忆起生前观照到理式世界的美的景象时，内心涌起的高度喜悦，进入一种欣喜若狂的“迷狂”状态。在这个过程中，由于感官和心理因素的共同作用，人会有一种快感。柏拉图已经认识到美感既依赖于感官又具有一定的理性内容，他的解释具有神秘主义的色彩。

古罗马的普罗提诺是新柏拉图主义的代表。他继承并发扬了柏拉图的思想，将柏拉图的“理念”看作“神”或“太一”。将理念美看作最高的美。认为现实事物的美是低级的，感官只能感受事物的美，理念美只能依靠心灵：“要观照这种美，我们就得向更高处上升，把感觉留在下界。”① “见到这种美所产生的情绪是心醉神迷，是惊喜，是渴念，是爱慕和喜惧交集。”② 这就是美感。

17 世纪，西方美学进入近代。随着理性主义哲学的兴起，有的美学家认为美感不是源于理念或者神，而是依靠人与生俱来的“内在感官”。比如，英国美学家夏夫兹博里认为人天生就具有审辨善恶和美丑的能力，称之为“内在的感官”“内在的眼睛”“内在的节拍感”。他将人分为两部分：一部分是动物性的，另一部分是理性的。通常的感官属于动物性的部分，只有“内在的感官”才属于人的心和理性的部分；审美的能力只属于后者而不属于前者。这种看法体现出 17 世纪大陆理性主义，也包含了新柏拉图主义的影子。夏夫兹博里的学生哈奇生将他的理论系统化，认为“有些事物会立刻引起美的快感”③，所以就应有“适于感觉到这种美的快感的感官”④，即内在感官。这种内在感官与外在感官既有区别，又有联系。区别在于耳目之类的外在感官只能接受简单的观念，只能受到较微弱的快感；但是内在感官却可接受复杂的观念，所伴随的快感较强大。

英国经验主义的重要代表休谟认为美不是来自对象的客观属性，而是来源于某种形状在人心上所产生的效果。这种效果产生的原因在于“人心的特殊结构”：由于内心体系的本来构造，某些形式或性质就能产生快感。

继休谟之后，德国古典美学的奠基者康德第一次深刻分析了美感的心理结构。他说：“为了判别某一对象美或不美，我们不是把（它的）表象凭借悟性连系于客体以求得知识，而是凭借想象力（或者想象力和悟性相结合）连系于主体和它的快感和不快感。”⑤ 他看到了形成美感的两方面因素和目的的形式与主体心理能力（想象力和知性）的互相协调，自由活动形成美感。

还有一种观点认为美感是审美对象的反映。古希腊时期，亚里士多德认为“人从孩提时候起就有摹仿的本能（人和禽兽的分别之一，就在于人最善于摹仿，他们最初的知识就是从摹仿得来

① 北京大学哲学系美学教研室 . 西方美学家论美和美感［M］. 北京：商务印书馆，1980：60.

② 同①：61.

③ 同①：99.

④ 同①：99.

⑤ 同①：151.

的），人对于摹仿的作品总是感到快感”[①]。文艺复兴时期，达·芬奇认为美感的根源在于事物本身：“欣赏——这就是为着一件事物本身而爱好它，不为旁的理由。”[②]18 世纪，英国美学家博克认为美感“是指物体中能引起爱或类似情感的某一性质或某些性质”[③]。19 世纪，德国哲学家费尔巴哈认为“人的对象是人的本质的显示，人生来不仅为了活动，而且为了观看，人在对象上面意识到他自己”[④]，“人是在对象上面意识到他自己的：对象的意识就是人的自我意识。你是从对象认识人的；人的本质是在对象上面向你显现出来的：对象是人的显示出来的本质，是人的真正的、客观的‘我’[⑤]。”因此，美感是从对象上显示出来的人的本质。费尔巴哈的观点带有抽象直观的性质。俄国著名美学家车尔尼雪夫斯基认为，美感是人们在感知物象时，联想到了生活与旺盛的生命力：“一个物象显示出或者使我们忆起生活，一如我们所了解于生活的那样，我们便觉得它美；因此，要觉得物象是美的，我们就必须把它同我们对生活的了解对照起来，没有这对照便不能判断它相似或不相似。”[⑥]“对于生物来说，畏惧死亡、厌弃僵死的一切、厌弃伤生的一切，乃是自然而然的事情。所以，凡是我们发现具有生的意味的一切，特别是我们看见具有生的现象的一切，总使我们欢欣鼓舞，导我们于欣然充满无私快感的心境，这就是所谓美的享受。”[⑦]

① 北京大学哲学系美学教研室．西方美学家论美和美感［M］．北京：商务印书馆，1980：41.

② 同①：69.

③ 同①：118.

④ 同①：209.

⑤ 同①：209-210.

⑥ 同①：257-258.

⑦ 同①：243.

2.1.2　中国古典美学中关于美感的探讨

在中国古典美学中，并没有直接使用“美感”这一概念。但其中有很多关于美感的性质、美感的体验的探讨。

春秋战国时期，诸子百家就已经开始探讨美感的普遍性与差异性，如儒家学派的孟子在中国美学史上第一次明确提出美感的普遍性：“口之于味也，有同耆焉；耳之于声也，有同听焉；目之于色也，有同美焉。”（《孟子·告子上》）[⑧]这句话的意思是口对于味道，有相同的嗜好；耳朵对于声音，有相同的听觉；眼睛对于容色，有相同的美感。孟子用人的感官的普遍性来说明美感的普遍性，并进一步指出人们的美感具有普遍性的根据是人作为人所具有的共同的本性：“故凡同类者，举相似也，何独至于人而疑之？圣人，与我同类者。”（《孟子·告子上》）[⑨]

与孟子的观念相反，道家学派的庄子则突出地强调了美感的差异性。《秋水篇》中记载了一个故事，河伯以为“天下之美”都集中在自己身上，当他见到北海，看到北海的雄伟壮阔，才知道自己是浅陋的。也就是说美丑是相比较而存在的。在《齐物论》中，他又谈到了人和动物的美感的差异性：“毛嫱、西施，人之所美也；鱼见之深入，鸟见之高飞，麋鹿见之决骤。”[⑩]毛嫱、西施虽然是美女，但是鱼儿见到她们往水里钻，鸟儿见到她们往高空飞，麋鹿见到她们四处逃窜，这是由于人和动物的生活习性不同，对于美丑的感受也就不同。《山木》篇还记载了一个故事：阳子到宋国，住在旅舍。

⑧ 杨伯峻．孟子译注［M］．北京：中华书局，2005：261.

⑨ 同⑦．

⑩ 陈鼓应．庄子今注今译（上）［M］．北京：商务印书馆，2007：97.

旅舍主人有两个妻妾，一个美丽，一个丑陋。但是，令人感到疑惑的是，丑陋的那位受到宠爱，美丽的那位反而受到冷落。阳子问旅舍主人是什么缘故。主人回答说："其美者自美，吾不知其美也；其恶者自恶，吾不知其恶也。"[①]美者自美，我不知道她美在何处。丑（恶）者自丑，我不知道她丑在何处。"美"和"丑"可以相互转化，这也说明了美感的差异性。

汉代《淮南子》一书中也探讨了美感的差异性。《淮南子·齐俗训》记载："夫载哀者闻歌声而泣，载乐者见哭者而笑。哀可乐者，笑可哀者，载使然也。"[②]这句话的意思是说：一个人如果心里悲哀，听到歌声也会伤感哭泣；一个人如果心里愉快，见到哭泣者也会高兴欢笑。这说明在审美感受中，审美主体的情绪会影响审美结果。对于同一个对象，不同的人有不同的感受。这是由于审美主体的情绪状态不同。《淮南子·人间训》记载："夫歌采菱，发阳阿，鄙人听之，不若此延路、阳局。非歌者拙也，听者异也。"[③]这句话的意思是说：俗人听了阳春白雪的高雅之调，认为还比不上下里巴人的通俗之乐。也就是说审美主体的文化修养会影响审美结果。因此，审美主体必须具有一定的审美素养，才能体会审美对象的内在意蕴，准确把握审美对象。

中国古典美学中还有大量关于美感体验的探讨，其中最具代表性的是庄子。庄子探讨美感的出发点是"体道"。庄子认为"道"是最高的、绝对的美，天地的大美就是"道"："天地有大美而不言，四时有明法而不议，万物有成理而不说。圣人者，原天地之美而达万物之理，是故至人无为，大圣不作，观于天地之谓也。"（《庄子·外篇·知北游》）[④]庄子认为能够实现对"道"的观照，就能实现"至美至乐"。那么，如何才能"体道"呢？庄子提出"心斋"和"坐忘"两种方式。"心斋"就是虚空的心境："若一志，无听之以耳而听之以心，无听之以心而听之以气！耳止于听，心止于符。气也者，虚而待物者也。"（《庄子·内篇·人间世》）[⑤]这里"无听之以耳而听之以心，无听之以心而听之以气"强调的是不仅要用感官直觉去感受，同时要用心去感受，强调审美感受不仅仅是单纯的感官知觉，还同时伴随有理性、精神，两者渗透在一起。而且，这种理性、精神的作用既不是抽象的思考，更不是利害得失的计较，而是一种超功利的直观。所谓"气也者，虚而待物者也""唯道集虚"，其中"虚"就是抛弃一切是非功利的概念、思考、打算，只有用虚空的心境，才能把握自然无为的"道"。庄子在《大宗师》中又提出"坐忘"的概念："堕肢体，黜聪明，离形去知，同于大通，此谓坐忘。"[⑥]所谓"堕肢体"，就是"离形"，忘掉自己的存在；"黜聪明"就是"去知"，去掉一切是非得失的计较，"坐忘"在"心斋"的基础上，进一步指出了审美感知具有忘怀一切、"同于大通（道）"的特点。这种"同于大通（道）"的状态就是庄子在《逍遥游》一文中所描绘的与天地融为一体的高度自由的审美境

① 陈鼓应 . 庄子今注今译（下）[M]. 北京：商务印书馆，2007：609.

② 刘文典 . 淮南鸿烈集解（上）[M]. 北京：中华书局，2013：424.

③ 刘文典 . 淮南鸿烈集解（下）[M]. 北京：中华书局，2013：754-755.

④ 同①：650.

⑤ 陈鼓应 . 庄子今注今译（上）[M]. 北京：商务印书馆，2007：139.

⑥ 同⑤：240.

界："若夫乘天地之正，而御六气之辩，以游无穷者，彼且恶乎待哉！"[①]

以上，我们介绍了中西方古典美学中关于美感的代表性观点。可以看出，西方美学探讨美感问题更注重逻辑理性，而中国古典美学对于美感问题的探讨更注重实用理性，更多从日常生活经验出发，体现了中华民族注重形象思维的审美心理结构。

2.2　美感的本质特征

美感的本质特征有直觉性、无功利性和精神愉悦性。

2.2.1　直觉性

美感的直觉性指的是人们在感受美时，通过接触审美对象的外在形式，直接获得审美感受。意大利美学家克罗齐认为审美即直觉，他说，"知识有两种形式：不是直觉的，就是逻辑的；不是从想象得来的，就是从理智得来的；不是关于个体的，就是关于共相的；不是关于诸个别事物的，就是关于它们中间关系的；总之，知识所产生的不是意象，就是概念。"[②] 他认为，审美即直觉，也就是表现。"直觉是表现，而且只是表现（没有多于表现的，却也没有少于表现的）。"[③] "没有在表现中对象化了的东西就不是直觉或者表象，就还只是感受和自然的事实。心灵只有借造作、赋形、表现才能直觉。"[④] 克罗齐认为表现就是借助文字、线条、颜色、声音的助力，把感觉和影响"从心灵的浑暗地带提升到凝神观照界的明朗"[⑤]。克罗齐的直觉说，不突出直觉的瞬时性，而更强调直觉的形象性。他的直觉近似于形象思维。

中国美学对审美直觉也有独特的理解，禅宗讲究顿悟，也类似于我们所说的直觉，严羽将禅悟用于作诗，说："大抵禅道惟在妙悟，诗道亦在妙悟。"[⑥] 这里的妙悟，也是直觉。"悟"的特点是不加逻辑地分析思考，在保持对事物的形象进行完整感受的基础上，能够直接领悟到事物的内在意蕴。"妙"强调"悟"的这种奇妙的特点。清代词人况周颐对"妙悟"的词境体验有一段非常精彩的描写："人静帘垂。镫昏香直。窗外芙蓉残叶飒飒作秋声，与砌虫相和答。据梧冥坐，湛怀息机。每一念起，辄设理想排遣之。乃至万缘俱寂，吾心忽莹然开朗如满月，肌骨清凉，不知斯世何世也。斯时若有无端哀怨枨触于万不得已；即而察之，一切境象全失，唯有小窗虚幌、笔床砚匣，一一在吾目前。此词境也。"[⑦] 这段话细致地描绘了读词的"妙悟"过程。首先是外在环境描写，人静帘垂，秋风吹落叶的飒飒声与门槛间的虫鸣声相应和。接着读诗人静坐冥想，虚怀待机，"每一念起，辄设理想排遣之"。其次是达到读词的最高境界，在虚静中直觉顿悟，"吾心忽莹然开朗如满月，肌骨清凉，不知斯世何世也"，也是完全进入了词境，物我一体的高峰体

① 陈鼓应．庄子今注今译（上）［M］．北京：商务印书馆，2007：20.

② 克罗齐．美学原理：美学纲要［M］．朱光潜，等，译．北京：人民文学出版社，1983：7.

③ 同②：16.

④ 同②：13.

⑤ 同②：13.

⑥ 严羽．沧浪诗话校释［M］．郭少虞，校释．北京：人民文学出版社，1983：12.

⑦ 况周颐．蕙风词话［M］// 申骏．中国历代诗话词话选粹（下）．北京：光明日报出版社，1999：476.

验。最后，这一高峰体验逐渐消失，“唯有小窗虚幌、笔床砚匣，一一在吾目前”。

审美直觉性的突出特点是一触即觉，不加思量计较。人们面对美的事物，不需要思量计较，就能迅速做出审美判断。清代美学家王夫之从印度因明学中引入“现量说”来说明美感的当下直觉和不假思索：“‘现量’现者，有现在义，有现成义，有显现真实义。现在，不缘过去作影。现成，一触即觉，不假思量计较。显现真实，乃彼之体性本自如此，显现无疑，不参虚妄。”[①]这段话表明了“现量”的三层含义：一是现在，强调当下直接性，不需要借助过去的知识或逻辑的分析演绎作为中介；二是现成，强调一触即觉，不假思量计较；三是显现真实，强调物象之体性本来面目。王夫之在《姜斋诗话》中指出：“‘僧敲月下门’，只是妄想揣摩，如说他人梦，纵令形容酷似，何尝毫发关心？知然者，以其沉吟‘推’‘敲’二字，就他作想也。若即景会心，则或推或敲，必居其一，因景因情，自然灵妙，何劳拟议哉？‘长河落日圆’，初无定景；‘隔水问樵夫’，初非想得；则禅家所谓现量也。”[②]其中强调即景会心，自然灵妙，是一种不假思索的结果，具有偶然性和突发性特征，正是瞬间性的表现。俄国著名诗人普希金有一首回忆爱情的诗：“我记得那美妙的一瞬，在我的眼前出现了你，犹如昙花一现的幻想，犹如纯洁至美的化身。”[③]在那美妙的一瞬间，人感受到了美，为之动情，这就是美感的一触即觉。我们欣赏一处优美的风景，听一首动听的歌曲，为之打动，并不需要经过抽象的逻辑思考，而是一下子就为之吸引。古代诗人往往用“顿”字来表达美感直觉的不假思索，如钱起《题精舍寺》：“胜景不易遇，入门神顿清。”杨万里《闰六月，立秋后暑热，追凉郡圃》二首其一：“上得城来眼顿明，暮山争献数尖青。”

审美直觉性的另一个特点是“超理智性”，即不需要理性思索，不需要运用概念、判断、推理，便能直接感受到对象的美。正如康德所说：“美是不依赖概念而作为一个普遍愉快的对象被表现出来的。”[④]苏轼有一诗句“竹外桃花三两枝，春江水暖鸭先知”，把生机勃勃的春天景色展现在我们面前，可是清人毛奇龄读到苏轼这句诗时，却指责说：“鹅也先知，怎只说鸭？”他是用理性、科学的态度读诗，当他这么做的时候，审美直觉早就离他而去，哪里还有美感存在呢？

值得注意的是，美感是超理性的，但并不是反理性的。审美直觉中渗透着理性的成分。美感中的理性因素，又不等同于科学的逻辑认识中的理性。科学的逻辑认识中的理性认识，在感性认识的基础上，提炼出一般的概念、推理和判断。美感中的理性因素，不是概念、推理和判断，而是蕴含在感觉之中的对于审美对象的领悟、比较、推敲和揣摩，如严羽在《沧浪诗话》中写道：“夫诗有别材，非关书也；诗有别趣，非关

① 王夫之．相宗络索·三量［M］// 船山全书（第十三册）．长沙：岳麓书社，2011：536.

② 王夫之．姜斋诗话［M］// 申骏．中国历代诗话词话选粹（上）．北京：光明日报出版社，1999：491.

③ 普希金．赠凯伦［M］// 普希金．普希金诗歌集锦 爱的海洋．张学曾，译．北京：大众文艺出版社，1994：83.

④ 康德．判断力批判［M］// 伍蠡甫，胡经之．西方文艺理论名著选编（上卷）．北京：北京大学出版社，1985：373.

理也。然非多读书，多穷理，则不能极其至。”[①] 严羽认为诗的“别材”“别趣”与“书”“理”无关，也就是与逻辑理性无关，但是又要“多读书，多穷理”才能“极其至”，也就是说诗的“别材”“别趣”又不能离开理性因素，在多读书、多穷理的基础上才能达到最好的程度。

2.2.2 无功利性

美感的无功利性，是指人们在审美中要获得美感就必须排除各种利害计较。康德认为：“美是主观的、无利害的快感。”“一个关于美的判断，只要夹杂着极少的利害感在里面，就会有偏爱而不是纯粹的欣赏判断了。”[②] 瑞士心理学家布洛的“心理距离”说也强调审美主体必须与实用功利拉开一定距离。布洛用海上遇雾的例子来说明：“乘船的人们在海上遇着大雾，是一件最不畅快的事。呼吸不灵便，路程被耽搁……尤其使人心焦气闷……但是换一个观点来看，海雾却是一种绝美的景致……看这幅轻烟似的薄纱，笼罩着这平谧如镜的海水，许多远山和飞鸟被它盖上一层面网，都现出梦境的依稀隐约，它把天和海联成一气，你仿佛伸一只手就可握住在天上浮游的仙子。你的四围全是广阔、沉寂、秘奥和雄伟，你见不到人世的鸡犬和烟火。你究竟在人间还是在天上，也有些犹豫不易决定。这不是一种极愉快的经验么？”[③]

中国的道家学派也强调审美是超功利的。老子认为为了进行对“道”的观照，就应该“涤除玄鉴”，把一切利害计较都祛除。庄子进一步发挥了老子的思想，提出“心斋”“坐忘”，其核心思想就是排除利害计较。庄子认为，一个人达到了“心斋”“坐忘”的境界，也就达到了“无己”“丧我”的境界。这种境界，能实现对“道”的观照，是高度自由的境界，也是审美的境界。庄子在《逍遥游》中提到的“若夫乘天地之正，而御六气之辩，以游无穷者”[④]、“乘云气，御飞龙，而游乎四海之外”[⑤] 等，都是指彻底摆脱利害观念的精神境界。

中国古代艺术创作十分强调美感的非功利性。《庄子》一书中举过很多这方面的例子。《庄子・田子方》中记载了一个“解衣般礴”的作画故事：战国时期，宋元君命宫廷里的画师为他画像，众画师都来拜见，在一旁准备笔墨纸砚，一半在外等候吩咐，只有一个画师最后才来，悠闲地在外面接受了揖礼之后却不站立在那里，而是返回了住所。宋元君派人去看他，发现他已经解开衣服盘坐在地上，上身裸露。宋元君不禁感叹：“这才是真正的画师！”与那些恭恭敬敬地站着，等候吩咐的画师相比，这个“解衣般礴”的画师心无旁骛，没有任何私心杂念，专注于绘画创作，这种超功利的心胸才是绘画创作应该有的心胸。《庄子・达生》记载了“梓庆削木为鐻”的故事：梓庆是古代的一位工匠，他擅长做鐻（古代的一种乐器），梓庆做的鐻，见到的人都惊叹不已，以为鬼斧神工。鲁侯听闻后，就召见梓庆，问他有什么诀窍。梓庆回答

---

① 严羽 . 沧浪诗话校释［M］. 郭绍虞，校释 . 北京：人民文学出版社，1983：26.

② 康德 . 判断力批判［M］// 伍蠡甫，胡经之 . 西方文艺理论名著选编（上）. 北京：北京大学出版社，1985：371.

③ 朱光潜 . 文艺心理学［M］. 上海：复旦大学出版社，2011：13.

④ 陈鼓应 . 庄子今注今译（上）［M］. 北京：商务印书馆，2007：20.

⑤ 同 4：25.

说："我在做鐻时从不分心，而且斋戒静心，摒除一切私心杂念。静心三天，就不会想到获得封官加爵；静心五日，就不会在意别人的非议或者褒贬；静心七日，就已经进入了忘我的境界，此时，进入山林，寻找合适的木材，全神贯注地制作，自然而然就制作成功了！"梓庆认为做出鬼斧神工的鐻首先要"斋以静心"，去功利、去智巧直至去我，祛除一切私心杂念，回归一种"自然而然"的本真之境，然后才能"入山林，观天性"，达到一种"以天合天"的境界，这是鬼斧神工的要旨所在。庄子一书中还有很多类似的寓言故事，如轮扁斫轮、大马捶钩、佝偻承蜩、津人操舟、工倕之指等，这些匠人的技艺之所以如此高超，都是因为他们有着超功利的心态。正是这样一种超功利的心态，使得主体从日常实用功利中解放出来，进入审美创作的自由境界。

这种非功利的心胸渗透在中国古代艺术创作的各个门类。"解衣般礴"受到历代画家的称道。郭熙《林泉高致》："庄子说画史解衣盘礴，此真得画家之法。"[①]恽格《南田画跋》："作画需有解衣般礴旁若无人之意。"这都是强调绘画必须不拘泥于功利，才能自由发挥。蔡邕《笔论》中提出"夫书，先默坐静思，随意所适，言不出口，气不盈息"[②]，实际上就是要求主体保持心情的澄澈、洒脱，他认为如果迫于事、拘于时，心灵就不自由，落笔也不能自如，如果摒除一切私心杂念，专注于字象，如对至尊，就进入了审美创造的自由境界，自然得心应手。中国古琴艺术要求弹琴者保持虚空的非功利心境，与外在环境融为一体，才能达到琴曲中所追求的心物合一、人琴合一的境界。春秋时期，伯牙曾经跟随成连学琴，尽管他掌握了各种演奏技巧，但总是缺乏神韵，于是成连带领伯牙来到东海的蓬莱岛上，自己划桨而去。蓬莱岛与世隔绝，远离人间喧嚣，伯牙终日听到的是涛声鸟语、林啸虫鸣，在静观天地、感悟自然的过程中，伯牙不禁产生了创作激情，终于成为天下鼓琴的高手。《红楼梦》第八十六回，贾宝玉得知林黛玉会弹琴，便要求林妹妹为自己弹奏一曲，林黛玉讲道："若要抚琴，必择静室高斋，或在层楼的上头，在林石的里面，或是山巅上，或是水涯上。再遇着那天地清和的时候，风清月朗，焚香静坐，心不外想。"[③]陆机在《文赋》中指出，只有"收视反听""罄澄心以凝思"才能"笼天地于形内，挫万物于笔端"[④]。刘勰在《文心雕龙·神思篇》中提到："是以陶钧文思，贵在虚静，疏瀹五藏，澡雪精神。"[⑤]这些言论都强调在艺术创作中只有祛除功利计较，排除外界的一切干扰，才能创造出优秀的艺术作品。

不仅艺术创作需要超功利的审美心胸，艺术欣赏亦如此。南朝画家宗炳提出"澄怀味象"，其中，"澄怀"二字就是要求审美主体澄清胸怀，祛除私心杂念，使之无私、无烦、无躁，达到一种"空"和"静"的境界，如苏东坡云："欲令诗语妙，无厌空且静。静故了群动，空故纳

① 郭熙．林泉高致［M］// 长北．中国古代艺术论著集注与研究．天津：天津人民出版社，2008：188.

② 蔡邕．笔论［M］// 乔志强．汉唐宋元书论赏读．上海：上海人民美术出版社，2020：16.

③ 曹雪芹，高鹗．红楼梦（下）［M］．北京：人民文学出版社，2022：1280.

④ 陆机．文赋［M］// 郭绍虞．中国历代文论选．上海：上海古籍出版社，1979：67.

⑤ 刘勰．文心雕龙注（下）［M］．范文澜，注．北京：人民文学出版社，1958：493.

万境。”[①]清代著名小说评点家金圣叹强调读者在阅读初始，就应该静心，即“平心敛气”“不得存一点尘于胸中”，也就是说在阅读过程中应该心无杂念，全身心地投入作品中，这样才能参悟作品，“心清如水，故物来毕照”（《水浒传》第六十一回夹评）。他指出“《西厢记》必须扫地读之。扫地读之者，不得存一点尘于胸中也。……必须对雪读之。对雪读之者，资其洁清也。”[②]只有这样，才能完全融入作品之中。

宗白华先生在《论文艺的空灵与充实》中说：“艺术心灵的诞生，在人生忘我的一刹那，即美学上所谓‘静照’。静照的起点在于空诸一切，心无挂碍，和世务暂时绝缘。这时一点觉心，静观万象，万象如在镜中，光明莹洁，而各得其所，呈现着它们各自的充实的 、内在的、自由的生命，所谓万物静观皆自得。这自得的、自由的各个生命在静默里吐露光辉。”[③]

总之，美感的无功利性具有十分积极的作用，它意味着主体获得一种精神的自由和解放，能够自由地发挥生命力和创造力，自然也就能创造出好的艺术作品。

2.2.3 精神愉悦性

美感的精神愉悦性是指在审美中主体所获得的精神上的享受和满足。它包括心理的喜悦、信服、同情、惊叹、爱慕乃至物我两忘。精神愉悦性是美感最明显的特征。车尔尼雪夫斯基说：“美的事物在人心中所唤起的感觉，是类似我们当着亲爱的人面前时洋溢于我们心中的那种愉悦。我们无私地爱美，我们欣赏它，喜欢它，如同喜欢我们亲爱的人一样。”[④]中国古代也有很多对美感愉悦性的描写。相传，孔子在齐国听到歌颂虞舜功德的《韶乐》，竟然“三月不知肉味”，深深地陶醉于音乐带来的快感之中。宋代大文学家欧阳修在《书梅圣俞稿后》中谈到自己读梅圣俞的诗时，感到“陶畅酣适，不知手足之将鼓舞也”。清代的焦循在《花部农谭》中描述他看《赛琵琶》时的内心感觉“其久病顿苏，奇痒得搔，心融意畅，莫可名言”。刘鹗的《老残游记》中描写王小玉说书“声音初不甚大，只觉入耳有说不出来的妙境：五脏六腑里，像熨斗熨过，无一处不伏贴；三万六千个毛孔，像吃了人参果，无一个毛孔不畅快”[⑤]。这些描写肯定了美感的精神愉悦性。

美感的精神愉悦性能涤荡性情，开阔心胸，陶冶净化心灵。杜甫有首《后游》诗：“寺忆新游处，桥怜再渡时。江山如有待，花柳更无私。野润烟光薄，沙暄日色迟。客愁全为减，舍此复何之。”审美的愉悦让世人忘掉烦恼，胸襟开阔。白居易曾记载自己的游玩经历：“春之日，吾爱其草薰薰，木欣欣，可以导和纳粹，畅人血气……若俗士，若道人，眼耳之尘，心舌之垢，不待盥涤，见辄除去。潜利阴益，可胜言哉！”[⑥]这里描绘的是杭州西湖的春天，欣欣向荣的草

① 苏轼．送参寥师［M］// 邓立勋．苏东坡全集（上）．合肥：黄山书社，1997：194.

② 林乾．金圣叹评点才子全集 第 2 卷 西厢记，天下才子必读书，左传释，孟子四章［M］．北京：光明日报出版社，1997：18.

③ 宗白华．论文艺的空灵与充实［M］// 宗白华．美学散步．上海：上海人民出版社，1981：21.

④ 北京大学哲学系美学教研室．西方美学家论美和美感［M］．北京：商务印书馆，1980：242.

⑤ 刘鹗．明湖居听书（老残游记第 2 回）［M］// 王烈夫．中国古代文学名篇注解析译（第 4 册）．武汉：武汉出版社，2016：692.

⑥ 白居易．冷泉亭记［M］// 孙广才，孙燕．中国历代古文选读．南京：东南大学出版社，2017：146.

木，让人涤荡性情，洗垢除尘，潜利阴益。白居易在《庐山草堂记》中又写道："仰观山，俯听泉，旁睨竹树云石……俄而物诱气随，外适内和。一宿体宁，再宿心恬，三宿后颓然嗒然，不知其然而然。"[①] 这里描写的是庐山，白居易观山听泉，首先感到身体舒畅，也就是"外适"的阶段，其次感到心情愉悦，即"心恬"，也就是"心和"的阶段，最后是"颓然嗒然，不知其然而然"，这就是物我两忘的最高审美境界了。

值得注意的是，生理快感也能使人感到舒适，但它不同于美感的精神愉悦性。生理快感只是由于人的生理感官的需要获得了物质满足而引起的舒适与愉悦。例如，一个人如果口渴了，就需要喝水；如果肚子饿了，就需要吃饭。当吃饱喝足以后，人就会觉得舒适愉悦。生理快感主要是生理欲望的满足，既没有理性认识的内容，也不掺杂精神性的内容。而美感则不同于生理快感，它主要是精神上的审美需要得到满足。生理快感虽然不同于美感，但美感却建立在生理快感的基础之上。这是因为美感以人的生理条件为基础，依赖于耳目鼻舌等生理感官的互动，依赖人的大脑的记忆，也依赖其他意识的生理功能。美感虽然建立在生理快感的基础之上，但是美感却不受生理快感的束缚和制约，甚至可以超越生理快感的局限性，实现对美的本质的欣赏和领悟，从而获得精神上的情感愉悦和审美享受。

① 白居易 . 庐山草堂记［M］// 上海辞书出版社文学鉴赏辞典编纂中心 . 古文鉴赏辞典 隋唐五代 . 上海：上海辞书出版社，2021：983.

2.3 美感的心理因素

美感是一系列心理因素相互渗透、相互作用的综合运动，这些心理因素包括感觉、知觉、表象、联想、想象、情感、理解等。

2.3.1 美感的初级形式：感觉、知觉和表象

审美心理的初级形式包括感觉、知觉和表象。感觉，包括视觉、听觉、嗅觉、触觉等，是认识的初级形式。感觉是人的大脑对直接作用于感觉器官的客观事物的个别属性的反映，在审美时，人们的美感主要来自视觉和听觉，但是嗅觉、味觉、触觉也能触发美感，如元代散曲作家张可久有首欣赏西湖的散曲《金字经・湖上书事》："六月芭蕉雨，两湖杨柳风。茶灶诗瓢随老翁。红，藕花香座中。笛三弄，鹤鸣来半空。"[②] 这首曲子，写出了审美的各种感觉，红花绿柳属于视觉，笛声鹤鸣属于听觉，茶香属于嗅觉，风拂雨滴属于触觉，茶味是味觉的，这才是真正的审美。

知觉是在感觉的基础之上形成的，是大脑对外部事物的各种属性的综合的、完整的反映。比如，我们看到一朵红玫瑰，不仅看到它的颜色，还看到它的形状、花瓣的排列等，从而形成对红玫瑰整体的印象。知觉在审美心理中十分重要。因为审美知觉综合了各种感觉形成整体性的映象，而且把这种映象固定在人的大脑中，甚至能让人留下永久的记忆。审美知觉具有整体性、选择性、联觉性特征。所谓整体性是指审美知觉不是各种事物和属性相加的总和，而是一个

② 张可久 . 张可久集校注［M］. 吕薇芬，杨镰，校注 . 杭州：浙江古籍出版社，1995：66.

完整的有机整体。美国格式塔心理学家阿恩海姆指出："这种整体性特征不仅可以直接感知，而且必须被认为是基本的知觉现象。甚至在感知视觉对象的更多特殊细节之前，这些整体性特征就已经映入了眼帘。"① 比如，我们在欣赏南宋时期画家马远的《寒江独钓图》（图2-1）时可以看到，画面上只画了一个老翁在垂钓，船边还有几丝水纹。画面其余的部分都是空白，但是我们在欣赏的时候，知觉会很自然地把空白部分和画面上的老翁、小船、水纹看成一个整体，认为空白部分是水。又如张继的《枫桥夜泊》："月落乌啼霜满天，江枫渔火对愁眠。姑苏城外寒山寺，夜半钟声到客船。"在这首诗中，描绘了多种审美感觉：落月、秋霜、江枫、渔火、寺庙、船舶等属视觉，乌啼、钟声等属听觉。读者在阅读的时候，知觉的整体性自然地将它们进行综合、排列、组合，使之融为一体。知觉的选择性是指人们总是在知觉对象中根据自己的兴趣和爱好有选择地接受少数东西作为主要的知觉点。比如，对于图2-2，第一眼看去，你们觉得表现了什么呢？有的人会注意到白色部分，把黑色部分作为背景，就会看到一个杯子，而有的人会注意到黑色部分，把白色部分作为背景，就会看到两个侧

图2-1 《寒江独钓图》，南宋，马远绘，绢本，纵26.7厘米×横50.6厘米，现藏于日本东京国立博物馆

① 阿恩海姆.走向艺术的心理学［M］.丁宁，等，译.郑州：黄河文艺出版社，1990：32.

图2-2 两可图

脸的人像，这就是审美知觉的选择性。知觉的联觉性则是指感觉之间的相互作用，一种感觉具有另一种感觉的心理现象。例如，宋祁《玉楼春》中的"红杏枝头春意闹"，红杏本是视觉的对象，一个"闹"字，不仅形容出红杏的众多和纷繁，而且把生机勃勃的大好春光全都点染出来了：杏花竞相开放，扬芳吐艳，蜂蝶或止或飞，忙忙碌碌，烂漫之状，狂舞之态，一齐托出。使人感到不仅仅是几株红杏，而是整个世界都呈现春色，充满勃勃生机。"闹"字不仅有色，而且似乎有声。视觉的感受转化为听觉的感受。又如李白的"瑶台雪花数千点，片片吹落春风香"，一片片雪花飘落的视觉引起嗅觉，从雪花中闻到春风的香味。李清照的"花影压重门"，通过对花影的视觉引起触觉，花影变得有沉沉的重量。

表象是在记忆中所保持的客观事物的形象。审美表象可分为视觉表象、听觉表象和触觉表象等。比如，我们欣赏一幅名画，对它的色彩、线条、构图等留下的印象就是视觉表象，我们听一首动听的歌曲，对它的旋律节奏留下的印象就是听觉表象。我们触摸一块华丽的天鹅绒布料，对它的面料手感留下的印象就是触觉表象。审美表象是进行审美欣赏和审美创造的基础，如吴道子只用一天时间就把三百里嘉陵山水画于墙壁，就

是凭借头脑中所储存的丰富多彩的审美表象。

表象与知觉既有联系又有区别。它们之间的联系在于：第一，都处于感性认识的阶段，都是直观的；第二，表象以知觉为基础。比如，一个盲人，没有视觉，自然没有视觉表象；一个聋人，没有听觉，自然没有听觉表象。它们之间的区别在于：知觉是对当前事物的反映，是由当前事物引起的；表象则是对曾经感知过的，而不在当前的事物的反映。

2.3.2 美感的高级形式：联想和想象

联想和想象是审美心理的高级形式。联想是由一事物想到另一事物的心理过程。审美联想分为相似联想、接近联想和对比联想。相似联想是事物在某一点上有相似之处所引起的联想。古代诗歌中的比、兴表现手法，就是以相似联想为基础的。杜牧的《山行》“停车坐爱枫林晚，霜叶红于二月花”，霜叶与二月花在“红”这一点上相似，所以诗人由霜叶联想到二月花。李白的《静夜思》中有：“床前明月光，疑是地上霜。”作者独处异乡，夜深人静之时，睡梦初醒，恍惚间将床前的清冷月光当作地面的浓霜，月光的清冷、洁白与浓霜相似，这一处相似联想既写出了月光的皎洁，又点出了季节的寒冷，还烘托出诗人远在异乡的孤寂之情。又如曹植的《七步诗》：“煮豆燃豆萁，豆在釜中泣。本是同根生，相煎何太急。”这首诗的创作背景是：曹植的哥哥曹丕继位以后，因为嫉妒曹植的才华，害怕曹植威胁自己的王位，于是给曹植出了一道难题，要求他以“兄弟”为题，但是又不能出现“兄弟”两字，在七步之内作出一首诗。作不出来，曹植就要被杀掉。曹植知道哥哥存心陷害自己，只好忍住了心中的悲痛，缓缓向前迈步，边走边吟诗，于是就有了这首《七步诗》。这首诗通过燃萁煮豆这一日常现象进行联想，曹植将自己比喻为锅里的豆子，“泣”字充分表达了作者的悲伤与痛苦。曹植将哥哥曹丕比喻为豆萁，即豆茎，晒干后用来作为柴火烧。豆子和豆萁本来长在一起，就好比兄弟一样，而豆萁燃烧起来却把与自己同根而生的豆子煮得翻转哭泣，这自然让人联想到曹丕和曹植本是同胞兄弟，却自相残杀，十分贴切感人。这首诗既反映了曹植的聪明才智，也反衬了曹丕迫害手足的残忍。

接近联想是由于时间、空间相邻近所引起的联想。例如，北宋时期，选拔画师，有一次出的考题是“深山藏古寺”，古寺既然藏在深山之中，又如何在画面中表现出来呢？最成功的一位画家是这样表现的：一个和尚挑着水往深山里面走。人们看到画面，自然会想到和尚是住在寺庙里，寺庙自然就藏在深山里了，这就是空间上的接近联想。又如，朱自清在文章《春》中所描写的：“花里带着甜味儿，闭了眼，树上仿佛已经满是桃儿、杏儿、梨儿。”[①] 由春花联想到秋实，突出了花的芬芳和艳丽。再如，苏轼的诗句：“蒌蒿满地芦芽短，正是河豚欲上时。”由于时间的接近而打破了空间的距离，诗人看到沟塘和江河岸边遍地的“蒌蒿”“芦芽”，便联想到在这个时节中江河里肉质鲜美的“河豚”。

对比联想是指事物之间在性质、形态上相对所引起的联想。如“蝉噪林逾静，鸟鸣山更幽”，“噪”与“静”，“鸣”与“幽”都是相对的。杨万里的“接天莲叶无穷碧，映日荷花别样红”中，诗人用“碧”与“红”的色彩对比，把“接天莲叶”与“映日荷花”鲜明地描绘出来了。唐

① 朱自清．名家散文精选．朱自清散文［M］．太原：山西人民出版社，2022：40.

朝举人崔护写过一首诗《题都城南庄》：“去年今日此门中，人面桃花相映红。人面不知何处去，桃花依旧笑春风。”整首诗将“人面”“桃花”作为线索来贯穿，通过“去年”和“今日”同时同地同景而“人不同”的物是人非的对比联想，将诗人的感慨淋漓尽致地表达了出来。在这首诗中，对比联想起着非常重要的作用。因为诗人故地重游，同一个时节，同一个场景，但是美好的回忆“人面桃花相映红”却一去不复返，才有对于失去美好事物的无限怅惘：“人面不知何处去，桃花依旧笑春风。”

想象是人的大脑在原有表象基础上加工改造成新的形象的心理过程。想象在审美创造与审美欣赏中十分重要。德国美学家莱辛就提出在艺术创作中“最能产生效果的只能是可以让想象自由活动的那一顷刻了。我们愈看下去，就一定在它里面愈能想出更多的东西来。……”[①]古希腊雕塑《掷铁饼者》（图 2-3）选择了运动员投掷铁饼时，铁饼摆回最高点，运动员蓄势待发，即将投掷出去的一个瞬间。这件雕塑虽然是静止的，但是观众却能从运动员的这一瞬间形象，仿佛想象到铁饼被运动员投掷出去的下一刻，使观众获得心理上的“运动感”。比如，中国古代戏曲舞台上，没有布景，道具只有桌椅，演员全凭表演技巧、舞台动作来调动观众的想象，如经典京剧《三岔口》中的店主刘利华是一个杀人越货、无恶不作的强盗，为了图财害命，他深夜潜入任堂惠所住的房中，两人在黑夜中展开殊死搏斗，最后任堂惠和焦赞把刘氏夫妻双双杀死。在这场黑夜打斗的戏中，要通过舞台表演，表现想象中的戏剧情境。这是一场黑夜中的打斗，所以两人虽然面对面，也看不见对方。为了表现在黑夜中，任堂惠与刘利华虽然近在咫尺，却无法觉察对方的情景，演员只能通过用耳朵听、用鼻子嗅、用手摸索追踪等细微的表情、动作来调动观众的想象，让观众感觉目睹了两个人在黑夜中相互搏斗。又如，齐白石的一张纸上只画了几只游动的小虾，虽然没有画水，但是我们却感到满纸溢水，仿佛这几只虾真的在水中游动一样（图 2-4）。

图 2-3 《掷铁饼者》，古希腊，米隆作，原作为青铜，大理石雕复制品，高约 152 厘米，约公元前 450 年，复制品于意大利罗马国立美术馆、梵蒂冈博物馆、特尔梅博物馆均有收藏

图 2-4 《虾》，齐白石绘，纵 101 厘米 × 横 34 厘米，1948 年

① 莱辛．拉奥孔［M］．朱光潜，译．北京：商务印书馆，2016：20.

想象具有很大的自由性，打破了时间与空间的局限，无拘无束地自由驰骋。正如陆机所言：“收百世之阙文，采千载之遗韵。谢朝华于已披，启夕秀于未振。观古今于须臾，抚四海于一瞬。”① 我国古典名著《西游记》中就充满了天马行空的想象。它描写了各种奇特的环境：鹅毛都托不起的流沙河；有经过此地，即使是“铜脑盖，铁身躯，也要化成汁”的火焰山。描写神奇的东西：人参果是“遇金而落，遇木而枯，遇水而化，遇火而焦，遇土而入”；芭蕉扇一扇，人要飘八万四千里远，而且芭蕉扇可以缩小成为一个杏叶儿大，放在嘴里。描写妖魔鬼怪，除了让其具备人的思想品质外，还根据其动物习性，进行大胆奇妙的夸张，使这些角色既是坏人，又是妖精，如盘丝洞中的七个蜘蛛精，能从肚脐眼里吐出蛛丝，把一座庄园罩住。

想象分为创造性想象和再造性想象。创造性想象是不依赖于现成描绘，在经验的基础上对技艺进行加工改造，从而独立创造出新的形象。比如，西班牙著名画家毕加索于 1937 年创造的巨型油画《格尔尼卡》（图 2-5）就充分地体现了创造性想象。1937 年初，毕加索正准备为巴黎世界博览会的西班牙馆创作一幅装饰油画，这时突然传来一个令人震惊的消息：1937 年 4 月 26 日，德国空军轰炸了西班牙北部巴斯克重镇格尔尼卡。这场持续整整三个小时的轰炸使得无数平民百姓惨遭杀害，格尔尼卡也被夷为平地。毕加索对德国法西斯的这一暴行义愤填膺，以这一事件作为创作题材，绘制巨幅油画《格尔尼卡》以表达自己对战争的抗议和对在此次事件中死去的人们的哀悼。《格尔尼卡》全画由黑、白、灰色

图 2-5 《格尔尼卡》，西班牙，毕加索作，纵 349.3 厘米 × 横 776.6 厘米，1937 年，现藏于西班牙索菲亚王后国家艺术中心博物馆

组成，结合立体主义、现实主义和超现实主义的风格：画面的左边，有一位仰天哭嚎的母亲，抱着死去的孩子，她的背后是一头公牛。画面中心，是一匹受伤的马，在昂首嘶鸣。马腿下，躺着一具战士的尸体。他一手握剑，剑旁是一朵正在生长的鲜花，马头上方有一盏像眼睛一样的电灯。画面的右边，有个人举起双手，像是被火焰团团围住；一个披头散发的妇女冲向画面中心；她的下面，是一个人俯身在逃跑。这些形象都是毕加索采用变了形的重叠起来的“立体主义”的手法画成的，体现了丰富的创造性想象。

再造性想象是指根据描述或示意，人们在生活经验的基础上再现出技艺中的客观事物的形象。再造性想象在艺术创作与艺术欣赏中是大量存在的，如文学艺术是通过语言文字塑造形象，它特别需要读者运用再造性想象，用自己的经验去补充、再造。《红楼梦》第三回中，对于王熙凤的出场有一段描写，“这个人打扮与众姑娘不同；彩绣辉煌，恍若神妃仙子：头上戴着金丝八宝攒珠髻，绾着朝阳五凤挂珠钗；项上带着赤金盘螭璎珞圈；裙边系着豆绿宫绦双衡比目玫瑰珮；身上穿着缕金百蝶穿花大红洋缎窄褃袄，外罩五彩刻丝石青银鼠褂；下着翡翠撒花洋绉裙。一双丹凤三角眼，两弯柳叶吊梢眉，身量苗条，体格风骚。粉面含春威不露，丹唇未启笑先

① 陆机．文赋［M］// 郭绍虞．中国历代文论选．上海：上海古籍出版社，1979：66-67.

闻。”[①] 读完以后，一位美丽、华贵、俊俏、机敏善变的贵族少妇形象在我们头脑中浮现，这就是再造性想象。

总之，联想和想象是审美心理的高级形式，它们与情感、理解密切联系，它们以感知和表象为材料，在实践中，通过人们的记忆、分析与综合，加工成新的表象和形象。

2.3.3 美感中最活跃的因素：情感

美感作为审美对象的感受和体验，是以情感的形式表现出来的。不论是审美欣赏还是审美创造，要领会到美，创作出美，必须以情感为中介和桥梁。欣赏美必须投入情感，没有情感，就不会感受到对象的美，也不能获得美感，如白居易《题赠定光上人》中：“春花与秋气，不感无情人。”也就是说，春花秋气之类的四季景色不会感动无情的人，只有以情观景，与景色进行交流、感应，才会感到春花秋景之美，获得审美愉悦。

美感中的情感活动，是对美的欣赏而引起的。比如，在欣赏自然物时，人们经常会触景生情。魏晋文学家刘勰在《文心雕龙·物色》中说：“岁有其物，物有其容；情以物迁，辞以情发。一叶且或迎意，虫声有足引心。”[②] 一年四季的更迭，景物也不断变化，春天的草长莺飞，夏天的蛙叫虫鸣，秋天的枫叶似火，冬天的皑皑白雪，一花一木，一虫一禽都能触发人的情感，达到“心”与“物”的相互感应、相互贯通。魏晋时期的很多文论都提及这一点，如陆机《文赋》：“遵四时以叹逝，瞻万物而思纷；悲落叶于劲秋，喜柔条于芳春。”[③] 钟嵘《诗品序》：“气之动物，物之感人，故摇荡性情，形诸舞咏。”[④] 这些言论都道出了自然景物会对作家的情感产生影响，即“物”触发“情”，即审美感兴。所谓感兴，即外物对人的内心情感的触动、兴发。人的情感内藏于心，受到外物的触动，形成同情同构的心理，进入物我交融、心物合一的境界，如《礼记·乐记》认为乐就是人心受到外物的感动而产生的：“音之起，由人心生也。人心之动，物使之然也。感于物而动，故形于声。声相应，故生变。变成方，谓之音。比音而乐之，及干戚羽旄谓之乐。”[⑤] 又说：“乐者，音之所由生也，其本在人心之感于物也。”[⑥]《文心雕龙·物色》：“春秋代序，阴阳惨舒，物色之动，心亦摇焉。”[⑦] 自然景物的万千形态会引发人内心的情感冲动。又如，《诗经·关雎》中“关关雎鸠，在河之洲”引发了君子对于“窈窕淑女”的“辗转反侧”的思慕之情，《诗经·小雅·采薇》中“杨柳依依”“雨雪霏霏”触动了在外征战的将士的归乡之情。初唐骆宾王刚升任为侍御史就因上书论事触忤武则天，遭人诬陷，锒铛入狱，身陷囹圄之中因蝉鸣而引发感慨：“每至夕照低阴，秋蝉疏引，发声幽息……声以动容，德以象贤……感而缀诗，贻诸知己。庶情沿物应，哀弱羽之飘零，道寄

① 曹雪芹．红楼梦（上）［M］，北京：人民文学出版社，2022：42–43.

② 刘勰．文心雕龙注（下）［M］．范文澜，注．北京：人民文学出版社，1958：693.

③ 陆机．文赋［M］// 郭绍虞．中国历代文论选，上海：上海古籍出版社，1979：66.

④ 钟嵘．诗品［M］// 郭绍虞．中国历代文论选．上海：上海古籍出版社，1979：106.

⑤ 杨天宇．礼记译注（下）［M］．上海：上海古籍出版社，2004：467.

⑥ 同⑤：468.

⑦ 同②：693.

人知，悯余声之寂寞。”[①] 于是作诗《在狱咏蝉》：“西陆蝉声唱，南冠客思深。不堪玄鬓影，来对白头吟。露重飞难进，风多响易沉。无人信高洁，谁为表予心。”[②]

创造美更是情感投入的过程，如《毛诗序》中说：“情动于中而形于言，言之不足，故嗟叹之，嗟叹之不足，故永歌之，永歌之不足，不知手之舞之、足之蹈之也。”[③]《文心雕龙》中更是明确地说“为情而造文”[④]，认为情感是“文”的基础和前提。明代大戏曲家汤显祖创作《牡丹亭》，写到春香陪老夫人到后园祭奠已死去三年的杜丽娘时，感情异常冲动，就躲在庭院的柴草垛里失声痛哭起来。据说有一位好心的老者看了这出戏，颇有些惋惜地对汤显祖说：“你既有如此卓绝的才能，为什么不去讲学，却偏要写戏，岂不可惜！”汤显祖回答说：“我写戏也是讲学。不过我所讲的内容与一般教书先生讲的不同，我讲的是一个‘情’字。”

值得注意的是，审美情感包含理性内容，是情与理的统一。正如中国传统艺术在强调情感表现的同时，又十分强调以理节情和情理交融。《尚书》说：“诗言志，歌永言，声依永，律和声。八音克谐，无相夺伦，神人以和。”[⑤] 这里的“志”就是情与理的统一。刘勰在《文心雕龙》中对情与理的关系做了深入阐述：“情者，文之经；辞者，理之纬；经正而后纬成，理定而后辞畅。”[⑥] 清代叶燮说：“夫情必依乎理，情得然后理真，情理交至。”[⑦] 这些言论都强调情与理的交融。

2.3.4 美感中特殊的理性内容：理解

审美虽然以感性为突出特点，但是仍有理性的存在。美感中特殊的理性内容，被称为理解。审美理解是指在审美活动中，对审美对象的内在意蕴的直接的、整体的把握和领会。中国古代所谓的“悟”“妙悟”“神悟”，指的就是审美理解。清初诗人袁枚在《续诗品·神悟》中说：“鸟啼花落，皆与神通。人不能悟，付之飘风。”[⑧] 也就是说，美的对象都与人的心灵和思维相通，都蕴含着某种等待人去理解和品味的东西，人如果不能对其有所审美领悟的话，就如同春风过耳，让它白白飘过去了。

首先，审美理解具有形象性。审美理解不同于一般的理解，它是一种情感的理解，运用的不是逻辑思维，而是形象思维。因为美感中的理解建立在具体的、生动的形象体验基础上。白居易的《琵琶行》处处表露出诗人情感的理解：“弦弦掩抑声声思，似诉平生不得志”，是从掩抑手法奏出的低沉、忧郁的声调中，“悟”出琵琶女命运的不如意；“冰泉冷涩弦凝绝，凝绝不通声暂歇。别有幽愁暗恨生，此时无声胜有声”，是从幽咽冷涩的曲调和暂时停顿中，“悟”出她内心深处的愁闷；而诗人之所以流泪最多，是因为他对琵琶曲本身的理解，以及渗透着强烈情感的

① 骆宾王．在狱咏蝉（并序）［M］//彭铎．《唐诗三百首词典》校注．漆子扬，高明珠，叶珠松，校注．兰州：甘肃人民出版社，2020：98.

② 同①：98-99.

③ 李学勤．十三经注疏．毛诗正义（上）［M］．北京：北京大学出版社：1999：6.

④ 刘勰．文心雕龙注（下）［M］．范文澜，注．北京：人民文学出版社，1958：538.

⑤ 尚书［M］．王世舜，王翠叶，译注．北京：中华书局，2012：28.

⑥ 同④．

⑦ 叶燮．原诗［M］//郭绍虞．中国历代文论选．上海：上海古籍出版社，1979：335.

⑧ 袁枚．袁枚诗文注译［M］．王英志，注译．杭州：浙江古籍出版社，2019：63.

审美理解。

其次，审美理解具有直接领悟性。在审美心理过程中，审美理解往往渗透、沉淀于感知、联想、想象、情感等心理活动，构成鲜明、生动的形象，这种理解只可意会不可言传，如《红楼梦》第四十八回，香菱读了王维的诗集后，和黛玉交流心得体会："据我看来，诗的好处，有口里说不出来的意思，想去却是逼真的。有似乎无理的，想去竟是有理有情的。"黛玉笑道："这话有了些意思，但不知你从何处见得？"[①] 香菱笑道："我看他《塞上》一首，那一联云：'大漠孤烟直，长河落日圆。'想来烟如何直？日自然是圆的。这'直'字似无理，'圆'字似太俗。合上书一想，倒像是见了这景的。若说再找两个字换这两个，竟再找不出两个字来。再还有'日落江湖白，潮来天地青'，这'白''青'两个字也似无理，想来，必得这两个字才形容得尽，念在嘴里倒像有几千斤重的一个橄榄。还有'渡头馀落日，墟里上孤烟'，这'馀'字和'上'字，难为他怎么想来！我们那年上京来，那日下晚便湾住船，岸上又没有人，只有几棵树，远远的几家人家作晚饭，那个烟竟是碧青，连云直上。谁知我昨日晚上读了这两句，倒像我又到了那个地方去了。"[②] 香菱这段读诗的体会就表明了理解的直接领悟的特点。

再次，审美理解具有模糊性和多义性。这是由审美理解的特征决定的。审美理解是非概念的、形象化的理解，渗透着感知、联想、想象、情感等诸多因素，因而导致审美理解的模糊性和多义性。"一千个人心中有一千个哈姆雷特"说的就是这个道理。鲁迅对《红楼梦》的审美理解的多义性做了很精彩的评价："谁是作者和续者姑且勿论，单是命意，就因读者的眼光而有种种：经学家看见《易》，道学家看见淫，才子看见缠绵，革命家看见排满，流言家看见宫闱秘事……"[③] 鲁迅很清楚，不同的读者因为欣赏水平不同，阅历不同，所以对《红楼梦》的审美理解就不同。

最后，感觉、知觉、表象是审美心理的初级形式。联想和想象是审美心理的高级形式，它们与情感、理解密切相连。情感是美感活动中最重要也是最活跃的心理因素。理解是美感中特殊的理性内容。美感就是这些心理因素相互渗透、能动的综合统一过程。

2.4 审美心理流派

自19世纪费希纳提出"自下而上"的心理学经验研究方法以来，审美心理逐渐受到现代美学的重视，并逐步成为主流，形成了一些有影响力的派别。这一小节主要介绍现代审美心理流派中比较重要的两种：审美移情和审美心理距离。

2.4.1 审美移情

审美移情是审美活动中一种非常普遍的心理现象。它广泛存在于审美创造和审美欣赏中，至19世纪成为西方审美心理流派中影响较大的派别。那么，什么是审美移情呢？《红楼梦》中黛玉见落花凋零，感慨自己如落花般的命运。于

① 曹雪芹．红楼梦（中）[M]．北京：人民文学出版社，2022：682.

② 同①．

③ 鲁迅．《绛洞花主》小引[M]//鲁迅．序的解放：上下卷．广州：广东人民出版社，2019：65.

是，“肩上担着花锄，锄上挂着花囊，手内拿着花帚”[①]，并在畸角为落花选好了花冢，宣称“装在这绢袋里，拿土埋上，日久不过随土化了，岂不干净。”[②]黛玉葬花时，凄然唱出了一首千古绝唱《葬花吟》。花开花落本是自然现象，为何在黛玉看来，却如此伤感呢？因为黛玉见落花凋零，感慨自己如落花般的命运，红颜易老，昙花一现，寄人篱下，不知何去何从。黛玉将自己的情感投射在落花中，这种心理活动就是审美移情。

朱光潜先生是这样定义移情作用的：“什么是移情作用？用简单的话来说，它就是人在观察外界事物时，设身处在事物的境地，把原来没有生命的东西看成有生命的东西，仿佛它也有感觉、思想、情感、意志和活动，同时，人自己也受到对事物的这种错觉的影响，多少和事物发生同情和共鸣。”[③]

在西方现代美学中，“移情说”是审美心理流派中比较有影响力的一种观点。早在古希腊时期，亚里士多德就注意到移情现象。他在《修辞学》中指出，荷马常常用隐喻把无生命的东西移入感情，说成是有生命的东西，如“那块无耻的石头又滚回平原”“矛尖兴高采烈地闯进他的胸膛”。近代，很多美学家也接触到了移情现象，不过还没有使用“移情作用”这个词，德国哲学家洛慈描述了移情的特征：“我们的想象每逢到一个可以眼见的形状，不管那形状多么难驾御，它都会把我们移置到它里面去分享它的生命。”[④]“我们还不仅和鸟儿一起快活地飞翔，和羚羊一起欢跃，并且还能进到蚌壳里面分享它在一开一合时那种单调生活的滋味。我们不仅把自己外射到树的形状里去，享受幼芽发青伸展和柔条临风荡漾的那种欢乐，而且还能把这类情感外射到无生命的事物里去，使它们具有意义。我们还用这类情感把本是一堆死物的建筑物变成一种活的物体，其中各部分俨然成为身体的四肢和躯干，使它现出一种内在的骨力，而且我们还把这种骨力移置到自己身上来。”[⑤]洛慈说明了移情的两个主要特征：把人的生命移置到物和把物的生命移置到人。

第一次使用“移情作用”这个词的是德国美学家劳伯特·费肖尔，在他那里，这个词的意思是“把情感渗进里面去”。移情说最著名的代表是19世纪德国心理学家立普斯。立普斯以古希腊建筑中的多立克柱式为例来说明移情作用。多立克柱式是古希腊三种主要的建筑柱式之一，圆柱下粗上细，柱身刻有凹凸相间的纵向槽纹，以承载建筑物的重量。这原本是一块没有生命力的大理石，但是我们在观照这种石柱时，它却显得是有生气、有力量、能活动的，这就是审美移情的作用。朱光潜先生概括立普斯的审美移情作用的特征，主要表现在三个方面：“第一，审美的对象不是对象的存在或实体而是体现一种受到主体灌注生命的有力量能活动的形象，因此它不是和主体对立的对象。其次，审美的主体不是日常的‘实用的自我’而是‘观照的自我’，只在对象里生活着的自我，因此它也不是和对象对立的主体。第三，就主体与对象的关系来说，它不是一般知觉中对象在主体心中产生一个印象或观念

① 曹雪芹．红楼梦（上）［M］．北京：人民文学出版社，2022：331.

② 同①：332.

③ 朱光潜．西方美学史［M］．北京：人民文学出版社 1979：584.

④ 同③：587.

⑤ 同④．

那种对立的关系，而是主体就生活在对象里，对象就从主体受到‘生命灌注’那种统一的关系。因此，对象的形式就表现了人的生命，思想和情感，一个美的事物形式就是一种精神内容的象征。”[①]

西方审美移情派的另一个重要代表人物是德国心理学家谷鲁斯。他的主要观点是“内摹仿说”。他认为审美主体只有以游戏的态度去欣赏对象，才能有审美的欣赏。而审美欣赏的内容和心理机制主要是一种“内摹仿”。不同于一般的外现于肌肉动作的模仿，内模仿是在内心心领神会地模仿审美对象的模仿。“例如，一个人看跑马，这时真正的摹仿当然不能实现，他不愿放弃座位，而且还有许多其他理由不能去跟着马跑，所以他只心领神会地摹仿马的跑动，享受这种内摹仿的快感。这就是一种最简单、最基本也最纯粹的审美欣赏了。”[②] 谷鲁斯认为内摹仿是由审美对象引起的，是对于外物形式的内摹仿，这也是一种移情。

谷鲁斯与立普斯在移情的心理机制上有所分歧：谷鲁斯肯定审美欣赏包含器官运动的感觉，正是在器官运动的感觉的基础上，形成审美快感，成为审美欣赏的核心。而立普斯则认为纯粹的审美欣赏是排斥一切器官运动感觉的。

中国古代虽然没有直接用“移情”这一表述，但是许多艺术家、思想家都谈到这种移情作用，如《庄子·秋水篇》记载了一个故事：庄子和惠子在濠水的桥梁上游玩。庄子看到水里的鱼游来游去，就感叹道：‘鯈鱼出游从容，是鱼之乐也。”惠子说：“子非鱼，安知鱼之乐？”庄子回答：“子非我，安知我不知鱼之乐？”[③] 庄子虽然不是鱼，但是他从自己“出游从容”的经验感觉出发，推己及物地认为鯈鱼和自己一样快乐。庄子拿“乐”形容鱼的心境，其实不过是把自己“乐”的心境外射到鱼身上。此外，中国古代的“比德说”“兴者，托事于物”“感物兴怀”“迁想妙得”，实际上也是移情。

在中国古典诗词中，审美移情随处可见。杜甫的“感时花溅泪，恨别鸟惊心”（《春望》）将诗人伤感、苦闷的情感投射到花鸟身上。春天的花儿本应有着娇艳明媚的姿态，春天的鸟儿本应唱着委婉动听的歌曲，但是因为“国破山河在，城春草木深”，诗人感于战败的时局，感觉“花溅泪”“鸟惊心”。“众鸟高飞尽，孤云独去闲。相看两不厌，只有敬亭山”（《独坐敬亭山》），“昔我往矣，杨柳依依；今我来思，雨雪霏霏”（《诗经·小雅·采薇》），“春蚕到死丝方尽，蜡炬成灰泪始干”（《无题》）等诗句，都是移情作用的体现。

在中国古代绘画中，也有移情作用的运用。例如，南宋画家夏圭因为南宋朝廷偏安一隅，不思进取，感到悲哀和愤怒。在画山水时，构图常取半边，另一边留下空白，人称“夏半边”，这是将爱国之情迁移于“残山剩水”。又如，明末清初画家八大山人为明太祖朱元璋的第十七子宁献王朱权的九世孙子。明灭亡后，父亲不久也去世，他的内心极度忧郁、悲愤，为了保全自己只好隐姓埋名遁入空门，落发为僧。为了表达对清廷的愤懑不满，他在画中描绘的鱼、鸭、鸟等，皆以白眼向天，充满倔强之气。他的《荷花水鸟图》（图2-6）中，孤石倒立，疏荷斜挂，一只

① 朱光潜．西方美学史［M］．北京：人民文学出版社1979：597.

② 同①：603.

③ 庄子·秋水［M］// 陈鼓应．庄子今注今译（上）．北京：商务印书馆，2007：513.

翻着白眼的缩脖水鸟独立于小头朝下的怪石之上，情景交融，表达了怪诞、冷漠、高傲、孤独、白眼向人的个性特征，画面的左上角有画家用草书书写的题名，乍一看，像“哭之”，又像“笑之”，这是将自己内心的苦闷移入画面之中。

图 2-6 《荷花水鸟图》，明末清初，朱耷绘，纵 126.7 厘米 × 横 46 厘米，现藏于北京故宫博物院

值得注意的是，在审美移情中，一方面，审美主体将自己的情感完全投入到对象中去，另一方面，审美客体与主体融为一体，实现了物我两忘、物我同一、物我回还。例如，北宋苏轼在《书晁补之所藏与可画竹三首》中写道：“与可画竹时，见竹不见人。岂独不见人，嗒然遗其身。其身与竹化，无穷出清新。庄周世无有，谁知此凝神。”这里，文与可与竹化为一体，如同庄周梦蝶，这就是审美移情的物我同一。

总体看来，审美移情理论强调了在审美移情中，人们将自己的主观情感投入到审美对象这一事实，突出了审美主体的能动作用，强调了审美对象的价值和意义，在美学史上产生了重要影响。但是，移情说对移情的心理机制缺乏科学的剖析，也并不能说明一切审美现象。

2.4.2 审美心理距离

“心理距离说”是西方现代审美心理流派中的一个重要流派。它由瑞士心理学家布洛于 1912 年在《作为艺术的一个要素与美学原理的“心理距离”》一文中提出。所谓“心理距离”就是指审美主体必须与实用功利拉开一定距离。他举了一个海上遇雾的例子来说明，当船在海上航行时，如果遇见大雾，船上的旅客会为自身的安全担忧，产生一种焦虑、紧张或是恐惧的情绪，绝对不会产生美感，因为海雾和船上的旅客距离太近，这是实用世界的一部分，旅客自然不能泰然处之，但是岸边的游客却可以欣赏雾中海面缥缥缈缈的美景，因为海雾距离岸边的游客有一定距离，岸边的游客可以以审美的态度来进行欣赏。

不仅心理距离能产生美，时间距离、空间距离也能产生美。在中国古典诗词中，有很多诗句借助时空距离抒发情感，给人一种韵味无穷的审美感受，如《诗经·蒹葭》就用空间距离的遥远来表达相思之情：“蒹葭苍苍，白露为霜。所谓伊人，在水一方。溯洄从之，道阻且长。溯游从之，宛在水中央。”这几句诗描绘了主人公与自己倾慕的“伊人”一水之隔。他逆流而上，苦苦寻觅，但是这一水之隔的空间距离却阻碍了两人的相遇，给人一种朦胧美和伤感美。又如，李之仪的《卜算子》：“我住长江头，君住长江尾。日日思君不见君，共饮长江水。此水几时休，此恨何时已。只愿君心似我心，定不负相思意。”这首诗表达了分隔两地的相思之情。两地情思，一水相牵。时空距离与诗人的情感交融在一起。距离让思念变得深切绵延，给人一种深邃隽永之美。李白的《静夜思》：“床前明月光，疑是地上霜。举头望明月，低头思故乡。”这是诗人羁泊异地的思乡之作。夜深人静，月色如水，斜斜地铺洒到床前的地面，如凝霜一般。诗人抬头仰望皎洁的明月，然后，缓缓低头，想起自己遥远的故乡。距离让诗人的思乡之情更加深切浓厚，给人一种含蓄韵味之美。苏轼的《江城子·乙卯正月二十日夜记梦》：“十年生死两茫茫，不思量，自难忘。千里孤坟，无处话凄凉。纵使相逢应不识，尘满面，鬓如霜。

夜来幽梦忽还乡，小轩窗，正梳妆。相顾无言，惟有泪千行。料得年年肠断处，明月夜，短松冈。”这首词是苏东坡悼念亡妻所作。词的上阕从时间距离抒发对亡妻的思念之情。“十年生死两茫茫”点明了诗人与妻子阴阳两隔的时间距离。“不思量，自难忘”，看似矛盾，实则是思念到刻骨铭心，这种时刻萦绕在心间的怀念表达了诗人对妻子的感情的执着。“千里孤坟”则从空间距离来感叹生死两隔。“千里”与“十年”相应，“千里”表明距离遥远，有着广阔的空间感，“十年”则表明时间漫长，有着悠长的沧桑感。时空距离难以超越，诗人和妻子只能在梦境中相会了。下阕开始描写梦境：“夜来幽梦忽还乡，小轩窗，正梳妆。相顾无言，惟有泪千行。”诗人以“小轩窗，正梳妆”这样一个日常的生活场景表达了妻子留在自己心中的印象。夫妻相见，没有卿卿我我，而是“相顾无言，惟有泪千行”。此时无声胜有声，两心相印，万千思绪尽在其中了。结尾三句，又从梦境回到现实中来：“料得年年肠断处，明月夜，短松冈。”整首诗在时空距离的衬托下，将夫妻之间的深情表现得淋漓尽致，有一种哀婉深切之美。

在审美活动中，时空距离与心理距离是相互联系、相互作用的。审美主体的心理不同，主观感受的时空距离就有可能不同。陶渊明的《饮酒二十首》之五中写：“结庐在人境，而无车马喧。问君何能尔？心远地自偏。”诗人虽然身处闹市，但是却感受不到车马的喧闹嘈杂，仍然如同处于僻静的环境之中。为什么能做到这样呢？因为诗人心高志远。这里的“心远”即是诗人与外界保持的心理距离。通过心理上有意识地疏远，诗人虽处闹市也如在僻静之地一般，与现实世界拉开距离，达到心灵的超脱与自由，审美心理影响了空间距离的感受。

那么，距离为什么能产生美感呢？首先，距离割断利害计较，是形成审美态度的必要条件。人们通过与外界事物保持适当的距离，从外界事物的功利目的、实际用途中超脱出来，以非功利的、审美的态度看待外界事物，才会产生美感。中国古代成语故事“叶公好龙”中记载叶公非常喜欢龙，衣带钩、酒器上都刻着龙，屋里的装饰也是龙。龙有感于叶公的一片诚心，便降临至叶公的住所，叶公见到真龙却吓得失魂落魄，落荒而逃。在这个成语故事中，叶公平时喜欢龙，是因为和龙保持了安全距离，不用考虑龙的危险性，所以可以用审美的眼光来欣赏龙的形象。但是当龙真的降临时，安全距离被打破，叶公以功利的态度看待龙，害怕龙的威仪，于是吓得落荒而逃。

其次，距离可以制造神秘感，营造一种朦胧、恍惚、若即若离的扑朔迷离之美。清代叶燮认为这种神秘性的美感为诗之至境："要之作诗者，实写理事情，可以言，言可以解，解即为俗儒之作。惟不可名言之理，不可施见之事，不可径达之情，则幽渺以为理，想象以为事，惝恍以为情，方为理至事至情至之语。此岂俗儒耳目心思界分中所有哉？"[①]这段话明确指出诗所表现的理、事、情不是哲学和历史所表现的抽象之理、实有之事，而是带有神秘感的"不可名言之理，不可施见之事，不可径达之情"，具有幽渺、想象、惝恍等特点。中国古典诗词中有不少以距离制造神秘的佳句，如"千呼万唤始出来，犹抱琵琶半遮面"（白居易《琵琶行》），"美人如花隔云端"（李白《长相思》），"洞房深夜笙歌散，帘幕重重，斜月朦胧"（冯延巳《采桑子》）。又如，清代布颜图在《画学心法问答》中谈及画仕女图："是必绿纱迷影，湘箔掩裙，或临窗拂镜，偷窥半面，或倚栏凝思，偶露全容……隐显叵测，则美人之意趣无穷矣。"[②]

最后，距离呈现审美想象。前面的小节中讲过，想象是审美心理活动的高级形式。在审美活动中，保持一定的距离，可以为欣赏者留下丰富的想象空间。李白的《玉阶怨》："玉阶生白露，夜久侵罗袜。却下水晶帘，玲珑望秋月。"描写了夜深人静，一位独守闺房的女子独立玉阶，继而入室下帘、隔帘望月。"帘"这一意象营造出一种距离感，想隔断相思之情却又无法让人释怀，只能隔着帘子望着秋月，主人公的闺怨之情可想而知。

值得注意的是，距离的作用是非常复杂的。布洛指出："它有否定的、抑制性的一面——摒弃了事物实际的一面，也摒弃了我们对待这些事物的实际态度，其也有肯定的一面——在距离的抑制作用所创造出来的新基础上将我们的经验予以精炼。"[③]也就是说，距离有消极的一面，它抛开了事物实用的一面；距离也有积极的一面，它使得人物关系从实用关系变为欣赏关系。

布洛还指出要保持适度的距离："距离的丧失可以出于如下两种原因：或失之于'距离太近'，或失之于'距离太远'。'距离太近'是主体方面常见的通病；而'距离太远'则是艺术的通病，过去的情形尤其是这样的。"[④]因此，在审美心理中，我们要保持适度的距离，既不能太远，也不能太近。如果距离太远，比如年代久远的艺术作品，我们不了解相关的背景知识，就无法欣赏；如果距离太近，就会导致实用的态度压倒审美的态度。所以，最好的距离是不即不离。正如王国维所说："诗人对宇宙人生，须入乎其内，又须出乎其外。入乎其内，故能写之。出乎

① 叶燮 . 原诗［M］// 郭绍虞 . 中国历代文论选，上海：上海古籍出版社，1979：335-336.

② 布颜图 . 画学心法问答［M］// 王伯敏，任道斌 . 画学集成 明—清 . 石家庄：河北美术出版社，2002：506.

③ 布洛 . 作为艺术因素与审美原则的心理距离说［M］// 蒋孔阳，朱立元 . 二十世纪西方美学名著选（上）. 上海：复旦大学出版社，1987：243.

④ 同③ .

其外，故能观之。”[①]

从西方美学史上看，距离说起源于审美无功利的理论。18世纪，英国美学家博克在《论崇高与美两种观念的根源》一文中指出，崇高感发生的条件是一方面仿佛面临危险，另一方面这危险又须不太紧迫或受到缓和：“如果危险或苦痛太紧迫，它们就不能产生任何愉快，而只是可恐怖。但是如果处在某种距离以外，或是受到了某些缓和，危险和痛苦也可以变成愉快的。”[②]在这里，博克用到了“距离”这个术语。也就是说，当危险或苦痛处于安全距离以外，人们就可以持欣赏的态度，但是如果危险或苦痛威胁到人的安全，人们就会持功利的态度。这种观点与布洛的审美距离是相通的。德国哲学家康德也区分了美感与一般快感，一般快感往往涉及欲念的满足，如饿了要吃饭，渴了要喝水，而美感是“主观的、无利害的快感”，美感不涉及利害计较，不涉及欲望的满足，主体只关心对象的形式而不关心它的存在。

审美无利害强调在审美中不掺杂任何功利计较。但是这在实际生活中很难做到。因为概念、功利、计较无时无刻不在影响我们的审美。在审美无利害的理论基础上，心理距离说进行了修正。心理距离强调通过与审美对象保持心理距离，将功利、利害计较暂时消除，以无功利的审美态度面对审美对象，在审美欣赏的那一瞬间消除利害计较。这无疑具有进步意义。

从本质上看，“心理距离”说仍然是一种审美态度说。忽视了审美对象本身的美。而且，对于如何才能获得“心理距离”，布洛也没有做出合理的解释。

本章小结

本章主要探讨美感。主要内容包括美学史上关于美感的探讨、美感的本质特征、美感的心理因素、审美心理流派等问题。

思 考 题

1. 简述中西美学史上关于美感的主要观点。
2. 举例说明美感的本质特征。
3. 举例说明美感的心理因素。
4. 什么是审美移情说？如何评价审美移情说？
5. 什么是审美心理距离说？如何评价审美心理距离说？

延伸阅读与参考书目

［1］北京大学哲学系美学教研室．西方美学家论美和美感［M］．北京：商务印书馆，1981.

［2］朱光潜．西方美学史［M］．北京：人民文学出版社，1979.

［3］克罗齐．美学原理·美学纲要［M］．北京：外国文学出版社，1983.

［4］朱光潜．文艺心理学［M］．上海：复旦大学出版社，2009.

① 王国维．人间词话［M］．徐调孚，校注．北京：中华书局，2012：37.

② 朱光潜．西方美学史［M］．北京：人民文学出版社 1979：231.

第 3 章　自然美

自然美是指自然事物的美，如连绵不绝的山川、一泻千里的瀑布、广袤无垠的沙漠、一望无际的草原、浩瀚深邃的海洋，还有各种可爱的动物，这些自然事物的美都被称为自然美。美学史上对于自然美的性质的探讨有许多不同观点，如有的认为自然美在于自然物本身的属性，有的认为自然美是心灵美的反映，有的认为自然美在于自然的人化，有的认为自然美在于人和自然相契合而产生的审美意象，等等。在我国，自然美的欣赏经历了致用、比德、畅神三个阶段。自然美侧重于形式。自然美的形式美主要包括形象美、色彩美、声音美、动态美等。

3.1　自然美的性质

3.1.1　西方美学史关于自然美的性质的探讨

自然美的性质与美的本质的问题是一致的。美学家在探讨"美是什么"时，也积累了很多关于自然美的性质的探讨。在美学史上，关于自然美的性质主要有以下几种代表性观点。

第一，自然美在于自然事物的形式，如形状、色彩、质感等。这种观念在西方美学史上源远流长，如古希腊时期，毕达哥拉斯学派提出"美是和谐与比例"[①]，亚里士多德认为"美要倚靠体积与安排"[②]，强调事物的"整一性"；文艺复兴时期，在自然科学蓬勃发展的前提下，美学家积极探寻美的线条和比例；17 世纪英国经验主义美学家荷迦兹总结了形式美的六个重要法则：适宜、变化、一致、单纯、错杂和量。并提出"蛇形线是最美的线条"[③]；18 世纪英国经验主义美学家博克总结了美的特征："小、光滑、逐渐变化、不露棱角、娇弱以及颜色鲜明而不强烈等。"[④] 20 世纪的英国形式主义美学家克莱夫 · 贝尔进一步将美界定为"有意味的形式"[⑤]。这些关于美的本质的看法，虽然不是直接探讨自然美，但是大多是建立在对自然物的直观经验的基础上，对自然物的物理属性进行了较为深入的研究，是一种朴素的唯物主义理论。这种观点解释不了自然美的终极原因，也

---

① 北京大学哲学系美学教研室 . 西方美学家论美和美感［M］. 北京：商务印书馆，1980：13.

② 同①：39.

③ 同①：101.

④ 同①：121.

⑤ 李醒尘 . 西方美学史教程［M］. 北京：北京大学出版社，2005：370.

忽视了社会历史和人类的审美活动对自然美的影响。

第二，自然美属于心灵美的反映。黑格尔是这种观点的代表。总体而言，黑格尔轻视自然美。他从“美是理念的感性显现”这一命题出发，认为自然是理念发展的低级阶段。虽然自然也是理念的表现或显现，但是在自然中理念还显现得很不完善，很不充分。也就是说，自然美是美的低级形态。黑格尔认为自然美的本质是精神性的，他说：“自然美还由于感发心情和契合心情而得到一种特性。例如寂静的月夜，平静的山谷，其中有小溪蜿蜒的流着，一望无边波涛汹涌的海洋的雄伟气象，以及星空的肃穆而庄严的气象就是属于这一类。这里的意蕴并不属于对象本身，而是在于所唤醒的心情。”[①] 黑格尔从人的方面揭示自然美的本质，无疑具有积极意义。但是他关于自然美的探讨归根结底是唯心的，不可能科学揭示自然美的形成与发展。

第三，自然美是人的生活暗示。执这种观点的代表是车尔尼雪夫斯基。他认为：“任何事物，我们在那里面看得见依照我们的理解应当如此的生活，那就是美的；任何东西，凡是显示出生活或使我们想起生活的，那就是美的。”[②] 从“美是生活”的观点出发，他认为“构成自然界的美的是使我们想起人来（或者，预示人格）的东西，自然界的美的事物，只有作为人的一种暗示才有美的意义”[③]。比如，马是美的，因为马有蓬勃的生命力；猫是美的，因为猫的体态丰满、柔和、匀称，与人的健美生活的表现有相似之处，相反令人想起畸形和笨拙的动物，如鳄鱼、壁虎、乌龟等则是丑的、令人讨厌的。他还谈到植物，认为色彩鲜艳、枝叶茂盛、形状多样的植物是美的，因为这些特征表明它们拥有蓬勃的生命力，而凋萎枯黄的植物和缺少生命特征的植物则不美。车尔尼雪夫斯基将自然美与人的生活联系起来，同样具有积极意义。但是他对于“生活”概念还没有形成科学完整的认识，也没有真正回答自然美的性质问题。

① 北京大学哲学系美学教研室．西方美学家论美和美感［M］．北京：商务印书馆，1980：198.

② 同①：242.

③ 同①：244.

3.1.2 中国美学史关于自然美的性质的探讨

中国人向来有一种天人合一、人与自然和谐共生的观念。在此基础上，儒道两家对于自然美形成了不同的观点。

儒家学派的代表孔子提出：“知者乐水，仁者乐山。知者动，仁者静。知者乐，仁者寿。”[④]（《论语·雍也》）也就是说，精神品质不同的人对自然美的欣赏各有爱好。一定的自然对象之所以引起人们喜爱，是因为它们具有某种和人的精神品质相似的形式结构的缘故。“智者不惑”是因为智者捷于应对，敏于事功，具有“动”的特点，与水的流动的特点是相似的；“仁者不忧”是因为仁者阔大宽厚，稳健沉着，与山的沉静的特点相似。从人的伦理道德的观点去看自然现象，把自然现象看作是人的某种精神品质的表现和象征。这种观念被称为“比德”。这种观念对中国古代的对自然美的欣赏以及艺术创作产生了深远影响。比如，中国古代的文人画多以梅、兰、竹、菊为题材，就是因为它们寓含了人类的某种精神品格。但是这种观念将自然美视为人类精神品格的载体，没有看到自然美本身的审美价值。

④ 杨伯峻．论语译注［M］．北京：中华书局，1980：62.

道家学派的庄子则从道的自然无为出发，认为“天地有大美而不言”[①]，最高的美在天地自然之间。并认为天籁、地籁高于人籁。明确肯定了自然的独立的审美价值。庄子认为世俗外物对于人心是一种束缚，人要摆脱外界的束缚干扰，达到“无己”“丧我”的状态，最终与天地融为一体：“天地与我并生，而万物与我为一。”[②]这也是最高的审美境界。以庄子为代表的道家第一次对于自然美采取了非功利的审美态度，肯定自然美的独立价值。这种观点在魏晋南北朝时期被进一步继承与发展，为“畅神”审美观的形成奠定了基础。

儒家和道家关于自然美的观点在后世不断地被继承和发扬，成为中国古典自然美思想的主流观点。中国当代美学关于自然美的观点，主要体现在20世纪50年代的“美学大讨论”中。20世纪50年代，我国学术界有一次“美学大讨论”，讨论的主题涉及美学的研究对象、美的本质、自然美等。在自然美的性质上，形成了四种有代表性的观点。

第一，以蔡仪为代表的客观派。他认为自然美在于自然物的客观属性。美是客观的，自然物本身就有美。比如，一朵梅花的美，就在于梅花本身，和人没有关系。他说：“物的形象是不依赖于鉴赏者的人而存在的，物的形象的美也是不依赖于鉴赏者的人而存在的。”“自然美在于自然事物本身。”“自然物的美的观念内容是不依存于人类的，而是属于自然物的。”[③]

第二，以吕荧、高尔太为代表的主观派。他们认为美是主观的，自然物的美在于人的心灵的反映。他以自然界的星星、山鹰为例，星星的美丽，老鹰的高傲与自由，都是人的概念：“实际上，纯洁，冷静，深远，高傲，自由……，与星星，与老鹰无关，因为这是人的概念。星星和老鹰自身原始地存在着，无所谓冷静，纯洁，深远，高傲，自由。它们是无情的，因为它们没有意识，它们是自然。”[④]

第三，自然美在于人和自然相契合而产生的审美意象。这种观点的代表学者是朱光潜。他认为“美是主客观的统一”。朱光潜先生认为：“美不仅在物，亦不仅在心，它在心与物的关系上面。”[⑤]“自然中无所谓美。在觉自然为美时，自然就已告成表现情趣的意象，就已经是艺术品。”[⑥]

第四，自然美在于“自然的人化”。这种观点的代表学者是李泽厚。在20世纪50年的“美学大讨论”中，他的观点是“美是客观性和社会性的统一”。在自然美的性质方面，他提出“自然的人化”，指的是人通过生产劳动的实践，改造了自然界（包括人自身），于是自然界成为“人化的自然”。人在“人化的自然”中看到人类改造世界的本质力量，从而产生美感。李泽厚将“自然的人化”分为狭义和广义两种。广义的“自然的人化”指的是“人类征服自然的历史尺度，指的是整个社会发展达到一定阶段，人和自然的关系发生了根本改变”。狭义的“自然的人化”指的是“通过劳动、技术改造自然事物”。

---

① 庄子·知北游［M］// 陈鼓应．庄子今注今译（下）．北京：商务印书馆，2007：650.

② 齐物论［M］陈鼓应．庄子今注今绎（上）．北京：商务印书馆，2007：88.

③ 蔡仪．唯心主义美学批判集［M］．北京：人民文学出版社，1958:141.

④ 高尔太．论美［M］．兰州：甘肃人民出版社，1982：8.

⑤ 朱光潜．文艺心理学［M］．上海：复旦大学出版社，2009：140.

⑥ 同⑤：141.

狭义的“自然的人化”是广义的“自然的人化”的基础，是人与自然界发生关系改变的根本原因。李泽厚将自然美的研究引入社会领域，认为在人类之前，自然界无所谓美丑，这是一种历史唯物主义的观点。李泽厚还汲取了马克思关于“自然人化”和“对象化”的思想，开辟了从实践的观点揭示自然美的本质的道路，这是非常难能可贵的。在此基础上，20 世纪 70—80 年代形成了在中国美学界很有影响的实践派美学。

以上，我们总结了中西美学史上关于自然美的性质的几种代表性观点。这些观点从不同角度对自然美的性质进行了探讨，具有某种程度的合理因素。我们应该以马克思的历史唯物主义为指导，整合中西美学关于自然美问题的探讨，形成科学的观点。

3.2　自然美的发现

自然美的欣赏离不开人。自然美的发现也离不开人的审美活动。在审美活动中，人们是如何发现自然美的呢？从人类审美活动的历史来看，自然美的产生与发展经历了致用、比德、畅神三个阶段。

3.2.1　致用

致用是指人类从实用、功利的角度看待自然的一种审美观。形成于人类社会发展初期。这在西方和中国都有很多相关发现。比如，发现于 1940 年的法国拉斯科洞窟壁画（图 3-1、图 3-2），距今 1.5 万年到 2 万年。画面大多是野牛、野马、野鹿，有的 2 ~ 3 米，最长的 5 米以上，看到这些壁画，我们不禁要问史前人为什么费这么大的功夫把野牛、野马、野鹿画在洞穴壁上呢？是为了观赏吗？显然不是的。因为这些壁画有的画在洞穴深处，甚至在同一个地方反复画，观看起来很不方便。一种比较有说服力的观点是巫术说。因为在原始社会，人们面临的首要问题是解决温饱。原始人以打猎为生，所以壁画中绝大多数绘制的都是动物。原始人崇尚巫术，他们为了祈求平安和狩猎成功，就对动物的画像举行巫术仪式，以达到目的。研究显示，拉斯科洞窟壁画中的许多动物的形体都较大，而且身上插着类似于弓箭之类的东西，甚至有些壁画还描绘了受伤的动物和被动物撞伤的人，这也印证了

图 3-1　拉斯科洞窟壁画 1，距今约 15000 年，岩画，位于法国多尔多涅省蒙尼克镇附近

图 3-2　拉斯科洞窟壁画 2，距今约 15000 年，岩画，位于法国多尔多涅省蒙尼克镇附近

人们的猜测，原始人希望获取更大的猎物，也希望在狩猎中能够避免凶猛的动物对他们的伤害。有些岩壁上还发现了一些敲打过的痕迹，有理由猜测这是在施行巫术的过程中祈求捕杀猎物的痕迹。

又如，旧石器时代晚期的山顶洞人将兽牙作为装饰品。我们不禁要问，原始人为什么要把这些外表并不美观的兽牙挂在脖子上作为装饰呢？我国考古学家贾兰坡先生分析说："很可能是当时被公认为英雄的那些人的猎获物。每得到这样的猎获物，即拔下一颗牙齿，穿上孔，佩戴身上作为标记。"[①] 这些穿孔的兽牙全是犬牙，为什么要用犬牙呢？贾兰坡指出："因为犬齿比较美观，齿根最长，齿腔较大，从两面挖孔很容易穿透。另一方面，犬齿在全部牙齿中是最少的，在食肉类动物的牙齿中也是最尖锐有力的……取最尖锐有力的牙齿更能表现其英雄。"[②]

普列汉诺夫也说："野蛮人在使用虎的皮、爪和牙齿或是野牛的皮和角来装饰自己的时候，他是在暗示自己的灵巧和有力，因为谁战胜了灵巧的东西，谁自己就是灵巧的人，谁战胜了力大的东西，谁自己就是有力的人。"[③] 格罗塞在《艺术的起源》一书中也指出："原始装饰的效力，并不限于它是什么，大半还在它是代表什么，一个澳洲人的腰饰，上面有三百条白兔子的尾巴，当然它的本身就是很动人的，但更叫人欣羡的，却是它表示了佩带者为了要取得这许多兔尾必须具有的猎人的技能；原始装饰中有不少用齿牙和羽毛做成功的饰品也有着同类的意义。"[④] 这说明澳洲人用兔尾作为装饰，主要是因为兔尾代表着狩猎者的技能，是狩猎者狩猎本领的证明。这些例子都说明人们对于自然的审美最初带有功利的目的。

3.2.2 比德

随着人类社会的发展，人们对自然美的欣赏进入比德阶段。也就是说人类不再只是从实用目的出发来看待自然物和自然现象，而是将自然美与人的生活内容、风俗习惯、精神追求和道德观念等联系起来。"比德"成为自然物和自然现象的重要审美价值。前文已经论述过，"比德"观形成于我国春秋时期，由儒家学派的代表孔子提出。

"比德说"对于自然美的欣赏以及艺术创作，都产生了重大影响。古人往往将中国古典园林中的花木与人的道德情操相比拟。中国人向来称松、竹、梅为"岁寒三友"，又称梅、兰、竹、菊为"四君子"，是因为这些植物的外观契合了人们所珍视的品质，如松的挺拔笔直象征了人的刚正不阿，竹的虚空有节象征了谦虚有气节，梅的洁白且只在冬天盛开象征了人品的高洁。扬州个园就是以竹为主题的园林。嘉庆年间嵌于个园墙壁间的碑上写道："主人性爱竹。盖以竹本固，君子见其本，则思树德之先沃其根；竹心虚，君子观其心，则思应用之务宏其量。至夫体直而节贞，则立身砥行之攸系者，实大且远，岂独冬青夏彩，玉润碧鲜，著斯州筱荡之美云尔哉！主人爱称曰'个园'。"莲花的纯净洁白，亭亭玉立象

① 贾兰坡．中国大陆上的远古居民［M］．天津：天津人民出版社，1978：126.

② 同①：126-127.

③ 普列汉诺夫．普列汉诺夫美学论文集：第1卷［M］．曹葆华，译．北京：人民出版社，1983：314.

④ 格罗塞．艺术的起源［M］．蔡慕晖，译．北京：商务印书馆，1984：78.

征高洁，宋代理学家周敦颐赞美莲花："出淤泥而不染，濯清涟而不妖，中通外直，不蔓不枝，香远益清，亭亭净植，可远观而不可亵玩焉。"皇家园林承德避暑山庄康熙定名三十六景之一"香远益清"为赏荷佳处。苏州拙政园的远香堂，"香洲"、荷风四面亭的题名都与莲有关，也都是赏荷佳处。梅的纯净洁白、冬天盛开也象征了人格的高洁："墙角数枝梅，凌寒独自开。遥知不是雪，为有暗香来。"苏州狮子林有暗香疏影楼，附近有数株梅树点景。

"比德"说对中国古代绘画也有很大影响。中国古代的文人画喜欢以松、竹、梅、兰为题材进行创作。比如，南宋著名的爱国诗人郑思肖，肖是"赵"字的组成部分，"赵"又是宋朝的国姓，所以，他改名"思肖"就是为了表达自己思念故国、誓不向蒙元统治低头的忠贞。他擅长画兰，在宋朝灭亡以后，他所画的兰花均无土和根，寓意故土沦丧，自己无所扎根，同时也借兰草表达自己的高洁志向。他曾题诗《寒菊》："花开不并百花丛，独立疏篱趣未穷。宁可枝头抱香死，何曾吹落北风中。"诗中的"北风"象征着异族统治者，郑思肖借菊花的孤傲绝俗来表达自己对故国的忠贞不渝。

元末王冕所作的《南枝早春图》以飞白笔法，画一株苍劲挺拔的老梅，枝干由右下向上伸出，细长柔韧的枝条齐发，繁花万蕊，生机盎然，几乎占满了整幅画面。花瓣是用墨线圈点组成，全幅以淡墨烘染，细小白花犹如积雪压枝，更显得高洁淡雅。王冕在题诗中又将梅花比拟为象征君子温润品德的玉，这也是王冕墨梅画中常用的譬喻。

清代著名画家郑板桥一生独爱画兰、竹、石，自称"四时不谢之兰，百节长青之竹，万古不败之石，千秋不变之人"。郑板桥一生历经坎坷，饱尝辛酸，却依然刚正不阿，高风亮节！他的《竹石图》，画面上三两枝瘦劲的竹子，在石缝中傲然挺立，坚韧不拔！表现出"咬定青山不放松，立根原在破岩中。千磨万击还坚劲，任尔东西南北风"的气节。郑板桥画石亦富有意味。他在《柱石图》中别具一格地画了一块孤立的峰石，画面题诗："谁与荒斋伴寂寥，一枝柱石上云霄。挺然直是陶元亮，五斗何能折我腰。"郑板桥借傲然挺立的石头赞美陶渊明刚正不阿的人格，同时也抒发了自己遭遇同样境遇的心情与气度。郑板桥还有很多以兰花为主题的画，有的借兰花寓意做人保持平常心："兰花与竹本相关，总在青山绿水间。霜雪不凋春不艳，笑人红紫作客顽。"有的借兰花抒君子大度风范："满幅皆君子，其后以荆棘终之，何也？盖君子能容纳小人，无小人亦不能成君子，故棘中之兰，其花更硕茂矣。"在郑板桥的眼里，兰竹石均凝结了坚贞不屈、正直无私、坚韧不拔的人格美。

与人类社会早期人们对待自然的"致用"观点相比，"比德"观表明人们对于自然的欣赏已经与实用功利相脱离，是一种历史的进步。但是，"比德"观不能引导人们专注于欣赏自然事物本身的美，而是用自然事物比附人的德行，注重自然美的社会象征意义，忽视了自然美本身独立的审美价值 。

3.2.3　畅神

随着人类社会的进一步发展，自然物和现象不仅仅被当作一种人格象征而受到赞美，同时也作为娱情畅神的对象为人们所欣赏。也就是说，人们把大自然当作独立的审美对象，把自然美作为一种独立的存在形态。这种对自然的独立审美被称为“畅神”，形成于魏晋南北朝时期。宗白华先生在《美学散步》中评论：“汉末魏晋六朝是中国政治最混乱、社会上最苦痛的时代，然而却是精神史上极自由、极解放，最富于智慧、最浓于热情的一个时代。因此也就是最富有艺术精神的一个时代。”[①]人们常说魏晋人向内发现了人的独立个性，向外则发现了自然美。这一时期，朝代更迭频繁，战争连绵不断，社会动荡不安，统治阶级内部也经常相互倾轧。很多文人远离政治，寄情山水，促进了畅神的自然审美观的形成。

南朝画家宗炳的《画山水序》是中国古代第一篇山水画论。《南史·宗炳传》记载宗炳“妙善琴书图画，精于言理，每游山水，往辄忘归……”晚年时，他身体多病，不能亲自游山玩水，躺卧在家，也要在想象中遍睹名山大川：“老疾俱至，名山恐难遍睹，唯当澄怀观道，卧以游之。”他在《画山水序》中提出“畅神”观：“圣人含道映物，贤者澄怀味象。至于山水，质有而趣灵。……夫圣人以神法道，而贤者通；山水以形媚道，而仁者乐。不亦几乎？……画象布色，构兹云岭。……况乎身所盘桓，目所绸缪。以形写形，以色貌色也。……圣贤映于绝代，万趣融其神思。余复何为哉，畅神而已。”[②]这段话的意思是说山水画家有自己的主观情感，在描绘自然山水的过程中，主观情感与客观山水形象相契合并加以描绘，物我同一，最终达到“畅神”的目的。也就是说自然景物本身的美使欣赏者心旷神怡，精神振奋。继宗炳后，王微在《叙画》中主张山水画家对自然美产生情感：“望秋云，神飞扬；临春风，思浩荡。”[③]画家只有面对自然美时迸发出丰富的情感，进入创作，最后才能借景抒情，借景写心，创作出好的山水画作。与“比德”不同，“畅神”专注于对审美对象本身的欣赏，不用自然景物来比附道德情操。相较于“比德”而言，“畅神”又进了一步。

魏晋时期涌现了大量山水诗，如曹操的《观沧海》就描绘了大自然的壮美：“秋风萧瑟，洪波涌起。日月之行，若出其中；星汉灿烂，若出其里。”陶渊明的《归园田居·其一》描绘了田园风光的返璞归真：“少无适俗韵，性本爱丘山。误落尘网中，一去三十年。羁鸟恋旧林，池鱼思故渊。开荒南野际，守拙归园田。方宅十余亩，草屋八九间。榆柳荫后檐，桃李罗堂前。暧暧远人村，依依墟里烟。狗吠深巷中，鸡鸣桑树颠。户庭无尘杂，虚室有余闲。久在樊笼里，复得返自然。”顾恺之从会稽返回，赞叹山川之美：“千岩竞秀，万壑争流，草木蒙笼其上，若云兴霞蔚。”王羲之在《兰亭集序》中说：“此地有崇山峻岭，茂林修竹，又有清流激湍，映带左右……天朗气清，惠风和畅……所以游目骋怀，足以极视听之娱，信可乐也。”从这些诗句中，我们可以看出自然美已经作为独立的审美形象出现了。

我国现存最早的卷轴山水画是隋代展子虔的《游春图》(图 3-3)。这幅画为青绿山水，以全景式构图方式描绘了广阔的山水场景。画面上春光明媚，青山叠翠，白云出岫，绿草如茵，水面上波光粼粼，在青山绿水之间点缀着踏春游玩的人物车马，有的游人策马山径，有的游人驻足

① 宗白华．论《世说新语》和晋人的美［M］// 宗白华．美学散步．上海：上海人民出版社，1981：177.

② 宗炳．画山水序［M］// 陈传席．中国绘画美学史．北京：人民美术出版社，2012：42-43.

③ 王微．叙画［M］// 周积寅．中国画论辑要．南京：江苏美术出版社，2005：78.

图 3-3 《游春图》，隋代，展子虔绘，绢本，纵 43 厘米 × 横 80.5 厘米，现藏于北京故宫博物院

湖边，还有的游人泛舟水上，一派春日融融的景象。从这幅画中，可以看到画家对于自然美的细致观察。

从致用到比德再到畅神，人们对自然美的欣赏范围逐渐扩大，从动物、植物再扩展到山水，这也是人类审美活动发展的必然趋势。

3.3　自然美的形式及审美意义

3.3.1　自然美的形式

一般来说，自然美的特点侧重于形式，以自然原有的感性形式直接唤起人的美感。具体来说，自然美的形式主要包括形象美、色彩美、声音美、动态美等。

形象美是指自然物和自然现象在总体形态与空间形式方面所呈现的特征。比如，泰山凌驾于齐鲁丘陵之上，相对高度达 1300 多米，与周围的平原、丘陵形成高低、大小的强烈对比，山体线条挺直、植被稀少、巨石嶙峋，在视觉效果上显得格外高大雄伟。又如，华山以险峻著称，断崖千尺，形如刀劈。游览过华山的人都深有体会，攀登上那又高又险的山路，眼睛往下看，白茫茫的一大片，让人惊心动魄！在华山有很多名胜景象，如“百尺峡”“上天梯”“苍龙岭”等，从这些名字中人们也可想象出华山的险峻了。还有黄山的奇特，峨眉山的秀美，青城山的幽美，等等。

大自然有千姿百态的形体。宋代韩拙在《山水纯全集·论山》中论及山的不同形态：“尖曰峰，平曰顶，圆曰峦，相连曰岭，有穴曰岫，峻壁曰崖，崖下曰岩，岩下有穴而名岩穴也。……有水曰洞，无水曰府。……石载土谓之崔嵬，石上有土也。土载石谓之砠，土上有石也。土山曰阜，平原曰坡，坡高曰垄……通路曰谷，不相通路者曰壑，……两山夹水曰涧，陵夹水曰溪，……山有四方体貌，景物各异。东山敦厚而广博，景质而水少。西山川峡而峭拔，高耸而险峻。南山低小而水多，江湖景秀而华盛。北山阔墁而多阜，林木气重而水窄。”①南方雨水充沛，气候湿润，因此南方的山林郁郁葱葱，多有灵秀之气，如同婀娜多姿的姑娘，如青城山、峨眉山。北方风沙较大，气候干燥，因此北方的山陡峭嶙峋，多有巍峨之势，如同魁梧厚实的汉子，如泰山、华山。

韩拙又论及水的不同形态："夫水者，有缓急浅深，此为大体也。山上有水曰涀，涀谓出于高陵。山下有水曰潺，潺谓其文溶缓。山涧间有水湍湍而漱石者，谓之涌泉。岩石间有水潈泼而仰沸者，谓之喷泉。”②南宋马远的《水图》（图 3-4~ 图 3-9）就十分细致地描绘了水的不同形态，如“洞庭风细”“层波叠浪”“长江万顷”“黄河逆流”“秋水回波”“云生沧海”“湖光潋滟”“云舒浪卷”“晓日烘山”“细浪漂漂”。自然山水每每组合在一起，总是相得益彰，令人赞叹不已，如象鼻山与漓江，神女峰与三峡，滇池与西山。色彩美主要由自然物的光色组成。大自然有着五彩缤纷的色彩，如蔚蓝的天空，洁白的云彩，嫩绿的草地，鲜艳的花朵……白居易在青年时期，曾旅居苏杭，畅游江南，对江南留下了美好印象。因此，当他因病卸任苏州刺史，回到洛阳后十余年，仍对江南美景念念不忘，他在《忆江南》中写道：“江南好，风景旧曾谙。日出江花红胜火，春来江水绿如蓝。能不忆江南？”江南“江花红胜火”“江水绿如蓝”的红蓝两色，

图 3-4 《水图》第五段，南宋，马远绘，绢本，纵 26.8 厘米 × 横 41.6 厘米（后十一段），现藏于北京故宫博物院

图 3-5 《水图》第六段，南宋，马远绘，绢本，纵 26.8 厘米 × 横 41.6 厘米（后十一段），现藏于北京故宫博物院

图 3-6 《水图》第三段，南宋，马远绘，绢本，纵 26.8 厘米 × 横 41.6 厘米（后十一段），现藏于北京故宫博物院

① 韩拙，唐寅 . 韩氏山水纯全集［M］. 北京：商务印书馆，1939：1-2.

② 同①：3.

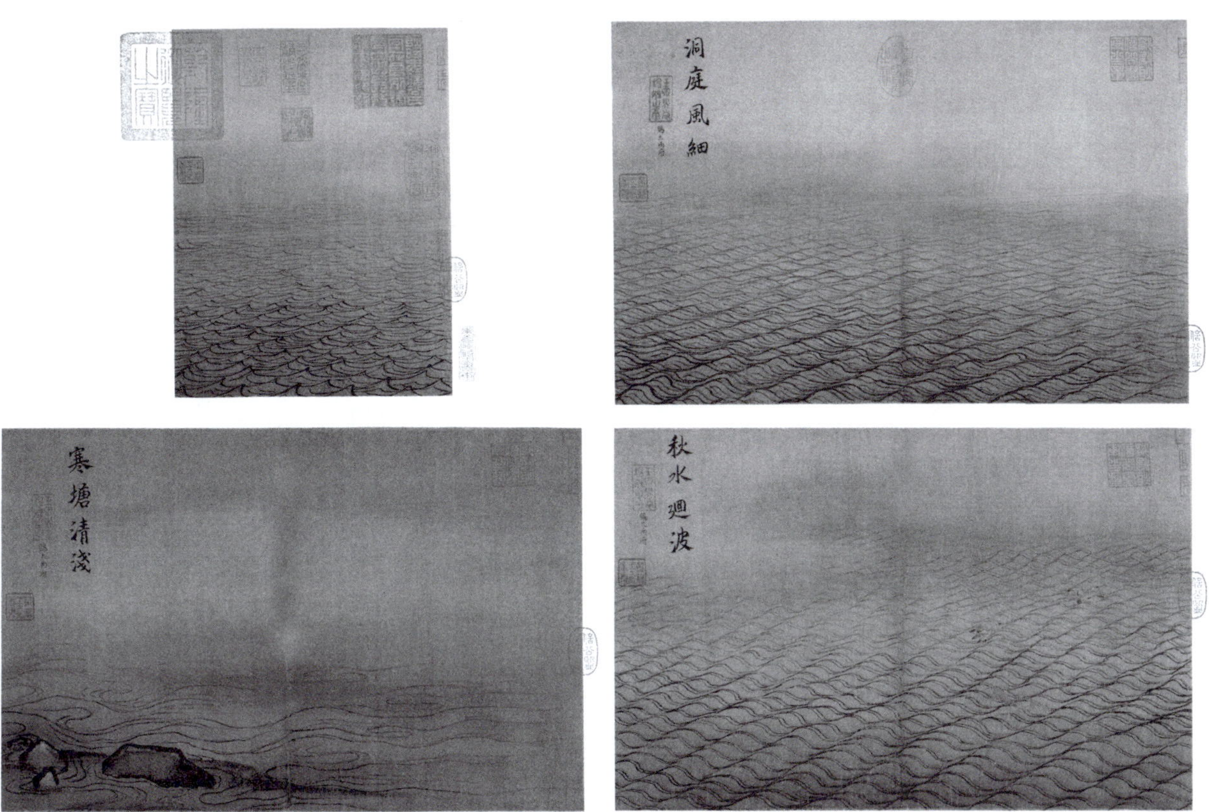

图 3-7 《水图》第一段（左上）、第二段（右上）、第四段（左下）、第七段（右下），南宋，马远绘，绢本，纵 26.8 厘米 × 横 20.7 厘米（第一段），纵 26.8 厘米 × 横 41.6 厘米（后十一段），现藏于北京故宫博物院

图 3-8 《水图》第八段（左）、第九段（右），南宋，马远绘，绢本，纵 26.8 厘米 × 横 41.6 厘米（后十一段），现藏于北京故宫博物院

图 3-9 《水图》第十段，南宋，马远绘，绢本，纵 26.8 厘米 × 横 41.6 厘米（后十一段），现藏于北京故宫博物院

冷暖对比的绚丽色彩给白居易留下了深刻印象。杨万里也描写西湖六月的美景，描绘出一幅具有强烈色彩对比的画面："接天莲叶无穷碧，映日荷花别样红。"（《晓出净慈寺送林子方》）李清照《如梦令》"知否？知否？应是绿肥红瘦"，红绿相衬，色彩鲜明。西方的印象主义画派更是把大自然的色彩美表现得淋漓尽致，如莫奈的《池塘·睡莲》色彩十分丰富，波光粼粼的水面上，漂浮着一朵朵睡莲，睡莲的颜色随着光线的变化而变化。当阳光透过树林照进来时，睡莲就呈现出色彩斑斓的景象，当阳光直射睡莲时，睡莲又变成了金色，竟和"接天莲叶无穷碧，映日荷花别样红"的古诗意境有着异曲同工之妙。

九寨沟的水也是五彩斑斓的。九寨沟有一百多个高山湖泊，或碧波荡漾，或五彩缤纷，或澄澈见底，其中最令人赞叹的莫过于五彩池，它如同一块宝石藏于密林之中，虽然最小却最为艳丽。一湖之中，蔚蓝、浅绿、绛黄、粉蓝等各色相间，酷似一幅绚烂的水彩画，在阳光的映照下，光怪陆离，变幻多姿，如同进入了童话王国。偶尔山风徐来，水面泛起一圈圈涟漪，各种色彩相互渗透、浸染、错杂，宛如演绎着一曲五彩的乐章。张掖的七彩丹霞也以色彩斑斓而称奇，山峦有红、黄、橙、绿、白、青灰、灰黑等多种色彩，色调有顺应山势起伏的波浪状，也有山顶斜插山根的，犹如斜铺的彩条布，在阳光的照射下，熠熠生辉，令人不得不惊叹大自然的鬼斧神工！

大自然中也充满了各种悦耳动听的声音，人们静静聆听，会听到风吹树叶的沙沙声："风动叶声山犬吠，一家松火隔秋云"（卢纶《山店》），"风飒飒兮木萧萧，思公子兮徒离忧"（屈原《九歌·山鬼》）；啾啾的鸟鸣声："月出惊山鸟，时鸣春涧中"（王维《鸟鸣涧》），"两个黄鹂鸣翠柳，一行白鹭上青天"（杜甫《绝句》），"独怜幽草涧边生，上有黄鹂深树鸣"（韦应物《滁州西涧》）；唧唧的虫鸣声："蝉鸣林愈静，鸟鸣山更幽"（王籍《入若耶溪》）；聒噪的蛙叫声："日色云收处，蛙声雨歇时"（于鹄《途中寄杨涉》）；潺潺的流水声："明月松间照，清泉石上流"（王维《山居秋暝》），"泉水激石，泠泠作响"（吴均《与朱元思书》）；萧萧的马声："挥手自兹去，萧萧班马鸣"（李白《送友人》）……南宋词人蒋捷在《声声慢·秋声》中描绘了各种秋声，有雨声、风声、蛩声、雁声："黄花深巷，红叶低窗，凄凉一片秋声。豆雨声来，中间夹带风声。疏疏二十五点，丽谯门、不锁更声。故人远，问谁摇玉佩，檐底铃声。彩角声吹月堕，渐连营马动，四起笳声。闪烁邻灯，灯前尚有砧声。知他诉愁到晓，碎哝哝、多少蛩声。诉未了，把一半，分与雁声。"

在众多声音的萦绕中，沉淀自己的心灵，倾听自己内心深处的气息，感受大自然与真我的相互交融，不知不觉地陶醉其中。瑞士的班得瑞就十分善于从大自然中寻求创作灵感。每当执行音乐制作时，班得瑞就会深居在山野中，实地走访瑞士的罗春湖畔、玫瑰峰山麓和阿尔卑斯山林，虫鸣鸟语、花落流水、风声雨声，这些天然的音效栩栩如生地融合在他们的音乐中，听起来如同置身于大自然之中，其主心骨奥利弗・史瓦兹说：“班得瑞的音乐是兼具视觉、触觉与听觉的，我们从大自然中所得到的创作灵感，宛如抛物线般将一直延伸，飞向到地球另一端，它不只是新世纪音乐，更是淬炼自大自然的心灵投手！”

自然美不仅是静态的，还是动态的，随着季节的变化而呈现不同的美。“山有四时之色，春山淡冶而如笑，夏山苍翠而如滴，秋山明净而如妆，冬山惨淡而如睡。”[①] “水有四时之色，随四时之气，春水微碧，夏水微凉，秋水微清，冬水微惨。”[②] 木有四时之色，春天，树木抽出嫩芽，夏天，树木变得枝繁叶茂，秋天，树叶开始凋零，枝叶疏落，冬天，枝枯而叶槁。云亦有四时之色，春云如白鹤，夏云如奇峰，秋云如轻浪飘零，冬云澄墨惨翳。著名的西湖一年四季都有不同的美。春天，漫步苏堤，杨柳如烟，郁郁葱葱，春风拂面，鸟语花香，故称之“苏堤春晓”；夏天，在苏堤的右边，邻近的西湖水岸，湖面生长着成片的莲叶荷花，清爽的湖风袭来，令人陶醉，称为“曲院风荷”；秋天，凭临湖水，登楼眺望秋月，称为“平湖秋月”；冬天，瑞雪初霁，站在宝石山上向南望，西湖银装素裹，断桥的石桥拱面裸露出来，桥的两端在白雪的覆盖之下，桥身若隐若现，远远望去，似断非断，故称“断桥残雪”。

中国古代山水画就十分注重体现四时之景的差异，如郭熙《早春图》（图 3-10），冬去春来，万物复苏，山谷中烟岚浮动，泉水汩汩，

图 3-10 《早春图》，北宋，郭熙绘，绢本，纵 158.3 厘米 × 横 108.1 厘米，现藏于台北故宫博物院

山间林木或直或欹，或疏或密，已发出嫩芽，暗示着春天的来临。山脚水边诸人有的停舟登岸，有的汲水捕鱼，有的踏青郊游，一片愉悦之景。王蒙的《夏日山居图》（图 3-11）则画崇山峻岭，树木繁茂，画面下部房屋隐隐现于山脚崖畔，室内有高士手持羽扇踞坐榻上，童子捧盘随侍。近处苍松左侧屋中一妇人抱子，其夫手接之。室外一童子正在调鹤，一小犬静卧庭中，一派夏季静谧清幽的景象。树下山石旁留下一片水面，平静如镜，山中云气蒸腾，增添了夏天湿热的气氛。沈周《溪山秋色图》（图 3-12）中近景树木萧疏，坡石连山，一老者正踽踽独行，似在驻足赏秋，若有所思；清

① 韩拙，唐寅．韩氏山水纯全集［M］．北京：商务印书馆，1939：2.

② 同①：3.

图 3-11 《夏日山居图》，元，王蒙绘，绢本，纵 118.4 厘米 × 横 63.5 厘米，现藏于北京故宫博物院

图 3-12 《溪山秋色图》，明，沈周绘，纸本，纵 152 厘米 × 横 51 厘米，现藏于南京市博物馆

代华喦《天山积雪图》（图 3-13）中，天色灰暗，四野空旷，白雪皑皑，山脚下一旅人牵着一匹双峰老驼，缓慢前行，一只孤雁横掠空中，旅人与骆驼皆举目仰望。

图 3-13 《天山积雪图》，清，华喦绘，纸本，纵 159.1 厘米 × 横 52.8 厘米，现藏于北京故宫博物院

3.3.2 自然美的审美意义

自然美不论是静态的，还是动态的，其最大的魅力在于呈现了一片生机。这在很多诗文中都有描写，如“举杯邀明月，对影成三人”（唐·李白《月下独酌四首·其一》）“更喜高楼明月夜，悠然把酒对西山。”（明·米万钟《海淀勺园》）“一片瑟瑟石，数竿青青竹。向我如有情，依然看不足……莫掩夜窗扉，共渠相伴宿。”（唐·白居易《北窗竹石》）“鸟似有情依客语，鹿知无害向人亲”（清·乾隆《山中》）。在这些诗句中，自然事物和人一样是有生命的，与人融为一体。

自然是人的审美对象，人是自然的审美主体。亲近自然，投入大自然的怀抱，是欣赏自然美的前提。《世说新语》记载，简文帝进入华林园时，回头对随从说：“能让人心领神会的地方不一定非要在远方，只要山水树木掩映葱郁，自然就会升起濠水、濮水上的出世之想，觉得鸟兽禽鱼自己会来亲近。”（原文：“简文帝入华林园，顾谓左右曰：‘会心处不必在远。翳然林木，便自有濠、濮间想也。觉鸟兽禽鱼自来亲人。’”[①]）也就是说，亲近自然容易使人祛除心中的私心杂念，与自然融为一体，心旷神怡。北宋郭熙在画论《林泉高致·山水训》中开篇即提到：“君子之所以爱夫山水者，其旨安在？丘园养素，所常处也；泉石啸傲，所常乐也；渔樵隐逸，所常适也；猿鹤飞鸣，所常亲也。”这是说君子之所以

① 刘义庆，刘孝标．世说新语·言语［M］// 世说新语笺疏．余嘉锡，笺疏．北京：中华书局，2011：107-108.

热爱山水是因为山水与人相适、相亲、相乐，人们从中颐养性情。郭熙对山水画的创造提出“可游可居”的审美理想：“世之笃论，谓山水有可行者，有可望者，有可游者，有可居者。”并说：“画凡至此，皆入妙品”。这意味着画家必须行、望、居、游于山水之中，使自己与山水融为一体，追求物我同一的和谐。

人在自然中感到美，欣赏美，是因为人与自然的默契融合。著名舞蹈家杨丽萍的很多舞蹈都是受到自然物的触动而产生灵感的，如她的成名作《雀之灵》表现一只孔雀时而高视阔步，时而跳跃飞奔，时而轻轻移步，时而微微颤动，惟妙惟肖，活灵活现，她在接受访谈时说：“其实是天赋，看到鸟儿之后就有灵感，自然而然想使其融入舞蹈动作中”。在触物生情的过程中，人全身心地沉浸在对自然物的体验中，与自然物相融相契，获得一种物我同一的高度愉悦的审美境界。“山沓水匝，树杂云合。目既往还，心亦吐纳。春日迟迟，秋风飒飒。情往似赠，兴来如答”[①]（刘勰《文心雕龙、物色》），“山川与予神遇而迹化”（石涛《苦瓜和尚画语录》），“我见青山多妩媚，料青山见我应如是”（辛弃疾《贺新郎·甚矣吾衰矣》），这些描写都表明了这种物我同一的审美感受。清代画家郑板桥曾题诗：“十笏茅斋，一方天井，修竹数竿，石笋数尺，其地无多，其费亦无多也。而风中雨中有声，日中月中有影，诗中酒中有情，闲中闷中有伴，非唯我爱竹石，即竹石亦爱我也。”[②]郑板桥将竹石作为自己的伴侣，达到物我同一的审美境界。朱光潜先生在《文艺心理学》中亦谈到物我情趣的往复回流：“在聚精会神的观照中，我的情趣和物的情趣往复回流、有时物的情趣随我的情趣而定，……有时我的情趣也随物的姿态而定，……物我交感，人的生命和宇宙的生命互相回还震荡，……”[③]

本章小结

本章主要探讨自然美的问题。主要内容包括自然美的性质、自然美的发现以及自然美的形式及其审美意义。

思考题

1. 简述中西美学史上关于自然美的性质的主要观点。
2. 自然美的发现经历哪几个阶段？
3. 举例说明自然美的形式。
4. 自然美的审美意义是什么？

延伸阅读与参考书目

［1］严昭柱．自然美［M］．桂林：漓江出版社，1984.

［2］罗筠筠．自然美欣赏：山情水韵出自然［M］．太原：山西教育出版社，1997.

［3］刘悦笛．自然之美［M］．合肥：安徽文艺出版社，2021.10.

［4］刘成纪．自然美的哲学基础［M］．武汉：武汉大学出版社，2008.

① 刘勰．文心雕龙注（下）［M］．范文澜，注．北京：人民文学出版社，1958：695.

② 郑板桥．题画·竹石［M］// 于民．中国美学史资料选编．上海：复旦大学出版社，2008：510.

③ 朱光潜．文艺心理学［M］．上海：复旦大学出版社，2009：33.

第 4 章　社会美

社会美是指存在于社会事物、社会生活中的审美现象。社会美是最基本的审美领域之一，是与人的社会存在关系最密切的审美形态。它包括人物美、日常生活美、民俗风情美等。

4.1　人物美

4.1.1　人体美

人是社会生活的主体，因此社会美首先包括人物美。人物美首先在于人体美，即形体之美，现代生活中，各种时尚大赛、选美比赛、健美比赛都是展示人体美的方式。人类很早就开始注意到人体美。在西方，从古希腊时期开始，人们对人体就十分崇尚。这是因为一方面古希腊的气候属于典型的地中海气候类型，常年阳光普照，没有大起大落的冬夏气温差距，这决定了古希腊民族的着装喜好偏向少、薄和裸露。另一方面，古希腊人热衷运动竞技，希腊人在运动中发现了身体的骨骼、肌肉、关节的各种极限，经过运动锻炼的身体也让他们自豪，运动员们在角斗、跳跃、拳击、赛跑、掷铁饼中展示和炫耀自己的裸体，如丹纳在《艺术哲学》中说："青年人大半时间都在练身场上角斗，跳跃，拳击，赛跑，掷铁饼，把赤裸的肌肉练得又强壮又柔软；目的是要练成一个最结实，最轻灵，最健美的身体。"[①] 例如，米隆的青铜雕塑《掷铁饼者》表现了一名青年男运动员即将把铁饼投掷出去的瞬间动作：运动员的上身向前倾侧，成弓状，两膝弯曲，重心落在右脚上，左臂放在右膝，右手握着铁饼转向后侧，蓄势待发，即将把铁饼投掷出去。整尊雕像把人体的和谐、健美和力量表现得淋漓尽致。又如《米洛斯的维纳斯》(图 4–1),

图 4–1 《米洛斯的维纳斯》，古希腊，阿历山德罗斯作，大理石，高 204 厘米，约公元前 150 年，现藏于法国卢浮宫博物馆

① 丹纳 . 艺术哲学［M］. 傅雷，译 . 北京：生活 · 读书 · 新知三联书店，2016：54.

女神有着椭圆的脸庞、挺直的鼻梁、平坦的前额、秀气的下巴，左臂缺失，右膀只剩下半截上臂。女神的上半身为裸体，丰腴饱满，微微扭转，下半身围着宽松的裹裙，重心落在右腿，全身形成自然的“s”形曲线，散发着温柔、端庄的迷人气息。

形体之美包括人的容颜和形体，构成因素包含容貌、肤色、身体线条等。《诗经·硕人》生动地描绘了庄姜的曼妙姿容：“手如柔荑，肤如凝脂，领如蝤蛴，齿如瓠犀，螓首蛾眉。”[①]像茅草芽一样白嫩的双手，如凝脂一般光洁细腻的皮肤，像天牛的幼虫那样修美的脖颈，像瓠瓜子一样匀整的牙齿，饱满的额前有一对修宛的眉毛，连续使用五个生动形象的比喻将庄姜的姿容之美刻画得淋漓尽致。又如，战国时期楚国文学家宋玉更细腻地刻画了东家邻居之女的绝代容貌：“增之一分则太长，减之一分则太短，著粉则太白，施朱则太赤。眉如翠羽，肌如白雪，腰如束素，齿如含贝。”[②]除了容貌的描写，这里的“增之一分则太长，减之一分则太短”还涉及了人体的比例，说明东家之女的比例十分匀称。比例指的是一件事物的整体与局部以及局部与局部之间的关系。就人体而言，人的头部和躯干，以及五官之间，均存在一定的比例关系。美的人体在比例上是匀称、适度的。从古希腊时期开始，西方艺术家在艺术探索中，就发现总结了完美的人体各部分之间的黄金分割关系，以后也长期运用于艺术创作中。文艺复兴时期，达·芬奇、米开朗琪罗和阿尔博蒂都有研究比例的专著。达·芬奇根据人体解剖实验和统计数据，提出一系列比例关系，并画了一幅著名的人体比例图《维特鲁威人》：人的头长是身高的八分之一；肩宽为身高的四分之一；平伸双臂等于身高的长度；叉开双腿使身高降低十四分之一，分举两手使中指指端与头顶齐平，这时候肚脐眼是伸展四肢端点的外接圆的圆心，而两腿中间的空间恰好构成一个等边三角形（图 4-2）。人平伸双臂，可以沿人体做一个正方形，人伸展四肢，可以沿人体做一个圆形。文艺复兴时期米开朗琪罗的《大卫》、20 世纪初法国雕塑家罗丹的《思想者》《吻》《永恒的偶像》都是体现人体美的杰作。西方美术史上也有很多表现人体美的绘画，如波提切利的《维纳斯的诞生》、安格尔的《大宫女》《泉》和雷诺阿的《大浴女》等。中国古代画论也总结出人体

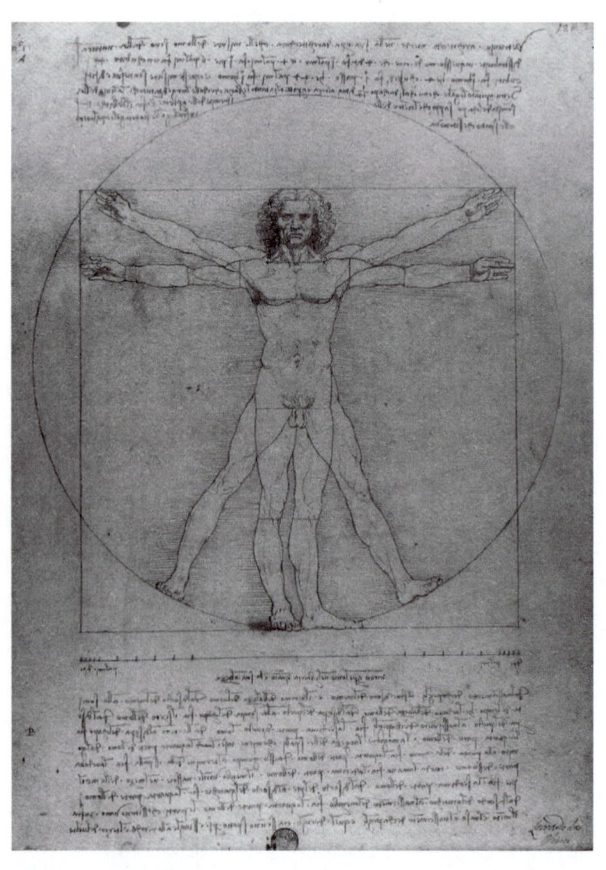

图 4-2 《维特鲁威人》，意大利，达·芬奇作，素描，纵 34.4 厘米 × 横 25.5 厘米

① 周振甫．诗经译注［M］．北京：中华书局，2002：82.
② 宋玉．登徒子好色赋［M］// 上海辞书出版社文学鉴赏辞典编纂中心．古文鉴赏辞典（先秦两汉）．上海：上海辞书出版社，2021：185.

“立七、坐五、盘三半”的比例法则，以及人的面部遵从“三庭”和“五配三匀”的比例关系。

4.1.2　风姿、风神之美

人物美也在于风姿、风神之美。与形体之美相比，风姿、风神之美是更高层次的。风姿、风神之美是由人的言谈举止表现出来的精神气度之美。如前面所提到的《诗经·硕人》中的“手如柔荑，肤如凝脂，领如蝤蛴，齿如瓠犀。螓首蛾眉。”后面还有两句：“巧笑倩兮，美目盼兮”，前面都是静态的容貌描写，后面这两句则是动态的内在精神，人物的风姿、神韵就跃然纸上了。中国古代人物画也十分强调人的风姿、风神之美。汉代的《淮南子》中提到：“画西施之面，美而不可说；规孟贲之目，大而不可畏。”[①]也就说画西施只是将其外表画得漂亮，并不能让人愉悦，画孟贲（古代大力士）的眼睛只是画得很大，并不令人畏惧，这是因为没有画出“君形者”，即蕴藏于外部形象特征的内在精神。东晋顾恺之强调画人物要“传神写照”，也就是通过人物的外部感性特征表现人物的内在精神风貌，因此，他十分注重眼神的刻画，因为“四体妍蚩，本无关乎妙处；传神写照，正在阿堵中。”[②]（《世说新语·巧艺》）我国古代的诗词中也有很多对人物风姿、风神之美的描写。宋玉《神女赋》中用太阳、月亮的光辉来形容神女的曼妙风姿：“其始来也，耀乎若白日初出照屋梁；其少进也，皎若明月舒其光。”[③]曹植《洛神赋》中也生动地描绘了洛神的风姿：“其形也，翩若惊鸿，婉若游龙，荣曜秋菊，华茂春松。仿佛兮若轻云之蔽月，飘飖兮若流风之回雪。远而望之，皎若太阳升朝霞；迫而察之，灼若芙蕖出渌波。”[④]魏晋时期的人物品藻也十分注重人物的风姿神韵，如竹林七贤之一的嵇康站着就像一棵挺拔的松树，就连喝醉了酒也像要崩倒的玉山。“嵇康身长七尺八寸，风姿特秀。见者叹曰：‘萧萧肃肃，爽朗清举。’或云‘肃肃如松下风，高而徐引。’山公曰：‘嵇叔夜之为人也。岩岩若孤松之独立；其醉也，傀俄若玉山之将崩。’”[⑤]（《世说新语·容止》）

中国古代小说点评十分注重对人物内在精神的刻画。例如，《水浒传》第九回中，林冲被发配至沧州，差拨未见林冲给银子，便指着林冲骂道：“你这个贼配军，见我如何不下拜，却来唱喏？你这厮可知在东京做出事来，见我还是大剌剌的。我看这贼配军满脸都是饿文，一世也不发迹。打不死、拷不杀的顽囚，你这把贱骨头好歹落在我手里，教你粉身碎骨，少间叫你便见功效。”[⑥]但是，当林冲送上银子，那差拨又笑道说：“林教头，我也闻你的好名字，端的是个好男子！想是高太尉陷害你了。虽然目下暂时受

① 淮南子·说山训［M］// 刘文典. 淮南鸿烈集解（下）. 北京：中华书局，2013：652.

② 刘义庆，刘孝标. 世说新语·巧艺［M］// 世说新语笺疏. 余嘉锡，笺疏. 北京：中华书局，2011：624.

③ 宋玉. 神女赋［M］// 上海辞书出版社文学鉴赏辞典编纂中心. 古文鉴赏辞典（先秦两汉）. 上海：上海辞书出版社，2021：181.

④ 曹植. 洛神赋［M］// 上海辞书出版社文学鉴赏辞典编纂中心. 古文鉴赏辞典（魏晋南北朝）. 上海：上海辞书出版社，2021：465.

⑤ 同②：527.

⑥ 施耐庵. 水浒传［M］. 北京：人民文学出版社，2017：114.

苦，久后必然发迹。”[①]叶昼点评：“传神。”“至差拨处，一怒一喜，倏忽转移，咄咄逼真，令人绝倒。”

中国古代造型艺术也十分强调人的风姿、风神之美。1957年，出土于四川省成都市天回山东汉崖墓的《击鼓说唱俑》[②]（图4-3），头上戴帻，两肩高耸，一腿半蹲一腿扬起，左臂环抱一扁鼓，右手举槌欲击，张口嬉笑，传神地表现出说唱中精彩的瞬间。

图4-3 《击鼓说唱俑》，东汉，1957年出土于四川省成都市天回山东汉崖墓，现藏于中国国家博物馆

中国古代戏曲表演也强调表现人物的风姿神韵。李渔在《闲情偶记·声容部》中提到：“生有生态，旦有旦态，外末有外末之态，净丑有净丑之态……”[③]也就是说演员的服饰、化妆及身体动作都要符合角色的身份、地位及性格特点，即通过形来表现神。又如，昆曲表演中有一套扇子使用的口诀：“文扇脑，武扇肚，轿夫扇裆，教书先生扇臀座，农民力大扇臂膀，僧道扇领，书画家扇袖，秃子扇头，盲人扇目，役人半扇，媒婆扇肩，妇女扇唇，老人扇肩头，恶霸扇背，流氓拿扇溜得慌。”扇子的不同姿态体现着不同身份、年龄、性别的性格特点。著名京剧教育家钱宝森先生认为：“形三，劲六，心意八，无形者十。”也就是说舞蹈动作中，“形”只占三分，“劲”占六分，“心意”占八分，“无形”即通过“形、劲、心意”表达出来的内在神韵，这才是最重要的。

4.1.3 人格美

人物美的更高层次在于人格美。人格美是心灵美的重要方面，标志着人在自我修养和自我完善方面达到的高度。在中国传统文化中，以孔孟为代表的儒家将人格的树立与社会的要求密切结合在一起，核心是“礼”和“仁”，礼是外在的行为规范，“非礼勿视，非礼勿听，非礼勿言，非礼勿动”[④]，仁是内在的精神准则，包括诸如恭、宽、信、敏、惠、智、勇、忠、恕、孝等丰富内涵，很多文人志士以之为准则，如持节不屈的苏武，“留取丹心照汗青”的文天祥，精忠报国的岳飞……

以老庄为代表的道家则追求自然化的人格，不为外物所累，不为纷争所扰，顺其自然。如

① 施耐庵．水浒传［M］．北京：人民文学出版社，2017：114.

② 王朝闻．中国美术史：第3卷．秦汉［M］．北京：北京师范大学出版社，2011.

③ 闲情偶记·声容部［M］// 李渔．闲情偶寄．上海：上海古籍出版社，2000：178.

④ 论语·颜渊［M］// 杨伯峻．论语译注．北京：中华书局，1980：123.

庄子在《逍遥游》中所说："至人无己，神人无功，圣人无名。"[①] 魏晋时期，由于社会动乱，政治黑暗，魏晋士人纷纷远离政治，将老庄精神转化为自己的生存方式，追求返璞归真的境界，寄情山水，如陶渊明发现官场黑暗，不愿同流合污，毅然弃官归隐。在"采菊东篱下，悠然见南山""晨兴理荒秽，带月荷锄归""心远地自偏"的田园生活中追寻自己心灵的自由，人格的独立。

4.2　日常生活美

4.2.1　美学史上关于日常生活美的探讨

社会美的第二个层次是日常生活的美。美学史上不少美学家都很关注美与生活的关系，如黑格尔曾说："人通过改变外在事物来达到这个目的，在这些外在事物上面刻下他自己内心生活的烙印。"[②] 俄国美学家车尔尼雪夫斯基提出了"美是生活"的观点："任何事物，我们在那里面看得见依照我们的理解应当如此的生活，那就是美的；任何东西，凡是显示出生活或使我们想起生活的，那就是美的。"[③] 他认为美就在生活中，生活本身就是美的，生活引起人的美感和愉悦。针对当代社会生活与艺术之间的界限日益模糊，审美日益泛化的现象，英国学者迈克·费瑟斯通提出了"日常生活审美化"的命题。1988 年 4 月，费瑟斯通在新奥尔良"大众文化协会大会"上作了题为《日常生活审美化》（*The Aestheticization of Everyday Life*）的演讲。他认为日常生活审美化正在消弭艺术和生活之间的距离，一方面，"生活转换成艺术"；另一方面，"艺术转换成生活"。日常生活审美应包括两个层面：一是艺术和审美进入日常生活，被日常生活化；二是日常生活中的一切，特别是大工业批量生产中的产品以及环境被审美化。总之，以上不同时期的美学家关于生活美的探讨，为我们今天思考日常生活美提供了重要启发。

4.2.2　日常生活何以成为美

在一般人的眼中，日常生活不过是衣食住行、油盐酱醋，平淡乏味。那么，日常生活如何成为美呢？抛开功利的眼光，从审美的眼光来观照，你会发现日常生活中蕴含了很多审美情趣。北宋张择端的《清明上河图》（图 4-4）栩栩如生地描绘了北宋都城汴京的日常社会生活与习俗风情。画面的中心有一座虹形大桥，桥头的大街上人头攒动，人来人往。仔细一看，这些人来自不同行业，从事着各种活动，有的卖茶水，有的看相算命，有的运货。汴河上来来往往的船只很多，有的靠岸停泊，有的在河中缓缓前行。有一只载货的大船已驶进大桥下面，即将要穿过桥洞了。这时，船上的船夫们忙作一团。有的站在船篷顶上，慢慢落下风帆；有的在船舷上，使劲撑篙；有的用长篙，顶住桥洞的洞顶，以便船顺势安全通过。桥上的游客看到这一紧张局面，站在一旁呐喊助威。从审美的角度来看，日常生活中的劳作与喧嚣不就是很美的画面吗？

① 庄子·逍遥游［M］// 陈鼓应．庄子今注今译（上）．北京：商务印书馆，2007：20.

② 黑格尔．美学（第一卷）［M］．朱光潜，译．北京：商务印书馆，1979：39.

③ 北京大学哲学系美学教研室．西方美学家论美和美感［M］．北京：商务印书馆，1980：242.

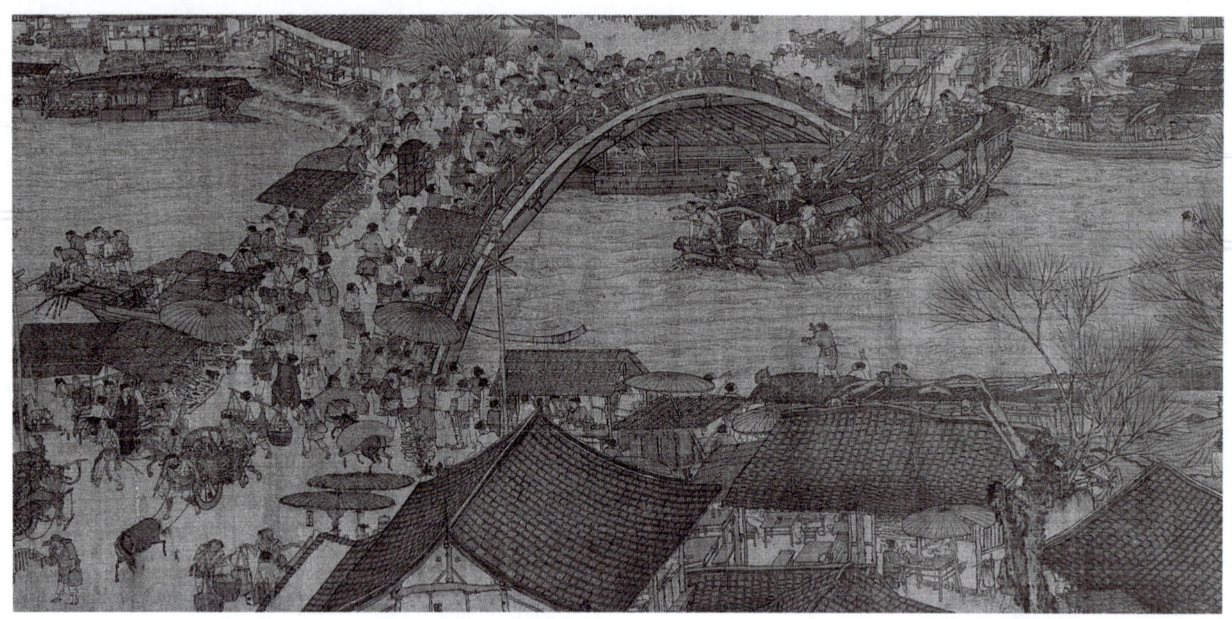

图 4-4 《清明上河图》(局部)，北宋，张择端绘，绢本，纵 24.8 厘米 × 横 528.7 厘米，现藏于北京故宫博物院

4.2.3 日常生活美的体现

日常生活的美首先存在于人们的日常生活中，存在于衣食住行的各个领域。如饮食不仅是人对延续生命的生理性要求，也是适应人的精神生活的需要。中国饮食文化博大精深，不仅讲究食物本身的色、香、味、形，还讲究食具的观赏性、氛围的营造，含有审美意蕴。纪录片《舌尖上的中国》就以精巧细腻的画面向观众展示了中国人的饮食经验、习惯和审美。曹雪芹先生在《红楼梦》中充分展示了贵族对饮食的审美品位和美学追求。贾府饮食首先追求“质美”，也就是原材的新鲜与丰盛。如第四十一回“刘姥姥进大观园”吃的茄鲞，做法是“你把才下来的茄子把皮削了，只要净肉，切成碎丁子，用鸡油炸了，再用鸡脯子肉并香菌、新笋、蘑菇、五香腐干、各色干果子，俱切成钉子，用鸡汤煨了，将香油一收，外加糟油一拌，盛在瓷罐子里封严，要吃时拿出来，用炒的鸡爪一拌就是。”[①] 茄鲞在贾府里的餐桌上，不过是一道富有特色的小菜，却讲究原材料的新鲜，如“才摘下来的茄子”；配料丰盛，选用香菌、新笋、蘑菇、五香腐干、各色干果之类，炸茄丁用的还是鸡油；工序繁琐，配料繁多，不起眼的美食里，藏着鼎食之家的富贵。其次，贾府饮食讲究“器美”。第三十五回，宝玉挨打后，众人来看望宝玉，贾母王夫人问宝玉想吃什么，宝玉说想喝荷叶莲蓬汤。汤的制作过程文中没有描述，却谈到了模具的精美：“薛姨妈先接过来瞧时，原来是个小匣子，里面装着四副银模子，都有一尺多长，一寸见方，上面凿着有豆子大小，也有菊花的，也有梅花的，也有莲蓬的，也有菱角的，共有三四十样，打的十分精巧。”[②] 不仅重视美食美器，而且对

① 曹雪芹 . 红楼梦（中）[M]. 北京：人民文学出版社，2022：579.

② 曹雪芹 . 红楼梦（上）[M]. 北京：人民文学出版社，2022：488.

就餐的环境也十分讲究。贾府的许多次宴席都摆在园子里，就是为了顺应自然环境，实现人与自然的和谐统一。螃蟹宴摆在藕香榭，既能欣赏桂花，又能领略一汪清水之美；在第四十回，贾母命人把酒席摆在缀锦阁底下，在潺潺水声中听家伶唱戏，歌声被衬托得更加婉转悠扬；第七十五回，中秋月圆夜，贾母将酒席摆在山上的敞厅里，在月下饮酒，别有一番风味。除了美景、美食、美器外，他们还讲究饮食中的娱乐活动。在《红楼梦》的宴饮中，经常伴随听曲看戏、行酒令，通过各种各样的娱乐活动来渲染宴饮的愉快气氛，如刘姥姥进大观园，宴请刘姥姥的酒席行的是牙牌令，鸳鸯与王熙凤为了讨好贾母，故意捉弄刘姥姥。“凤姐一面递眼色与鸳鸯，鸳鸯便拉了刘姥姥出去，悄悄的嘱咐了刘姥姥一席话。”[①]席间，当贾母说声“请”，“刘姥姥便站起身来，高声说道：‘老刘，老刘，食量大似牛，吃一个老母猪不抬头。’”[②]然后便换来了贾府老少主子们的一片笑声。又如，第四十九回“琉璃世界白雪红梅，脂粉香娃割腥啖膻”中，众人聚集在芦雪庭中，一边割腥啖膻，一边吟诗作对，参加宴饮的人达到了物质与精神上的双重享受，是饮食美的最高表现。

其次，日常生活美也体现为某种生活氛围的营造。比如，中国古代文人非常注重居室生活氛围的营造。在居室陈设方面，讲究“体舒神怡”。“体舒”是指身体感官的舒适与愉悦，“神怡”则是在“体舒”的基础上，追求更高层次的精神满足。《遵生八笺·燕闲清赏笺》序文有论述：“坐陈钟鼎，几列琴书，帖拓松窗之下，图展兰室之中，帘栊香霭，栏槛花妍，虽咽水餐云，亦足以忘饥永日；冰玉吾斋，一洗人间氛垢矣”[③]。文人处在这种环境中，体舒神怡，怡情悦性。

焚香、品茗、挂画、插花也是古代文人营造生活氛围的标志性活动。《梦粱录》记载：“烧香点茶，挂画插花，四般闲事，不宜累家”，这句话点出了古代文人雅致生活的“四事”或“四艺”。其中，烧香侧重嗅觉之美，点茶侧重味觉之美，挂画、插花侧重视觉之美，通过烧香点茶，挂画插花，将审美融入日常生活中，营造文雅的生活氛围。刘松年《松荫鸣琴图》中描绘了琴人于松荫之下抚琴，好友相伴，知音共赏的画面。琴旁放置了香几，几上有鼎式香炉，且炉烟仅一缕，并不喧宾夺主。香炉中的袅袅青烟更为琴声增添情趣，呈现出一派古典、高雅的意境。明代许次纾在《茶疏》中描述了品茶的理想氛围：“心手闲适，披咏疲倦，意绪棼乱，听歌闻曲，歌罢曲终，杜门避事，鼓琴看画，夜深共语，明窗净几，洞房阿阁，宾主款狎，佳客小姬，访友初归，风日晴和，轻阴微雨，小桥画舫，茂林修竹，课花责鸟，荷亭避暑，小院焚香，酒阑人散，儿辈斋馆，清幽寺观，名泉怪石。”[④]从这段话中可见古人力求营造一种幽雅的品茗环境以追求内心的静谧。古代文人还喜欢在居室中悬挂各式字画、匾额、楹联等，这是营造生活氛围的重要手段。古代文人通过联匾、字画寄托自己的高远志趣，达到借景抒情的目的，如

① 曹雪芹．红楼梦（上）［M］．北京：人民文学出版社，2022：564.

② 同①：565.

③ 高濂．遵生八笺 下［M］．杭州：浙江古籍出版社，2017：517.

④ 叶羽晴川．中国茶书选辑．卷 1［M］．北京：中国轻工业出版社，2005：94-95.

北京颐和园内临湖的“夕佳楼”取意于陶渊明的《饮酒二十首》之五：“山气日夕佳，飞鸟相与还。此中有真意，欲辨已忘言。”苏州拙政园湖山上的“雪香云蔚亭”面临荷塘，使人想起荷花“出淤泥而不染”，两侧的对联摘自名句：“蝉噪林愈静，鸟鸣山更幽”，使人能更加感受幽静的园林氛围。

最后，日常生活美还体现在工作、学习之余，大量的闲暇娱乐生活。中国古代文人常常用“闲”来表示这种超功利的审美态度。“闲”意味着摆脱了凡俗事物，远离功名利禄，进入了一个无拘无束的自由状态，如“人闲桂花落，夜静春山空。月出惊山鸟，时鸣春涧中。”（王维《鸟鸣涧》）“江山风月，本无常主，闲者便是主人。”（苏轼《临皋闲题》）“景物登临闲始见，愿为闲客此闲行。”（杜牧《八月十二日得替后移居霅溪馆，因题长句四韵》）“日常睡起无情思，闲看儿童捉柳花”（杨万里《闲居初夏午睡起·其一》）。著名漫画家丰子恺先生的很多漫画捕捉日常生活的某个瞬间，充分展示了“有闲”的生活趣味。《蜘蛛想洗澡》（图 4-5）画面中，一只蜘蛛从天花板上挂下来，似乎要掉到洗笔的钵里；《哀鸣》（图 4-6）画面中，一只猫跳起来想要抓笼子里的鸟，鸟儿吓得缩在笼子一角。

图 4-5 《蜘蛛想洗澡》，丰子恺作

图 4-6 《哀鸣》，丰子恺作

4.3 民俗风情美

民俗是民众的风俗习惯，是由民众创造并在长期的生存发展中逐渐形成并世代相传的传承性事象。它贯穿于民众的物质生活和精神生活之中，体现了各种各样的社会关系。民俗风情是民俗的风光和情调。民俗风情美是社会美的重要组成部分。

4.3.1　民俗风情美的类别

民俗风情的美是丰富多彩、各种各样的。从类别来看，可以分为物质生活民俗美、精神生活民俗美和社会关系民俗美。

物质生活民俗美包括生产、居住、服饰和饮食民俗美。我国古代是农业大国，民众过着“靠天吃饭”的自然生活，形成了很多生产民俗，比如“二十四节气”。“立春”是二十四节气之首，意味着春季的开始，万物开始复苏，一年四季也由此开启。立春当天，我国民间素有“打春牛”，又称“鞭春”的民俗活动。“春牛”用桑木做骨架，冬至节后辰日取土塑成。立春前一日，民众自发组织去先农坛祭拜春牛和芒神，然后用彩鞭鞭打，把“春牛”赶回县府，并且在大堂摆上酒果加以供奉。男女老少牵着“春牛”，扶着“犁”，唱着栽秧歌，祈求来年获得丰收。这表达了我国古代劳动人民对美好生活的热爱、向往和追求。在居住方面，我国各民族的居住形式多种多样，体现了各民族不同的生活习惯。我国北方游牧民族以帐篷为主要居住形式，因为它易安装和拆卸，便于迁移。以蒙古族居住的蒙古包为典型代表。古代百越族则偏好干栏式居室，如西双版纳傣族竹楼、湘西土家族和苗族吊脚楼。这一类房屋悬空建在木柱上，人居其上，畜养其下，既防潮又安全。此外，还有黄土高原上利用黄土直立性强的特点建造的窑洞民居，闽粤赣交界地带客家人长年聚族而居形成的具有防御作用、外观类似坞堡的客家土楼等。不同的居住风俗体现了不同民族的生活习惯和审美情趣。服饰民俗反映了民众穿戴的风俗习惯。各民族有着不同的生活方式、文化习俗、审美观念等，因此形成了各种各样的服饰民俗，呈现出风采各异的美，如苗族有佩戴银饰的习俗。在苗族人民看来，银饰不仅可以避邪、祛毒，而且是财富的象征。因此，苗族佩戴银饰讲究“以多为美”。耳环挂三四只，叠至垂肩；项圈戴三四件，尤其是清水江流域的银衣，大大小小的组合部件有数百件之多。“披星戴月”的纳西族妇女具有勤劳能干，贤惠淳朴的性格特征。她们的服饰中最典型的是披在肩上的七星羊皮披肩。披肩上并排钉着七个绣花圆布圈，每圈直径大约为两寸，圈中有一对垂穗。白族姑娘的头饰别具风情，寓意“风花雪月”。头饰中垂下的一缕缕穗子象征着下关的风，色泽鲜艳的花饰则寓意上关的花，洁白的帽顶象征苍山雪，弯弯的造型则寓意洱海月。我国的饮食民俗也异常丰富。比如，中国人离不开饮茶。我国自古以来就有以茶待客、以茶会友、以茶联谊等形式，并形成了独特的饮茶习俗。武夷山的一些村子流行着一种“喝擂茶”的习俗。擂茶是一种饮品，村民们一般用它来招待客人。擂茶的基本原料一般有茶叶、大米、橘皮等，若是稍微讲究些，还可以放入适量的中药，如茵陈、甘草、肉桂等。擂茶口感香甜可口，清凉解暑。敬茶时，擂茶碗内溢出的一阵阵茶香扑鼻而来，沁人心脾，回味无穷。在婚礼中，各民族也流行以茶为礼，如回族、满族、哈萨克族订婚时，男方给女方的礼品都是茶叶。回族称订婚为“定茶”“吃喜茶”，满族称其为“下大茶”。

精神生活民俗美主要包括宗教、信仰（俗信）、巫术、道德、礼仪、口头文学、游艺等蕴含的审美意义。其中，民间口头文学和游艺广为流传，而且最具审美意义。

民间口头文学是用口头语言传承的文学，神话传说是其中的一种重要形式。中国古代的神话传说反映了中华民族的精神品格之美，如《女娲补天》《后羿射日》《大禹治水》等传说中的女娲、后羿、大禹其实就是人间的英雄。他们以坚强的意志、顽强的毅力克服了自然界的种种灾难，甚至不惜牺牲自己，造福于人民，反映了中华民族大爱无私、甘于奉献的精神；《夸父追日》《精卫填海》中夸父不惜以生命追赶太阳，精卫以微木填沧海，体现了中华民族刚健有为、自强不息的精神；《梁山伯与祝英台》《孟姜女哭长城》《白蛇传》《牛郎织女》等爱情故事反映了中华民族对于自由美好爱情的向往。民歌是民间口头文学的又一重要形式，它以口头传唱的形式流行于民间，展现各民族、各地区的民俗风情和审美趣味。比如，脍炙人口的北朝乐府民歌《敕勒歌》描绘了北国草原的辽阔壮美："敕勒川，阴山下。天似穹庐，笼盖四野。天苍苍，野茫茫，风吹草低见牛羊。"[①]这首歌谣体现了鲜明的游牧民族色彩，具有浓郁的草原气息，表达了游牧民族勇敢爽朗、豪迈大气的精神之美。山东民歌《沂蒙山小调》展现了沂蒙山区人民憨厚朴实的性格，也真切表达了人们对新生活的赞美和对共产党、毛泽东的深厚感情："人人（那个）都说沂蒙山好，青山（那个）绿水多好看，高粱（那个）红来豆花香，咱们共产党领导好，沂蒙（那个）山上好风光。风吹（那个）草低见牛羊。万担（那个）谷子堆满仓。沂蒙山的人民喜洋洋。"[②]江苏民歌《茉莉花》生动刻画了一位江南姑娘对茉莉花的喜爱娇羞之情："好一朵茉莉花，好一朵茉莉花，满园花草香也香不过它；我有心采一朵戴，又怕那看花人将我骂。好一朵茉莉花，好一朵茉莉花，茉莉花开雪也白不过它；我有心采一朵戴，又怕旁人笑话。好一朵茉莉花，好一朵茉莉花，满园花开比也比不过它；我有心采一朵戴，又怕来年不发芽。"[③]这首歌谣生动刻画了一位娇羞的少女，她被芬芳美丽的茉莉花所吸引，想要摘一朵，但是又不敢贸然行事，只能将这种眷恋之情深藏心底，体现了中华民族含蓄内敛、温柔敦厚的气质，也展现了委婉柔美的江南水乡风韵。

民间游艺是具有娱乐功能的艺术，往往伴随其他民俗活动一起开展，包括民间歌舞、民间游戏和杂技等。民间歌舞多在节日庙会、集市和民间集会时举行，如舞龙灯、舞狮子、扭秧歌、踩高跷等。民间歌舞最具代表性的是北方地区的"秧歌"和南方地区的"采茶"。"秧歌"表演人数较多，用丝弦和锣鼓曲牌伴舞，情绪欢腾热烈。清人曹源邺在《燕九竹枝词》中生动地描绘了人们观看秧歌的场景："翠袖花钿新样款，春衫叶叶寻春伴。袜成微步似凌波，铜街初过春风满。沉沉绿鬓凝香雾，驻马郊西人似鹜。画鼓秧歌不绝声，金钗撇下迷归路。"[④]采茶舞主要表现茶区茶农的劳动生产过程，在南方地区广为流传，具有浓郁的田园风味。民间歌舞将娱乐性与艺术性融为一体，贴近生活，既给人们带来审美愉悦，又能抒发内心情感，缓解生活压力，为人们提供生活动力。

① 敕勒歌［M］// 叶嘉莹，周汝昌 . 历代诗词精华集 . 武汉：长江文艺出版社，2019：91.

② 沂蒙山小调［M］// 陈建国 . 中外音乐欣赏概论 . 天津：天津人民出版社，1994：46.

③ 孟欣，何悦 . 同一首歌 · 民族歌曲［M］. 北京：现代出版社，2003：46.

④ 党允彤 . 中华经典乐舞诗词选读［M］. 北京：线装书局，2018：229.

民间竞技和游戏往往融合在一起。我国各个民族都有许多竞技游戏习俗，如赛龙舟、赛马、射箭、摔跤、斗牛、斗鸡等。这些竞技游戏活动使人们暂时从功利、实用的现实生活中解脱出来，释放心中的紧张与压抑，轻松愉悦地享受生活中的闲适和雅致，具有愉悦身心、强健体魄的审美意义。比如，斗鸡是我国古老的竞技游戏活动之一。《左传·昭公二十五年》载："季、郈之鸡斗。季氏介其鸡，郈氏为之金距。平子怒，益宫于郈氏，且让之。"[①] 这里的"介"字为盔甲，即鸡的胸部或头部戴的护具，而"金距"指的是鸡腿上所缚的进攻性武器。这句话表明当时已经给斗鸡装备了专门的工具。西晋傅玄的《斗鸡赋》形象地描绘出了斗鸡活动的生动画面。它的前几句生动地描绘了斗鸡的外形特点——华光溢彩的羽毛、蓄势待发的姿态："玄羽黝而含曜兮，素毛颖而扬精。红缥厕于微黄兮，翠彩蔚而流清。五色错而成文兮，质光丽而丰盈。前看如倒，傍视如倾。目象规作，觜以削成。高膺峭峙，双翅齐平。擢身竦体，怒势横生。爪似炼钢，目如奔星。"[②] 紧接着，又用"扬翅因风，抚翮长鸣。猛志横逸，势凌天廷。"[③] 描绘斗鸡即将开始的场面。战斗开始后使用连续的 8 个排比句生动地描写了战斗场上斗鸡的各种形态："或踯躅踟蹰，或蹀躞容与。或爬地俯仰，或抚翼未举。或狼顾鸱视，或鸾翔凤舞。或佯背而引敌，或毕命于强御。于是纷纭翕赫，雷合电击。争奋身而相戟兮，竟隼鸷而雕睨。"[④] 结尾描写了胜利者和失败者的鲜明对比："得势者凌九天，失据者沦九地。徒观其战也，则距不虚挂，翮不徒拊，意如饥鹰，势如逸虎。"[⑤] 从《斗鸡赋》的精彩描写中，不难领略斗鸡活动给人带来的精神愉悦感。

社会关系民俗美是指人们在交往过程中各种关系间约定俗成的民俗事象所蕴含的审美意义。它主要包括家族和亲族民俗、乡里社会民俗、都市社会民俗、岁时民俗、人生仪礼民俗等。

其中，最有审美价值并广泛传承的是节日民俗。在节日中，人们超越了日常生活的严肃与功利，进入一种兴奋喜悦的状态，充满幸福感，具有审美意义。西方美学史上有很多关于对节庆狂欢的审美意义的探讨。比如，柏拉图就认为："众神为了怜悯人类——天生劳碌的种族，就赐给他们许多反复不断的节庆活动，借此消除他们的疲劳；众神赐给他们缪斯，……因此能够回复到人类原本的样子。"[⑥] 尼采认为这种节庆狂欢是酒神精神的表现："在酒神的魔力之下，不但人与人重新团结了，而且疏远、敌对、被奴役的大自然也重新庆祝她同她的浪子人类和解的节日。大地自动地奉献它的贡品，危崖荒漠中的猛兽也驯良地前来。"[⑦] "此刻，奴隶也是自由人。此刻，贫困、专断或'无耻的时尚'在人与人之间树立的僵硬敌对的樊篱土崩瓦解了。此刻，在世界大同的福音中，每个人感到自己同邻人团结、和解、款洽，甚至融为一体了。"[⑧]

不同于西方的狂欢节庆传统，中国的节日

① 杨伯峻．春秋左传注（四）[M]．北京：中华书局，2009：1461.

② 傅玄．斗鸡赋 [M]// 赵逵夫．历代赋评注（魏晋卷）．成都：巴蜀书社，2010：158.

③ 同②．

④ 同②．

⑤ 同②．

⑥ 约瑟夫·皮珀．闲暇：文化的基础 [M]．刘森尧，译．北京：新星出版社，2005：63.

⑦ 尼采．悲剧的诞生 [M]．北京：生活·读书·新知·三联书店，1986：6.

⑧ 同⑦．

民俗具有独特的审美意味。中华民族自古就是农业大国。传统农业社会的春种、夏耘、秋收、冬藏的生产性节律塑造了中国人特有的时空感受与宇宙观。中国传统的岁时节令习俗便是古人在顺应天地自然节律的基础上总结出来的。除夕的除旧迎新，元宵节的张灯结彩，清明节的扫墓祭祖，端午节的龙舟竞渡，中秋季的赏月团圆，重阳节的登高郊游，这些岁时节令习俗反映了中华民族注重人伦亲情、自然和谐、张弛有度的审美情趣。

中国古典诗词中有很多描写节庆民俗的诗句，从不同角度反映了中华民族的节庆民俗美。比如，春节除旧迎新，点燃爆竹，饮屠苏酒，换新桃符，其乐融融的生活之美："爆竹声中一岁除，春风送暖入屠苏。千门万户曈曈日，总把新桃换旧符。"（宋·王安石《元日》）；清明时节，细雨纷飞，行旅之人在濛濛春雨中孤身上路的苦闷之情："清明时节雨纷纷，路上行人欲断魂。借问酒家何处有？牧童遥指杏花村。"（唐·杜牧《清明》）；端午节，龙舟竞赛，众人呐喊，锣鼓喧天，争先恐后的震撼场面，以及对屈原的祭念之情："共骇群龙水上游，不知原是木兰舟。云旗猎猎翻青汉，雷鼓嘈嘈殷碧流。屈子冤魂终古在，楚乡遗俗至今留。江亭暇日堪高会，醉讽离骚不解愁。"（明·边贡《午日观竞渡》）中秋佳节，人们赏月思亲之情："海上生明月，天涯共此时。情人怨遥夜，竟夕起相思。灭烛怜光满，披衣觉露滋。不堪盈手赠，还寝梦佳期。"（唐·张九龄《望月怀远》）重阳节，遥想兄弟登高望远，佩戴茱萸，而自己独在异乡的思亲之情："独在异乡为异客，每逢佳节倍思亲。遥知兄弟登高处，遍插茱萸少一人。"（唐·王维《九月九日忆山东兄弟》）；元宵佳节，人们出门赏灯的狂欢盛况："火树银花合，星桥铁锁开。暗尘随马去，明月逐人来。游伎皆秾李，行歌尽落梅。金吾不禁夜，玉漏莫相催。"（唐·苏味道《正月十五夜》）。从这些诗句中，我们可以体会到中国节日民俗具有浓厚的生活情趣和情怀。

4.3.2　民俗风情美的审美价值

民俗风情美的审美价值主要分为两个层面：民俗风情的感性形式美和民俗风情的内在意蕴美。任何形态的美都是形式与内容的统一。民俗风情之所以具有审美价值，首先在于民俗风情的感性形式因素（色彩、线条、造型、声音等）及其有规律的组合能使人们产生审美愉悦。比如，很多民间工艺品，如绣花鞋、虎头鞋、荷包、肚兜、泥人、糖人、草编、年画、风筝、剪纸等，还有节日民俗中的很多物品，如春节中除旧迎新的对联和爆竹，元宵节中千姿百态的花灯，端午节中驱邪防病的香囊和五彩缕，它们大多色彩鲜艳、造型生动、图案丰富，集生活性与艺术性于一体，具有强烈的美感特征。此外，很多民俗活动和民俗仪式，具有很强的参与性和观赏性，人们能从中获得身心愉悦，同样具有审美价值，如唐代诗人张建封在《竞渡歌》中描写端午节龙舟竞渡的激烈场面："鼓声三下红旗开，两龙跃出浮水来。棹影斡波飞万剑，鼓声劈浪鸣千雷。鼓声渐急标将近，两龙望标目如瞬。坡上人呼霹雳惊，竿头彩挂虹蜺晕。前船抢水已得标，后船失势空挥桡。疮眉血首争不定，输岸一朋心似烧。"这段诗句将两艘龙舟竞渡的精彩场面描绘得淋漓尽致。随着一阵阵鼓声响起，一面面红旗招展，比赛开始了！两艘龙舟跃出水面。船桨急速划动，如同万剑齐飞，助威鼓声响若惊雷。眼看目标逐渐临近，鼓声也随之急促，转瞬间，两艘龙舟就已经抵达目标。岸上的观众呐喊助威，热烈澎湃。前面的龙舟终归抢先一步，胜利夺得锦标，后面的龙舟眼看追赶不上，大势已去，方寸大乱，只能乱挥船桨，乱作一团。整个龙舟竞渡的过程扣人心弦，惊心动魄，气势磅礴。龙舟竞渡者和观众通过紧张的龙舟竞渡获得了身心愉悦，十分具有审美价值。

民俗风情美的价值不仅表现于外在的感性形式，蕴含在感性形式之中的内在意蕴具有更深层次的审美价值。中华民族的民俗事象往往包含着求吉纳福、驱邪防病、祈生盼子等内容，反映了民众对于美好生活的追求与向往。比如，中华民族的民俗事象中广泛运用各种吉祥图案表达自己的审美观念。“凤栖牡丹”将龙、凤、牡丹、团寿等组合在一起，寓意吉祥幸福；“连年有余”将娃娃抱鱼、莲花鲤鱼等组合在一起，“鱼”与“余”同音，比喻生活富裕，这表达了古代人们追求年年幸福、富裕生活的美好愿望；“福禄万代”的图案常有蔓、葫芦、石榴、佛手。“蔓”与“万”谐音，“蔓带”谐音“万代”。“葫芦”谐音“福禄”。石榴，因其多子，取其“多子”之意，寓意多子多福；“福寿双全”中蝙蝠衔住两个古钱和寿星、寿桃。两个古钱，喻“双全”，蝙蝠喻“福”，寿星、寿桃代表长寿，表达了人们对于健康长寿的向往；“岁寒三友”中的松、竹、梅是耐寒的植物，过冬不凋谢，梅更是耐寒而开花，寓意品格高洁。

很多民俗仪式活动也蕴含着深层的审美意蕴。比如，春节是中华民族最隆重的节日。新春贺岁活动以祭祝祈年为中心，开展扫尘、贴年红、吃年夜饭、守岁、拜岁、拜年、舞龙舞狮、拜神祭祖、逛庙会等一系列仪式活动。新春扫尘就是年终大扫除，因“尘”与“陈”谐音，扫尘是要把一切霉运晦气扫地出门，以祈来年清吉。这一习俗寄托着人们辟邪除灾、辞旧迎新的美好愿望。除夕是除旧布新、阖家团圆、祭祀祖先的日子，自古就有贴年红、祭祖、团圆饭、守岁等习俗，经久不息。除夕祭祖是传统习俗，人们摆上美酒佳肴，祭拜祖先，表达对先人的怀念并祈求祖先庇佑，表达了中华民族慎终追远的美德；贴年红就是贴春联、门神、年画、窗花等，红色象征喜庆，也承载了人们对新年新生活的美好期盼。年夜饭又称年晚饭、团年饭、团圆饭等，是年尾除夕的阖家聚餐，表现出中华民族对亲情的注重。年夜饭后长辈要将事先准备好的压岁钱派发给晚辈，压岁钱的最初用意是镇恶除邪，保佑平安，也体现出长辈对晚辈的关切之情和真切祝福。吃过年夜饭，夜晚守岁，每个房间要整夜灯火通明，全家团聚在一起守夜，寓意着祛除一切邪瘟病疫，祈盼新的一年吉祥如意。

总之，民俗风情的审美价值由感性形式和内在意蕴构成，民俗风情的内在意蕴通过外在的感性形式表现出来，而民俗风情的感性形式是内在意蕴的载体，二者是相辅相成，互为表里的，共同构成了民俗风情的审美价值。

本章小结

本章主要探讨社会美的问题。社会美是最基本的审美领域之一，是与人的社会存在关系最密切的审美形态。它包括人物美、日常生活美、民俗风情美等。

思考题

1. 人物美包括哪些层面？

2. 日常生活美体现在哪些方面？

3. 民俗风情美分为哪些类别？民俗风情的审美价值是什么？

延伸阅读与参考书目

［1］刘悦笛．生活之美［M］．合肥：安徽文艺出版社，2021.

［2］潘鲁生．民艺学论纲［M］．北京：北京工艺美术出版社，1998.

［3］陈勤建．文艺民俗学［M］．上海：上海文化出版社，2009.

［4］朱希祥，李晓华．中国文艺民俗审美［M］．上海：上海文化出版社，2009.

［5］宋德胤．文艺民俗学［M］．哈尔滨：北方文艺出版社，1991.

第 5 章　艺术美

艺术美是美的重要领域，是艺术创作者根据自己的审美理想借助一定的物质手段直接创造的美。作为美的集中体现，艺术美具有自身的特点。首先，艺术美是第二性的美，它经过艺术创作者的审美处理。艺术源自现实，但又不等同于现实，它是艺术创作者对现实的加工和改造。其次，艺术美也是一种理想美，艺术家将自己的审美理想注入艺术品之中，使其获得物化形式。较之于现实美，艺术美具有创造性、永恒性，能够充分体现人利用美的规律进行生产的创造精神。较之于美的其他形态，艺术美更具有集中性、典型性和理想性，能够给人带来独特的精神体验。

5.1　艺术与美

5.1.1　艺术美的概念

艺术美是美的特殊的领域，它是人以审美意识为中介，通过感性形象所创造的理想之美。艺术美的审美对象，是人们在生活经验基础上，以感性形式为中介所创造的艺术形象。艺术美的创造大致经过这样一个过程：艺术创作者在现实生活的基础上，根据自己的审美理想，借助特定的物质媒介与材料，直接创造美的形象。比如，画家面对着自然界中的一棵树，描绘出关于这棵树的一幅画作，树与画作都是美的形象。树木的美属于自然美，画作的美属于艺术美，这是根据美的存在领域对美进行的划分。作为美学的关键词或核心范畴，艺术美不能仅停留在单纯的现象层面，还必须从概念层面说明它的内涵。

作为美的领域，艺术美源于黑格尔美学关于理念自身运动的阶段。黑格尔在《美学》的开篇就宣布他所讨论的“并非一般的美，而是艺术的美”[①]，并且认为美学应当以“艺术哲学”来命名。这表明，艺术美是美学研究的重要领域，也表明黑格尔的美学是一种艺术哲学。正因如此，艺术美在黑格尔的美学体系中有着突出地位。但黑格尔并没有忽视自然美与社会美，而是将其作为不完美的美来看待。黑格尔认为美就是理念的感性显现。理念就是绝对精神，是无限的、自由的，代表着最高的真实。而自然则是有限的和相对的，只是理念“最浅近的存在”[②]。自然本身并不是美，不能直接纳入美的范畴，它只能“为审美

① 黑格尔 . 美学（第一卷）[M]. 北京：商务出版社，1979：3.

② 同①：149.

的意识而美”①。

黑格尔认为，自然界的有限事物呈现出从低到高的上升过程。最低级的是无机物，其次是有机物。在有机物中，植物界上升为动物界；动物界中，低级动物上升到人及人类社会。在逐级上升的过程中，精神性的因素愈发增多，而物质性因素愈发减弱。这个过程是不断呈现和实现理念的过程，因而美的程度也就越高。他认为，精神的作用就是理念灌注生气于物体，并使它们显现出统一体的作用。在较低的自然物中，如矿物界中，看不出精神的作用，物质的因素完全压倒精神的因素。比如，我们将一堆石头堆积在一起，每块石头在石堆中都是独立的存在，与石堆这一整体并无必然的联系。拿走或添置几块石头，并不会影响石堆作为石堆而存在。我们看不出理念灌注生气于石块的作用，只是单纯的物质在起作用。因而，整个石堆无所谓“美”或“不美”。在较高级的自然物体中，如太阳系中，各个行星虽然是独立存在的，但它们形成了一个统一的系统，这就有了“美”的某种萌芽。然而，黑格尔认为这种统一只是自然的，并受到物理关系的限制，并不能展现出理念的自由，还不能彻底地被定义为真正意义上的美。

在有机物阶段，出现了生命。在具有生命的低级动物中，自然呈现出灌注生气于全体各部分的统一，因而产生了美。比如，一匹马虽然也有着诸如四肢五官等杂多部分，但这些杂多的部分不像是乱石一样无序，而是令人马上就能分辨它们是一个有机体内的不可分割的统一整体。马的生命性使其呈现出观念性的统一。因此，黑格尔得出论断说：“我们只有在自然形象的符合概念的客观性相之中见出受到生气灌注的相互依存的关系时，才能见出自然的美”②。但有机物中的自然美仍是有缺陷的，因为动物只是“自在”，而不是“自为”，因为不能由自己创造美的形象给别人看。

同样，人作为高级动物，身上虽自然地呈现出生命灌注的有机统一，但受制于自然的限制，身心的矛盾，在人的身体中仍然显现不出绝对的理念。同时，黑格尔认为在社会中的人不能够实现完全的自由，人与人、人与集体之间存在着各种矛盾。无论是人还是社会，都不能体现出绝对的理念。因此，社会本身并不是美的存在。

由上述可知，由于自然和社会均不能显现绝对的理念，不能实现完全的自由，因此二者都不属于真正的美。真正的美需要在另一较高的领域才能实现，这一领域就是艺术。黑格尔主张艺术美高于自然美，认为艺术美并不是源自生活，而是由自觉的心灵活动所创造的。“心灵”在这里指的是有意识的心智活动，艺术作品是心灵的产物。黑格尔将艺术美与理想放在同一层面，认为艺术不是空洞的形式，而是比自然世界更高的存在。在艺术中，可以通过有限的作品抵达无限的真理，通过感性形式表现客观世界中的本质存在。因此，艺术美即理性与感性的统一、内容与形式的统一、主观与客观的统一。

黑格尔以后，19 世纪俄国美学家车尔尼雪夫斯基从艺术与现实的关系出发，提出“艺术美源自生活美”的见解。他针对当时费肖尔责难现实美的观点进行反驳。在费肖尔看来，自然美或现实美是不完美的，有一系列的缺点，如不稳固、转瞬即逝、易遭偶然性破坏等。车尔尼雪夫

① 黑格尔 . 美学（第一卷）[M] . 北京：商务出版社，1979：160.

② 同①：168.

斯基则认为现实生活本身就是美的，而艺术美是现实美的反映，以满足人们对美的渴望。

在艺术美与现实美的优劣问题上，车尔尼雪夫斯基肯定现实美高于艺术美。他说：“我们的艺术直到现在还没有造出甚至像一颗橙子或苹果那样的东西来，更不必说热带甜美的果子了。”[①] 艺术美不如现实美的原因在于，艺术创作要借助于想象，但想象的形象永远不如现实生活中的形象完整，艺术美的价值是被过分夸大的。为什么会出现这一现象？车尔尼雪夫斯基认为主要有三个原因：其一，艺术创造需要克服困难，自然的东西不耗费人力，而人往往将难以得到的东西看作更好；其二，艺术须经由人力，而人总会对自身的力量产生尊重；其三，艺术能够满足人对事物加以美化的愿望。此外，艺术本身所具有的欣赏性，也使人更容易关注到它的美。

现实美既然高于艺术美，那么我们在现实中获得审美体验就够了，为何又要艺术去再现它呢？车尔尼雪夫斯基认为，艺术美对现实美的再现，是因为现实美不能总是出现在我们面前，当现实美不在面前时，艺术美则成为现实的“替代品”。例如，大海是美的，但并非所有人都住在海边，许多人因此丧失了看海的机会。那么描绘海的绘画，就会让人获得代替性的满足。“自然，看海本身比看画好得多，但是，当一个人得不到最好的东西的时候，就会以较差的为满足，得不到原物的时候，就以代替物为满足。”[②] 而且，现实中的美的事物不能供人随时随地肆意欣赏，而艺术再现的现实美则可随时随地供人享用。

因此，艺术美和现实美的关系，就成了替代品和原物的关系。车尔尼雪夫斯基作了一个很有名的比喻：“生活现象如同没有戳记的金条；许多人就因为它没有戳记而不肯要它，许多人不能辨出它和一块黄铜的区别；艺术作品像是钞票，很少内在的价值，但是整个社会保证着它的假定的价值，结果大家都很宝贵它，很少人能够清楚地认识，它的全部价值是由它代表着的若干金子这个事实而来的。”[③] 他将生活比作黄金，将艺术比作钞票，钞票本身的价值来源于它所代表的黄金的价值。艺术美的作用和功效就在于再现生活美，但这种再现并非“修正”或“美化”现实，其目的仅在于帮助想象，复现现实。以此出发，车尔尼雪夫斯基认为想象中的美不如现实生活中的美，而艺术作品中的美又不如想象中的美。

在艺术美与自然美、现实美的关系上，车尔尼雪夫斯基与黑格尔完全相反。黑格尔强调艺术美，认为艺术美高于自然美；而车尔尼雪夫斯基则强调现实美，认为艺术美仅仅是现实美的一种替代品。在车尔尼雪夫斯基看来，艺术美无法超越现实，只是对现实美的再现和表达。显然，他们二人的看法都具有片面性。在艺术美与自然美、现实美的关系上，黑格尔的思想固然是客观唯心主义，逻辑上本末倒置；然而车尔尼雪夫斯基显然混淆了艺术的美与自然的美。自然美和现实美当然可以是艺术美的源泉之一，艺术家在生活实践中提炼了现实的美，创造为更集中、更典型的艺术美。然而，艺术美被创造出来，自有它的价值和意义，绝非简单的自然或现实的替代物。

① 车尔尼雪夫斯基．车尔尼雪夫斯基选集（上卷）[M]．周扬，译．北京：生活·读书·新知三联书店 1958：41.

② 同①：84.

③ 同①：82.

5.1.2 艺术与美的关系

艺术等于美，与美有错综复杂的关系史。艺术伴随着人类的生产活动而产生，但将艺术汇入美的范畴却并不是与艺术起源同时出现的。即使在艺术高度繁荣的古希腊和文艺复兴时期，美也并未被纳入描述艺术的概念之中。什么时期我们开始认为艺术就是美的？为什么历史语境与社会文化发生了变化，艺术美仍然存在？这些问题启发我们——“艺术”与“美”的概念并非一成不变，它们是在历史中产生的、演变的，“美”与“艺术”的历史演进是复杂的。

“艺术”一词，在英语中是“art”或“fine art”，在法语中是“art”或“beaux arts”，在德语中是“kunst”或“schöne kunst”。从词源学上看，“art”源于拉丁文“ars”或“artis”；而“ars”与希腊语“techne”对应。在古希腊与古罗马时期，“ars”与“techne”，泛指一切手艺、技术和学问，所涵盖的范围极为广泛，不单指某个对象如一间房屋、一艘船、一张床、一卷织品的制作所需要的手艺，而且还表示统领军队、测量土地、动物驯养需要的技艺。这些活动之所以被称为艺术，是因为这些技艺依赖于对技术规则与实践知识的认识。因此，西方古代文化语境下“艺术”泛指一切技术和实践知识，这与我们今天的“艺术”观念大相径庭。

中国古代的“艺术”一词也大致如此。现代汉语中所用的“艺术”一词是从日语中引进的。日本翻译家选择“艺”和“术”两个汉字组成新词，以对应英语中的“art”。在中国古代汉语中，与西方“ars”及“techne”相对应的是“藝”。“藝”即“埶”，其在甲骨文或早期文字中就已经出现。“埶”是象形字，表示一个人跪在树旁，双手种植树木。因此，“埶”的本义是种植等农业技艺。《说文解字》中说：“埶，种也。从坴，持种之。”[①] 后来，“埶”泛指一切技艺。周代有“六艺”的记载，指古代教育中“礼、乐、射、御、书、数”六种技艺。可见，在古代中国“艺”的概念涵括也十分广泛，泛指需经过不断训练、操演而获得的技艺、技能。

古代人所说的“艺术”，当然也包括我们特指的那些具有审美价值的诗歌、音乐、舞蹈、绘画、雕塑、建筑等。在今天，它们被当作“纯艺术”来看待，但在古代，它们与其他技艺或技术并无不同。那时，艺术与“美”没有必然的联系。在古代文化实践中，区分这些技艺与其他一般性的劳动技能或生活技艺的一个重要原则是，它们究竟是手工的还是智力的。这种原则一直延续至中世纪，中世纪意大利学者卡西奥多鲁斯将语法、修辞学、辩证法、几何学、算术、天文学、音乐这七门学问或技艺，称为“七艺”。其中又分为两组，前三者被称为“三艺”，后四者被叫作“四艺”。它们一同构成中世纪大学教育的基础课程，这个传统一直延续至中世纪后期的大学教育甚至现代教育基础。

文艺复兴时期，随着人文主义的复苏，艺术迎来了自觉时代。绘画、雕塑、建筑等造型艺术取得了巨大的繁荣。人们对“美”的价值追求逐渐凸显，这一时期“美”的价值观和理念逐渐进入艺术实践中。艺术家致力于发现美，并以美的规范创作艺术作品，如米开朗琪罗的雕塑，不仅拥有完美的肌肉和形体，还有深刻的精神内涵。奇马布埃、乔托、拉斐尔笔下的圣母，焕发出“美”的生气。艺术有了“美”的规约，吸引了众多的欣赏者。

---

① 许慎．说文解字注［M］．段玉裁，注．上海：上海古籍出版社，1988：113.

直至 18 世纪中期，随着西方近代艺术概念体系的确立，“艺术”才在理论层面与“美”相结合，产生了“美的艺术”这一概念。法国美学家夏尔·巴托在 1747 年出版的《归结为同一原理的美的艺术》中对艺术进行了明确区分，以是否引起“愉快情感”为基础将艺术分为“美的艺术”和“机械的艺术”。美的艺术形式包括诗歌、音乐、雕塑、绘画、建筑、舞蹈、演讲术七种。由此，巴托确立了现代意义上“美的艺术”概念。这意味着，艺术不再被视为一种体力劳动或智力活动，而被看作一种以“美”为核心的精神文明。“美的艺术”这个概念有两个值得我们关注的要点：第一，只有“美”的艺术才能被视为“艺术”，“美”将艺术与一般智力活动区别开；第二，只有赋予精神内涵的艺术才是美的艺术，“美”将艺术与体力劳动和纯技术劳动区别开。“艺术”得以从技术、技艺等相关概念中抽身，获得真正的意义。这个阶段，艺术几乎就等于“美”，或者说，近代艺术的必然价值和内涵就是“美”。

“美的艺术”概念为近代以来的艺术理论家继续探讨艺术问题确立了坚实而清晰的理论基础。其一，是艺术开始因“美”而具有独立性，艺术作品被视为一种美的产品。其二，是艺术不再统摄在“模仿”的概念之下，而是被看作一种创造性的活动。19 世纪的美学家和艺术理论家从“美”的概念出发，对艺术的界定作出各种各样的尝试。其中，尤为重要的是，德国哲学家和美学家康德认为，艺术的美是因为符合某种“形式目的”，艺术美的欣赏必须是无利害的关系，因此对美的艺术的感知，必须排除所有利害关系。康德对艺术的这种阐释，成为近代美学中的关于“美的艺术”的重要理论。

康德美学强调艺术的形式美的思想，得到 20 世纪前半叶的西方现代派艺术实践和艺术理论家的回应。英国艺术理论家克莱夫·贝尔在《艺术》一书中认为艺术是“有意味的形式”，正是形式给予观众审美情感，才使艺术成为美的艺术。同样，理论家罗杰·弗莱也从印象派绘画出发，将形式因素和形式结构看作美的艺术品得以成立的关键。在他们看来，美的艺术之所以为美，是因为作品的形式。形式的构成使艺术超越了“技艺”，而成为美的创造，艺术家也因此不再是技艺纯熟的“工匠”，成为创造艺术的“天才”。

现代意义上的“艺术”概念，基于“美”的价值基石之上。但这块基石并非坚不可摧。在多元化的现代文化背景下，现代艺术显示出革命性和颠覆性的发展趋势，呈现出复杂的审美样貌，出现了“荒诞艺术”“反艺术”等多种艺术形态。相较于近代“美的艺术”，现代“艺术”概念逐步扩大，“艺术美”的范畴也逐步扩展。

以“美”为核心的艺术观受到了严峻挑战，“美的艺术”体系经历了一次彻底的崩塌，如同美国抽象表现主义画家巴尼特·纽曼所言：“在美国，我们这些想从欧洲文化的重负下获得自由的人，正通过完全否认艺术和美具有任何关系，否认究竟在哪里才能找到美这类问题去寻找答案。”[①]“优美”不再占据艺术的核心位置，取而代之的是“丑”“荒诞”“非理性”“观念性”等范畴。在近代“美的艺术”的观念下，“丑”通常没有独立的审美意义，只是作为“美”的对立而存在，起到陪衬作用。但是，现代艺术呈现出向“丑”全面开放的态度。在法国象征主义诗人

① 赫舍尔·B. 奇普. 现代艺术理论［M］// 朱狄. 当代西方艺术哲学. 武汉：武汉大学出版社：2007：54.

波德莱尔的诗集《恶之花》中，诗人将白骨、蛔虫、毒蛇、秃鹫等“丑”的元素纳入了诗描写的范围。现代艺术又进一步向荒诞和非理性开放，出现了诸如达达主义艺术、超现实主义艺术、新浪潮电影等艺术形态。由此，“艺术”不再与“美”具有必然联系。

意大利美学家瓦迪莫认为：“从20世纪早期的先锋派开始，艺术实践就构成了一种美学‘破裂’的现象。这种艺术实践超越了传统美学指派给它的体制化限制。”[①]在关于美的艺术的概念探讨达到顶峰的时候，英国分析美学开始对寻求普遍艺术概念的理论进行驳斥，并以反本质主义的浪潮，推翻了以往关于美的艺术的种种界定。此后，包括维特根斯坦、盖利、保罗·齐夫、莫里斯·韦兹、阿瑟·丹托、乔治·迪基在内的众多美学家，都抛弃了“美的艺术”的概念，试图根据新的艺术理论对艺术重新界定。

在现代文化的语境下，“艺术”与“美”几乎完全分离，艺术学的研究范围与美学的研究范围，交集越来越小，艺术哲学与美学之间出现了一道鸿沟。时至今日，美学逐渐成为一个无所不包的学科。德国美学家沃尔夫冈·韦尔施表示：“现实一次又一次证明，其构成不是‘现实的’，而是‘审美的’。迄至今日，这见解几乎是无处不在，使美学丧失了它作为一门特殊学科、专同艺术结盟的特征，而成为理解现实的一个更广泛也更普遍的媒介。这导致审美思维在今天变得举足轻重起来，美学这门学科的结构，便也亟待改变，致使它成为一门超越传统美学的美学，将‘美学’的方方面面全部囊括进来，诸如日常生活、科学、政治、艺术、伦理学等。”[②]韦尔施的观点能够代表当代美学发展的趋势，在研究领域和研究对象上，美学不再仅仅以艺术为对象，而是囊括现代生活各个方面，这也拉开了美学和艺术学之间的距离。

与此同时，诸如艺术原理、艺术哲学、艺术批评等理论研究，也不再将“美”与“不美”作为评判艺术的唯一标准。“一般艺术学”运动的代表人物康拉德·费德勒在《艺术活动的根源》中，将美学与艺术哲学进行了明确的区分。他认为美学的根本问题不等于艺术哲学的根本问题，将艺术统摄在美学的框架之下只会限制艺术的发展。传统美学将美理解为愉悦的快感，在此框架之下的艺术，也就只能为这种快感而服务，以此丧失了艺术的丰富性。因此，艺术学研究并非只是研究“美的艺术”，而是面向复杂多样的艺术现象和艺术实践，研究艺术本身。当前，艺术学研究逐步呈现出不同学科交叉融合的态势，包括艺术人类学、艺术传播学、艺术管理学、艺术教育学等学科，也不再局限于“美的艺术”的研究，而是拓展到一切人类创造的艺术活动中，将艺术置于整个文化体系之中，探究艺术的意义与价值。

5.1.3 艺术美的边界

任何一门理论学科，都有自己的研究对象和研究范围。从传统上看，对艺术美的研究属于美学研究的一个领域，也属于艺术研究的一个领域。那么，艺术美的边界在哪里，这是我们必须解决的问题。艺术美的边界与艺术的边界密切相关，传统意义上艺术美的边界就是艺术的边界。

① 李建盛. 艺术学关键词［M］. 北京：北京师范大学出版社，2007：20.

② 沃尔夫冈·韦尔施. 重构美学［M］. 陆扬，张岩冰，译. 上海：上海译文出版社，2002：1.

然而，现代艺术却超越了狭义上的“美”（即优美），艺术美的边界急剧扩大。

首先，艺术的边界是什么？这是一个古老的问题，一个让哲学家、美学家以及艺术理论家众说纷纭的问题，一个让艺术家及艺术爱好者感到困惑的问题，但也是一个不可回避的问题，因为它奠定了艺术及所有艺术现象与问题的理论根基。有的学者不赞同讨论此问题，他们认为艺术是不能定义、不需要定义的。艺术永远处于发展、变化之中，而艺术定义正是为艺术套上了理论的枷锁，任何定义都是无效的、片面的。诚然，艺术是不断发展、演变的，但这不能因此否定艺术定义的可能性。艺术的界定也可以处于发展之中，随艺术的变化而不断推陈出新。

可是回答这一问题并不容易，历史上的众多思想家对此各执一词，无法取得共识。之所以如此，原因在于两个方面：一方面，艺术的定义问题太过于抽象，它要回答的是“艺术本身是什么？”而不是“艺术看起来是什么？”“艺术有什么特点？”等具体的问题。我们能够轻易地辨别出一件艺术作品，但却不能对“艺术”这一概念做出完整而清晰的界定。另一方面，这个问题本身也是历史性的。我们为艺术所下的“定义”，不能只适用于某一时期、某一门类的艺术，而是要适用于所有艺术形式和形态。因此，探讨这一问题变得十分困难。

然而，对这个问题的探讨却又是不能回避的。那么，如何解答这一问题呢？思路之一就是从历史的脉络中寻找答案。在中外美学发展史上，众多美学家都对此问题进行了丰富的探讨，他们的理论学说为我们研究艺术及艺术美的问题提供了很多富有启发意义的思想资源。我们不妨对中西美学史上影响深远的“艺术观”加以梳理和总结，以期获得对艺术及艺术美的边界问题的启发。

传统意义上，艺术美的边界就是艺术的边界。在中西美学史上，曾出现过很多具有重要理论价值的“艺术观”，在各自理论视域下对艺术的基本问题加以阐述。其中，最具代表性的大致有以下三种：模仿论、表现论和形式论。其他有关艺术本质的理论或思想，大都是这三种艺术观在不同时代、不同文化观念下的变体与发挥。

“模仿论”是西方美学史上最古老的艺术观。关于艺术“模仿论”的思想，古希腊人曾留下一则传说。公元前 5 世纪，两位著名画家宙克西斯和帕拉修斯，相约当众比试绘画技艺。宙克西斯在背景上画了一株葡萄，惟妙惟肖，简直以假乱真，以至于吸引了天空中鸟儿前来啄食。宙克斯西见状扬扬得意，以为自己胜券在握，敦促帕拉修斯展示自己的画作。帕拉修斯告诉宙克西斯自己的画作就在另一侧，宙克西斯迫不及待地走上前去，试图揭开遮盖在背景上的画布，一窥真迹。然而，宙克西斯伸手去揭画布的时候，发现自己上当了，因为那块“画布”根本不存在，是帕拉修斯用颜料画上去的。此刻，胜负判然。这则传说表明了古希腊人是如何看待艺术的。在“模仿论”的艺术观念下，艺术就是对现实的模仿，与自然事物的相似程度越高，就越具有艺术美。

持这种观点的代表人物是古希腊哲学家柏拉图和亚里士多德。柏拉图认为世界万物都是由“理念”所衍生出来的，“理念”是一切事物的根基，是永恒不变的存在；其他事物只能模仿理念，而不能超越理念。在《理想国》第十卷中，柏拉图以“床”为例，来阐释理念和模仿的关系。柏拉图指出，世界上有三种“床”：第一种是理念的“床”，即“床”本身；第二种是工匠根据理念的“床”而制造出来的现实的“床”；第三种则是艺术家根据现实的“床”所绘制的“床”。由此来看，艺术家所创造的仅仅是床的影像，是“摹本的摹本”。

亚里士多德继承了柏拉图的思想，同样认为艺术源自模仿，肯定模仿的价值。在《诗学》中，亚里士多德认为绘画、音乐、诗歌、雕刻等都是“模仿的艺术”，只是在模仿对象、媒介、方式方面存在差异。他进一步指出，模仿源自人最初的本能。“作为一个整体，诗艺的产生似乎有两个原因，都与人的天性有关。首先，从孩提时代起人就有摹仿的本能。人和动物的一个区别就在于人最善摹仿，并通过摹仿获得了最初的知识。其次，每个人都从摹仿的成果中得到快感。”①然而，在艺术、现实与理念的关系问题上，亚里士多德却不同意柏拉图的思想，他认为艺术固然是模仿，但它却不是模仿现实，而是直接揣摩和认识“理念”，以人工的方式呈现“理念”。因此，艺术涵盖着理念的普遍性，所以比历史和现实更为真实。这种“模仿论”艺术观的影响深远。文艺复兴时期的艺术大师常认为艺术是反映现实的一面镜子。达·芬奇认为，“画家的心灵应该像一面镜子，永远把它所反映事物的颜色摄进来，前面摆着多少事物，就摄取多少形象。”②经由17世纪的古典主义，直至19世纪的批判现实主义，“模仿论”逐渐成为最重要的艺术美的法则。

与“模仿论”相对应的是“表现论”的艺术观。在古希腊人倡导艺术模仿论的时候，中国思想家也提出了关于艺术的根本思想。总体来看，中国古代美学认为，艺术与情感有着密不可分的关系。艺术源于情感，情感冲动在人的心中形成了一种内在力量，它又通过某种形式展现出来，成为具体可感的形式，进而形成了诗歌、舞蹈、书法、绘画等艺术形式。因此，艺术与情感表现密切相关，而艺术美的程度与艺术作品表现情感的程度密切相关。

《礼记·乐记》中说：“凡音之起，由人心生也。”又讲：“情动于中，故形于声；声成文，谓之音。”在此说的是，音乐的产生与情感密切相关。情感在心中激荡，外化而形成了声音。声音若合乎韵律，则成为音乐。《毛诗序》中也有相似论述：“情动于中而形于言，言之不足，故嗟叹之；嗟叹之不足，故咏歌之；咏歌之不足，不知手之舞之，足之蹈之也。”意思是说，心中的情感最先外化为语言，当语言不足以表达情感的时候，就嗟叹起来，因而成为“诗”；当嗟叹不足以表达情感的时候，就自然地纵情高歌，成为“乐”；当情感强烈到音乐也不能充分表达时，便纵情舞蹈，成为“舞”。《礼记·乐记》与《毛诗序》中的言论，代表了中国古人对艺术的窥探，即认为艺术美都产生于情感，将艺术看作是对精神、心灵世界的表现。

在西方，直到18—19世纪，伴随着浪漫主义艺术思潮的勃兴，“表现论”的思潮得到空前阐扬。英国诗人华兹华斯认为，诗歌是情感的自然流露；德国诗人诺瓦利斯主张“诗是对感性、对整个内心世界的表现”。在浪漫主义诗人的带领下，西方艺术观逐渐脱离现实世界，走向内心。但作为一种系统而成熟的艺术理论，表现论真正形成的时间是在20世纪初。以意大利美学

---

① 亚里士多德．诗学［M］．陈中梅，译注．北京：商务印书馆，1996：47.

② 伍蠡甫．西方文论选（上卷）［M］．北京：人民文学出版社，1964：183.

家克罗齐为代表的表现论美学，建构了以情感为中心的艺术体系。克罗齐的表现主义美学建立在其“心灵的哲学”的基础之上。在《美学》中他将艺术定义为心灵的“直觉”，直觉就是表现。所谓“直觉”是人在内心所构想的对于某个事物的想象。“艺术即直觉”意味着，艺术是一种由心灵赋形的活动。“直觉即表现”意味着艺术是一种心灵的想象活动，与外部自然物理世界毫无关系。随后，英国美学家科林伍德和卡里特等人，以克罗齐的美学为基础，重新演绎了“艺术即表现”的思想。“表现论”破除了将艺术美仅归结为模仿外部世界的局限性，突出了创作主体的情感表现，使情感表现成为产生艺术美感的主要原因。

“形式论”是现代美学和艺术学领域中的解释艺术的重要理论思想。“形式论”的关键词是“形式”，它既是十分重要的艺术概念，也是构成艺术作品的重要因素。“形式”一词的产生可追溯至罗马时代，其原为哲学概念，后引申和移植到不同的领域和学科中。正如塔塔尔凯维奇所说“它所具有的国际性，也是其他名词难以望其项背的”①。艺术中的形式理论可追溯至古希腊时期，古希腊的毕达哥拉斯学派、柏拉图、亚里士多德等，都认为形式是艺术作品的重要构成要素，把形式视为美和艺术的重要特征。在他们看来，艺术美即适当的排列、合适的比例和形状。但是，形式主义作为一种美学和艺术理论则可以在康德的美学著作中找到理论源头。康德在《判断力批判》中从“先验论”出发对艺术和美进行考察，他认为包括艺术在内的美的事物是某物为了“形式目的”而产生的东西，目的性的形式不指向任何东西，美的艺术没有任何目的和规定性，将审美对象视为一种单纯引起人们愉快的形式。在此种观念下，艺术美的欣赏不能考虑艺术所再现的事物的属性和性质，艺术美是“超功利”、无目的的。

随着现代艺术的出现和发展，艺术中的形式问题逐渐成为具有支配地位的审美标准，在 20 世纪前半叶得到了突出强调。克莱夫·贝尔，一位英国形式主义美学家，认为艺术是由“有意味的形式”所构成的。这种“有意味的形式”指的是艺术作品中线条、色彩以特定方式排列组合所形成的形式关系。正是这种形式关系激发了我们的审美情感。艺术中的审美情感不同于生活中的情感，审美情感不包含任何目的、功利性因素，仅仅是由形式所引起的单纯的愉快。此后，罗杰·弗莱、格林伯格等人，同样根据艺术作品的形式来理解艺术及艺术美的概念。在他们看来，艺术美不在于艺术作品的内容，而在于构成艺术作品的媒介，如绘画的材质、线条的排列、颜色的使用等。

我们可以看到，在传统意义上，艺术的边界与艺术美的边界相等同。理论家们力图为艺术找到一个有效定义，即通过艺术是否达到美的标准，来规定什么是艺术，什么不是艺术，试图通过对艺术美的界定来找寻适用于所有艺术的共同特性。但是在 20 世纪中期，这些理论和尝试却遭到质疑和批判。正如塔塔尔凯维奇所写道：“古代的艺术概念虽是十分明确的，但却不再符合今日的需求，因此，它充其量只能算作历史的陈迹；现代的概念在原则上虽然可以被接受，但是其边际却是显得极端的模糊。”②

20 世纪的艺术创作实践发生了巨大转变，

① 塔塔尔凯维奇 . 西方六大美学观念史［M］. 刘文潭，译 . 上海：上海译文出版社，2006：226.

② 同①：28.

艺术形态、艺术范畴也历经了前所未有的变化，这种转变挑战了艺术美的边界。1917 年，达达主义艺术家杜尚把一个写有“R·莫特，1917 年”的小便池送往艺术馆展出，题为《泉》，引起人们对艺术与非艺术的区分。《泉》好似不断发酵的酵母，引起了现代艺术的一系列连锁反应。在此背景下，美国的艺术理论家乔治·迪基提出了“惯例说”的观点。在《艺术与审美》一书中，他认为传统对艺术所下的定义，如模仿论、表现论的观点都是片面的，他们将艺术的某些突出特性作为艺术的必要条件。乔治·迪基继承了阿瑟·丹托“艺术界”的观点，认为诸如艺术家、艺术参观者、艺术评论家、艺术史家、艺术馆馆长等共同构成了“艺术界”的核心成员，他们在“艺术界”中承担着不同的角色，发挥着各自的作用，“保持艺术界的运转，从而保证它生存下去。”[①]“艺术界”的运作，使艺术成为一种社会习俗得以发挥效用。乔治·迪基认为艺术作品的构成必须基于以下两个条件：其一，它必须是一件人工制品；其二，他必须由代表某种社会习俗的艺术界中的某些人赋予它以鉴赏的候选品资格。因此，“艺术品是某种为了向艺术界公众呈现的被创作出来的人工制品。”[②]。

从“惯例论”的观点看，艺术已经抛开了对于美的追求。在这一意义上，艺术未必追求美，这时艺术美的边界已经远远小于艺术的探索。当近代美学把美当作一种实体的思想抛弃后，艺术美的边界就产生了危机，甚至艺术美的概念也缺少逻辑支持，只能称为艺术领域中的审美。

① 乔治·迪基．艺术与美学：一种习俗分析［M］// 沃特伯格．什么是艺术．李奉栖，等，译．重庆：重庆大学出版社，2011：231.

② 诺埃尔·卡罗尔．今日艺术理论［M］．殷曼楟，郑从容，译．南京：南京大学出版社，2010：123.

5.2 艺术美的形态

5.2.1 艺术美何以可能

艺术美是艺术家按照“美的规律”进行审美创造的产物。人们面对艺术作品得到愉悦和放松，是因为艺术作品对现实具有超越性。艺术家在艺术美的创造活动中，艺术接受者在艺术美的欣赏活动中，疏导情感，体验生命，实现精神的自由。在日常世界里，人们往往为现实生存所羁绊，为物质利益所异化。然而，在艺术美的世界里，我们则能够超越现实生活的枷锁，进入无拘无束、精神自由的审美世界，从机械、僵化的世俗生活中进入个性解放、心灵复苏的审美生活。

艺术是我们精神生存的诗意空间，它从我们的现实生存空间里延伸而成，为我们的审美活动提供最佳的去处。人在对艺术美的创造和享受的过程中，将自身的精神生存以感性形式加以呈现，延伸为艺术美的诗意空间。艺术作品在此成为人之存在的印证，成为充满情感体验、意义追求和生命关怀的精神生存的世界。马克思在《1844 年经济学哲学手稿》中指出：“只有当对象对人来说成为人的对象或者说成为对象性的人的时候，人才不致在自己的对象里面丧失自身。”[③]艺术美的基础源自人类的物质生产活动。在物质生产实践的过程中，人们不仅能够按照现实需要创造物品，还能够按照美的理想进行创造，将审美理想融入人工制品中，使之成为具有审美价值、符合美的规律的艺术作品。人在创造艺术作品的过程中，使物质世界打上了自身的烙印，使艺术作品灌注了人的情感、智慧和力量，

③ 马克思，恩格斯．［M］．中共中央马克思恩格斯列宁斯大林著作编译局．北京：人民出版社，1979：125.

由此自然物转变为人造物，成为审美形象，这就是艺术美。

海德格尔在《艺术作品的本源》中以梵高画的《农民的靴子》为例向我们展示了艺术美的生存性意蕴。在生活的世界里，靴子是最为平常不过之物，艺术美从何而来呢？海德格尔认为艺术作品可以归于人所制作的物之中，有物的因素。然而，在艺术作品中所展现的绝非仅仅是物本身，“作品还能把别的东西公诸于世，它把这个别的东西敞开出来。”[①] 艺术作品虽是对现实生活的描绘，但它之所以能将现实之物转变为审美对象，使艺术美成为可能，就在于艺术作品中呈现出了人的生存境遇，人在艺术作品中确证自身的存在。

海德格尔对《农民的靴子》的解读是充满诗意的：“这硬邦邦、沉甸甸的破旧农鞋里，聚积着那寒风陡峭中迈动在一望无际的永远单调的田陇上的步履的坚韧和滞缓。鞋皮上粘着湿润而肥沃的泥土。暮色降临，这双鞋底在田野小径上踽踽而行。在这鞋具里，回响着大地无声的召唤，显示着大地对成熟的谷物的宁静的馈赠，表征着大地在冬闲的荒芜田野里朦胧的冬眠。这器具浸透着对面包的稳靠性的无怨无艾的焦虑，以及那战胜了贫困的无言的喜悦，隐含着分娩阵痛时的哆嗦，死亡逼近时的战栗。这器具属于大地，它在农妇的世界里得到保存。正是由于这种保存的归属关系，器具本身才得以出现而自持，保持着原样。”[②] 这表明了艺术美并非生活美的简单再现，而是人类生存境遇的显现和敞开。在艺术作品中，生活之物被照亮，人之存在得以显现。

① 孙周兴 . 海德格尔选集［M］. 上海：上海三联书店，1996：240.

② 同①：254.

同时，艺术为我们提供了一条超越现实的通道，创造了一个在有限现实生存之上的无限空间。现实生存空间总是有限的，这决定了任何人对世界的把握都是有限的。法国思想家卢梭说：“人是生而自由的，但却无往不处在枷锁之中。”[③] 然而，艺术美却为我们构筑了一个审美的乌托邦，敞开了一个精神解放、心灵复苏的诗意空间。

在美学史上，一些美学家始终将艺术审美与人之自由相关联。黑格尔认为：“审美带有令人解放的性质，它让对象保持它的自由和无限，不把它作为有利于有限需要和意图的工具而起占有欲和加以利用。”[④] 德国美学家席勒同样认为美是人类实现自身自由的必经之路，自由是美的真正价值，同时也是艺术的必要条件。只有通过美，通过审美教育，人们才能走向真正的自由王国。艺术审美为我们提供了一个精神生存的自由境界，不为社会的道德计较，当我们看到《富春山居图》（图 5-1）的时候，画面中峰峦起伏，井然有序；山间野屋，疏落有致；江水澄澈，风和日煦。我们仿佛一下子置身于富春山的美景之中，感受来自山野的宁静与绚丽，这些在现实生活中都是难以发现的。随着开阔的篇幅，我们畅然山水，思维也随之被引向浩渺的山间。由此，我们仿佛从无趣的日常生活中摆脱出来，进入了画家营造的绮丽幽静的画卷中，感受到浩渺开阔、自由美好的生存境界。在此意义上，艺术犹如晨钟暮鼓，促使我们透过现实世界，寻找人心底的世外桃源，找寻抵抗“异化”的内在力量。

③ 卢梭 . 社会契约论［M］. 何兆武，译 . 北京：商务印书馆，1980：4.

④ 黑格尔 . 美学（第一卷）［M］. 朱光潜，译 . 北京：商务出版社，1979：147.

图 5-1 《富春山居图》，元，黄公望绘，纸本水墨画，纵 33 厘米 × 横 636.9 厘米，前半卷：剩山图，现藏于浙江省博物馆；后半卷：无用师卷，现藏于台北故宫博物院

作为有独立意志、有智慧的人，我们能够进行自由的探索和选择，选择与创造理想的生活，这种生活不单单是物质的生活，更是精神的生活与审美的生活。在这种生活中，我们最大限度地体会到了生命的自由，摆脱了世俗的种种烦恼。在这个意义上，艺术为我们提供精神慰藉，刚好显现出审美生存的非凡价值。

特别是在工业化思维组织起来的现代社会，几乎每个人都被分配和镶嵌在整个工业生产的链条上的某个环节，被强制性的分工、机械化的生活所紧紧束缚，处于被蒙蔽的状态中，甚至意识不到现实功利法则、社会强制性机制的不合理之处。人被固定在僵化的有限世界里，丧失了人之为人的自由存在的本质。被“异化”了的现代人，感到现实的制约却又无力反抗，陷入失望和苦闷之中，需要精神抚慰。艺术美重建了一个想象中的审美乌托邦，拯救被压抑的人性，承担起精神抚慰的使命。法兰克福学派学者马尔库塞在《审美之维》中指出，艺术美的最大价值即在于它对传统、对现存世界的否定。在他看来，工业社会完善的技术已经悄无声息地形成了一个新的统治系统，单向度的管理阉割了人们内心存有的否定与超越意向，人们逐渐丧失了抵抗与批判的能力，从而变成“单向度的人”。因而，他赋予艺术美十分深刻的内涵及使命，认为“美学的历史地位将得到改变，美将在对生活世界的改造中，也就是说，在成为艺术作品的社会中表现出来。”① 艺术从现实的恒常过程中提取出真理，揭示社会本质，释放被压抑的人性潜能。

总之，艺术美作为对现实生活的超越性存在，能够使人们从日常生活的麻木状态中解脱出来，实现精神的自由。艺术美以特有的方式冲破束缚，引导人们走向更为广阔的天地。通过艺术美，通过对艺术作品的欣赏，人们摆脱现实的羁绊，达到心灵生活的澄明之境，达到对本真状态的体悟。经由艺术美，人们达到对自身生存的体察，对抗功利、庸俗、麻木的现实生活对人性的束缚。由于艺术美，人们抵达至精神畅快、心灵自由的美的世界，不觉陶醉其中。就像康德的长篇诗剧《浮士德》中写的浮士德那样，他不满无聊而空虚的尘世生活，忠于真理，勇于探讨，最终发现和进入真理和美的世界，在生命将息之际，他喊出“你真美啊，请停一停！”浮士德在美与真的世界里，领悟到人类生存的意义。人们在艺术美的生存世界里，生命意志得到张扬，精神得到超越，生命重新恢复生气和活力。

5.2.2　艺术美的形态

艺术美的形态往往是在特定文化环境中产生的审美意向的类型，是对艺术美的概括和结晶，集中体现了艺术美的不同表现形式。和谐与冲突、理想与现实、简淡与繁密、充实与空灵等都是艺术美的基本形态。

1. 和谐与冲突

和谐是艺术美的基本形态之一，指艺术对象通过诸层次恰当排列、诸元素适宜组合而呈现出的和顺协调的美。和谐是人类发现最早的美感之一。公元前 6 世纪，古希腊的毕达哥拉斯学派研究音乐节奏与数量关系，得出了“美是和谐”的认识，认为和谐就是所有对立因素的统一。可以说，和谐美是古希腊艺术的普遍特征。1820 年，米洛斯岛上发现了古希腊雕塑《米洛斯的阿芙洛狄忒》（又名《断臂的阿芙洛狄忒》），这件作品可以说是代表着古希腊和谐美的杰作，整个雕塑极具空间感，女性身体柔美典雅，垂落衣袍贴体流畅，达到了极尽完美的和谐统一。

和谐的艺术作品，要求各部分要相称相融，各得其所，部分与整体形成有机统一，给人均衡、平和的审美感受。新古典主义画家安格尔的《泉》（图 5-2），描绘一位少女伫立在悬崖前，她的右手穿过头顶抵着瓶子的底部，左手稍微弯

图 5-2 《泉》，法国，安格尔作，油画，纵 163 厘米 × 横 80 厘米，现藏于法国奥塞美术馆

① 高建平，丁国旗．西方文论经典（第 6 卷）［M］．合肥：安徽文艺出版社，2014：204.

曲托举瓶口，瓶内盛满的泉水，顺着瓶口流入清澈的水中。少女身体右侧有着大幅度的起伏，呈现出优美的曲线，与左侧身体的闲适姿态呈现出鲜明的对照，在简单又富有变化的线条中，显示出少女的文静和优雅。暖亮色的背景映衬出少女皎洁的身体，在和谐的映衬中将人们带入了一个宁静幽雅的世界。

与和谐相对的艺术美的形态是冲突。相较于和谐将多样化的元素寓于整一，冲突的美则是从内部展现各元素之间的对立与斗争。冲突的美既反映在艺术作品所描写的故事情节中，又反映在艺术作品的构成元素上。相较于其他艺术美的形态，冲突的美在戏剧和文学作品中显得尤为重要。现代著名戏剧家曹禺的《雷雨》讲述了周家、鲁家两代人几十年间的爱恨情仇纠葛，集中反映了那个时代一群人的悲剧命运。环环相扣的矛盾冲突好似是微弱的火光，相互辉映，引发了更为壮观的火势，最终造成冲天之势，所有矛盾终至无法挽回，只能在熊熊烈焰中烧为灰烬。深刻的冲突不仅是人物性格之间的冲突，其背后还是社会矛盾在人物身上的映射。

绘画等造型艺术也一样能够描写冲突美。鲁本斯的画作《劫夺吕西普斯的女儿们》(图 5-3)取材于希腊神话中宙斯的两个儿子卡斯特和波洛克斯抢婚的传说故事。画作将男方的抢夺与女方的挣扎展现得淋漓尽致。人物和马匹的重叠带来了旋风般的动感，构图呈现出大幅度的旋转，人物间的抗争，马的腾跃嘶鸣，都处在强烈的对撞中。通过有限的画面，我们感受到了两股力量间的冲突与对撞。

2. 理想与现实

理想与现实是艺术美的两种形态。艺术家在审美理想驱动下，超越和改造现实事物，使之成为具有理想化色彩的审美意象，这就是理想的艺术美。现实生活中的事物不可能是完美的，难免具有瑕疵或偶然性的因素。我们以现实的态度去看待现实事物，总能发现它有很多不完美的地方。然而，当我们以某种审美理想看待它、重塑它时，它在艺术作品中则呈现为理想化的审美意象。现实之物好像是一块未经冶炼的矿石，而艺术家的心灵则像是一座熔炉，现实之物在心灵的熔炉中发生化学反应，又在艺术家的锤炼下变为理想的审美意象。

图 5-3 《劫夺吕西普斯的女儿们》，佛兰德斯·鲁本斯作，油画，纵 224 厘米 × 横 210.5 厘米，现藏于德国慕尼黑美术馆

古希腊艺术普遍存在理想美的特征。波留克列特斯的雕塑作品《持矛者》，人体比例严格遵循他的审美理想。头占身体的七分之一，面部与手占身体的十分之一，脚掌占身体的六分之一，呈现出人体的理想美。除人体比例的精心设计外，在人体运动的表现方面，作品遵循着“对偶倒例”的法则，即将雕塑人体的重心放在右腿，左腿稍稍弯曲呈现放松姿态，左肩微微高于右

肩，头向右微侧，整个人体呈现出明显的倒“S”曲线，给人以自然、典雅的审美享受。

在西方造型艺术传统中，“S”形曲线或“蛇形线”被认为是具有理想美的线条。英国美学家荷加斯在《美的分析》中认为蛇形线是真正“富有吸引力的线条”①，最适合表现女性人体的优美。法国新古典主义画家安格尔的《大宫女》中的人体就采用了微妙的曲线，带有理想美的意味。画中宫女的上半身被人为地拉长了，腰椎骨比正常人多出了若干节。安格尔为了达成理想的形式美感，违背了成规的目的，如果没有这几节腰椎骨，那么背部的完美线条将无法呈现，宫女的优雅姿态也将会大打折扣。

与理想美相对的是艺术对现实美的发掘和表现。现实事物本无所谓美与丑，因为人的审美态度的介入，它才有了审美的价值与意义，呈现出特定的美的形态。在反映现实的艺术创作中，艺术家用最真实的态度考察身边的一切，力图公允、客观地表现事物，把它们在真实世界里的原有状貌直接呈现出来，不施粉墨，不加改造。

比如，法国现实主义画家库尔贝的画作《采石工人》（图 5-4）描绘的是库尔贝散步时亲眼看到的场景。画面中以素朴的笔触、真实的色彩层次，塑造了两个采石工人在炎炎烈日下辛苦劳作的场景。一老一小的身体占据了画面的大半篇幅，凌乱的地面、朴素的衣着、破旧的工具给予画面毫不虚构的真实，使人产生一种悲怆之感。画中的石工仿佛是我们身边的劳作者，画面是真实的，也是迷人的，尽显日常生活的生动气息。然而，艺术作品中那些闪耀着现实美的事物，并不等同于现实事物自身，它们仍旧是艺术家的

图 5-4 《采石工人》，法国，库尔贝作，布面油画，纵 160 厘米 × 横 259 厘米，现藏于德国累斯顿国立画廊

选择和创造。只是艺术家的眼光直接面对现实世界，尊重现实世界的逻辑，忠于现实生活的本来状貌，在现实中而不是在想象中发现美和表现美。艺术家通过作品直接揭开被掩盖、被忽略的生活本身，呈现艺术的美，而不是用臆想或美化去替代或美化现实世界的本来状貌。

3. 简淡与繁密

从艺术形式的布局中，艺术美的形态可呈现为简淡与繁密。简淡即通过最少的元素表现艺术家的思绪。简淡并非简单地描绘粗枝大叶的形象或似是而非的大意，而是要求通过最简练的元素，描绘事物形态，抒发内心情感。它要求艺术家对一切事物具有深邃体察，再与心中情感、观念相结合，在简淡中表达审美情思。

中国绘画自古就有“写意”传统，写意即区别于工笔的绘画表现方式，要求通过简练的笔墨提取，描绘物象的意态神韵。写意画家有着“不求形似”的主张，他们认为绘画不应该以真实细致地刻画表面为主，而应该“以形写神”，以艺术所展现的意蕴为主要旨归。宋代画家梁楷的《泼墨仙人图》以简练、饱满的笔墨传神地刻画出仙人圆润的五官、微驼的身躯，一位年迈、蹒跚的醉态老者形象跃然纸上。

① 威廉·荷加斯. 美的分析［M］. 杨成寅，译. 北京：人民美术出版社，1984：40.

西方现代抽象艺术中，同样呈现出了对于简淡的追求。俄罗斯抽象主义艺术家康定斯基的《构图八号》(图 5-5)，整个画面由直线、圆形、半圆形、三角形等几何色块构成，造型简单，构图明确。荷兰抽象主义画家蒙德里安的抽象绘画，艺术形象已经被简化为几何抽象符号，以平行线和垂直线的组合当作表现方式，借助色块分割与组合表达对生活的感受。

图 5-5 《构图八号》，俄罗斯，康定斯基作，抽象画，纵 140 厘米 × 横 210 厘米，现藏于所罗门·R. 古根海姆美术馆

繁密的主要含义即“满”。在艺术表现中，即除去主体内容外，其余部分铺设繁杂而多样的装饰元素。这种繁杂的艺术形态在中世纪哥特艺术、伊斯兰艺术中体现得尤为明显。德国科隆大教堂的外立面由繁密的垂直线条构成，教堂上方堆叠着密密麻麻的小尖塔。教堂内部空间也被繁多的彩色的玻璃花窗充斥，这些玻璃花窗总计约有 1 万平方米，光线透过玻璃窗，把教堂内部映照得斑斓闪烁。

维也纳分离派的代表画家克林姆特的绘画作品，通常在空间设置上异常繁密，画面上几乎没有空白的地方，皆为繁杂的装饰性色块所占据。克林姆特常常反复使用与叠加装饰性元素，营造琳琅满目的美感。在他的画作《吻》(图 5-6)中，相互拥抱亲吻着的一对恋人，身上穿着的衣服满是几何装饰纹样，周边还绘有无数的方块和草花式的卷曲纹样，近乎占据了画面的二分之一。这些相似的装饰性图案重复叠加，使画面变得繁复而多样，令人眼花缭乱。

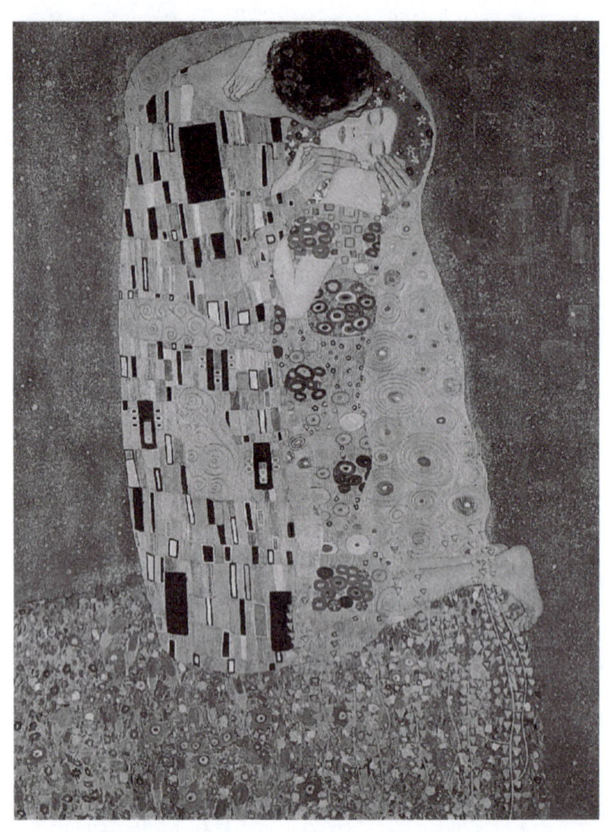

图 5-6 《吻》，奥地利，克里姆特作，布面油画，纵 180 厘米 × 横 180 厘米，现藏于奥地利美景宫美术馆

4. 充实与空灵

充实与空灵是中国古典艺术美的基本形态。充实美和空灵美是中国传统艺术对中国传统文化及其审美趣味的概括，也是中国人对精神生存境界的向往。

充实的概念源起于孟子对于人格美的评价。孟子认为人格可划分为六个等级，说：“可欲之谓善，有诸己之谓信，充实之为美，充实而有光辉之谓大，大而化之之谓圣，圣而不可知之之谓神。”[①]意思是说，个体通过自身的努力，可以追求并达到“善”“信”“美”“大”“圣”“神”这六种人格境界。将高尚良善灌注于生命中，充盈于人格里，处处映照出人性的光辉，这就是充实的人生境界。在此，孟子将“善”“信”“美”加以区别，认为“善”“信”属于道德范畴，只有“充实”才能以“美”相称。所谓“美”也就是将仁、义、礼、智等道德要求内化于人格之中，从而使外表熠熠生辉。美不单是外形之美，还容纳着道德之善。在“美”之后，更有“大”“圣”“神”等高阶境界。“大”比“美”更崇高、更强烈，类似于“壮美”。“圣”则是在“美”之上的一种创造与升华，成为道德楷模。而“神”则是一种非人力所能达到的理想境界。由“充实”到“神”的过程，便是由实到虚的扩展，充实的美学的内在逻辑即在于由实到虚，实中见虚，虚实相生。

清代画家石涛的画作《搜尽奇峰图》（图5-7）中，山峦叠起，巨石壁立，奇峰怪石，争奇斗艳，枯松嫩竹交相辉映，屋舍藏于山下，长城盘旋其中，整幅画被繁满物象所充实。在笔墨方面，石涛在此画中皴法稠密，笔触浑厚，同时在必要之处点满苔点，看似填塞充实，但却不落俗套，丘陵平江、山间小路，在充实中显露着灵动之感。

空灵美与禅宗思想有密切关系。禅宗中的“空”的概念，讲求人以无心去体味世间万物。这种“空”并非刻意，不是有意为之，而是无意之举。“空”的概念在被美学所吸纳后，形成了中国美学史中的“空灵”追求。“空灵”要求在艺术创作中能够以虚代实，以有尽的形象表现无尽的意蕴。密而满的画面虽能够在视觉上给人带来强烈的冲击，但却也限制了欣赏者想象力的发展，阻滞了欣赏主体的意趣。在“空灵”的画面中，观者则能够自由展开想象，进入一个超现实的无限世界，俯仰天地，极目远游。

清代画家笪重光在《画筌》中说：“空本难图，实景清而空景现；神无形可绘，真境逼而神境生。”[②]空灵之境需要实景的依托，在对实景刻画的基础上而显现。柳宗元的《江雪》“千山鸟飞绝，万径人踪灭。孤舟蓑笠翁，独钓寒江雪。”呈现出一幅空灵之境界，山、鸟、径等原为实在之物，但“鸟飞绝”“人踪灭”，境界由实转空，全诗之中的唯一实体是蓑笠翁，但孑然于寒江之上独钓，更显空寂之感。

在绘画史中，有许多画家都曾想用绘画呈现《江雪》的空灵意境，在这之中以南宋画家马远的《寒江独钓图》最为绝妙。画面仅由渔船、渔翁及几缕水波组成，除此之外，别无他物，其余部分都以空白本身来显现。天地之间，仿佛只有

图5-7 《搜尽奇峰图》，清，石涛绘，纸本墨笔画，纵42.8厘米×横285.5厘米，现藏于北京故宫博物院

① 杨伯峻.孟子译注［M］.北京：中华书局，1960：334.

② 笪重光.画筌［M］.北京：人民美术出版社，2016：7.

垂钓的老者，画面中的留白使“独钓”的空寂之感扑面而来。继马远之后，明代袁尚统也曾以此诗为题，绘画《寒江独钓图》。但他的这幅画中以实景画出远山、江面、枯树，空灵之境则不复存在，意境也闭锁了很多。

本章小结

本章阐释艺术美的概念，论证艺术与美的关系，探究艺术的定义和美的边界，描述艺术美的几种形态。

思考题

1. 什么是艺术美?
2. 论述艺术与美的关系。
3. 艺术美有哪些基本形态?

延伸阅读与参考书目

[1] 汪流等. 艺术特征论 [M]. 北京：文化艺术出版社，1986.

[2] 塔塔尔凯维奇. 西方六大美学观念史 [M]. 上海：上海译文出版社，2005.

[3] 奥尔布里奇. 艺术哲学 [M]. 陈孟辉，译. 北京：中国社会科学出版社，1986.

第 6 章　技术美

随着人类社会的高速发展，文明水平的不断提高，人们不仅要求科技产品能满足自己的实用需求，也要求其能满足自己的审美需求。也就是要求科技产品的实用价值与审美价值的统一。于是，技术与美的结合日益密切，出现了一种新形态的美——技术美。技术美是存在于技术领域的美，是社会美的一个特殊领域。不同于自然美和艺术美，技术美以有用性为前提，与功能密切联系在一起，要求实用与审美的统一。

6.1　技术美的产生与发展历程

6.1.1　技术美的产生

技术美这一概念源于西方，是现代科技和工业生产方式相结合的产物。技术美与技术密切联系，没有技术就没有技术美。技术产生于人类的生产劳动，是人类利用自然、改造自然的手段与方法。人们在利用自然、改造自然的过程中，应用技术来引起、调整和控制人与自然界之间的物质交换过程。因此，技术是人造物的基础。

技术的发展主要经历了两个阶段：传统手工业时代和现代机器生产的工业时代。在手工业时代，技术和艺术是融为一体的。手工业生产技术需要手工艺人亲手操作和亲身参与，以生产的直接经验和直观感受为基础，融入了人的情感与艺术想象。一件手工艺品的制作需要耗费大量时间和精力，精工细作，因此，手工艺品往往既具备实用价值，又具备审美价值。随着现代科学技术的发展，工业革命使得机器生产逐渐取代了手工生产。与传统手工业时代不同，现代机器生产的工业时代采用批量化、标准化的机器生产，虽然大大提高了劳动生产率，但是由于缺乏设计，大量产品形式粗糙，缺乏文化内涵。1851 年，伦敦世界博览会的展品就集中反映了这种矛盾。19 世纪中叶，为了展示工业革命的伟大成果，英国伦敦举办了世界上第一次国际工业博览会。它的展厅“水晶宫”一反传统的建筑材料和结构，采用玻璃和钢铁预制件建造，展现了技术美的风采。但是，“水晶宫”中展出的产品却与之形成鲜明对比：各国选送的机器生产的展品采用了各种各样的历史样式来装饰，显得烦琐俗气，华而不实。例如，法国送展的是一盏油灯，灯罩由一个用金、银制成的极为繁复的基座来支撑。一件女士们做手工的工作台成了洛可可式风格的藏金箱，罩以一组天使群雕，花哨的桌腿似乎难以支撑其重量。这些产品普遍滥用装饰，为装饰而装饰。由此，暴露出一个亟待解决的问题：在机器生产中，产品的实用价值和审美价值如何统一？正是在这种情况下，技术美学应运而生。从20世纪以来，国际上先后提出机器美学、技术美学（又称为工业美学）和设计美学的概念。至今，有关技术美学的研究已经有近百年的历史，成为美学的重要领域，为工业文明的发展提供人文价值导向。

6.1.2 技术美的发展历程

从西方历史来看，对于技术美的追求经历了三个历史阶段：第一阶段以拉斯金、莫里斯为代表，主张恢复手工业生产的实用与审美相统一的古典风格；第二阶段以苏利约、格罗庇乌斯为代表，主张产品形式与功能的统一；第三阶段，受20世纪人本主义思潮的影响，审美设计从产品设计扩展到人的整个生存环境的设计。具体而言，包括以下三个阶段。

1. 第一阶段：手工艺运动时期

前面已经提到，伴随着现代机器生产的工业时代的来临，打破了手工业时代的技艺一体的平衡。这一矛盾在伦敦万国博览会展馆——水晶宫中的展品中体现得尤为突出，引发了当时的一些艺术家的关注。他们认为机械化大生产的粗制滥造严重破坏了传统的田园牧歌式的审美情趣，主张回到传统的手工业生产，反对机械化大生产；在装饰上，他们反对矫揉造作的维多利亚风格，提倡哥特风格和其他中世纪风格；提倡自然主义风格和东方风格，推崇简单朴实的格调，这一运动被称为手工艺运动。其中最著名的代表就是英国的艺术批评家约翰·拉斯金和艺术家威廉·莫里斯。

约翰·拉斯金是手工艺运动的精神指导者，对手工艺运动产生了巨大的推动作用。他对机械化大生产感到不安，认为工业化生产和劳动分工剥夺了人的创造性，主张“回归自然”，复兴哥特风格，强调设计的实用性和为大众服务。他的思想对威廉·莫里斯产生了深刻影响。

威廉·莫里斯是英国“工艺美术”运动的奠基人。他践行了拉斯金的设计思想。他既否定了机械化的工业风格，又否定了装饰过度的维多利亚风，提倡中世纪、哥特式风格。与维多利亚时期烦琐的建筑风格截然不同，他设计的“红屋”采用了哥特式风格，获得设计界的广泛好评。他认为设计有两个非常重要的基本原则：第一，产品设计和建筑设计是为了服务于千千万万的普通大众，而不只是为了少数人的活动；第二，设计工作不是个体劳动，必须是集体的活动，这两个原则被后来的现代主义设计继承并得以发扬光大。

值得注意的是，拉斯金和莫里斯的初衷是反对工业生产，试图回到手工业生产，通过艺术化产品来抵制粗糙的机器产品，这显然是逆历史潮流而动的。但是他们提倡实用与审美并重的思想为后世的设计师所继承，成为技术美学的先驱。

以拉斯金、莫里斯为代表的手工艺运动代表了技术美学发展的第一阶段。这场运动对美国和欧洲各国产生了重要影响，促使了另一场更为深刻的设计运动——新艺术运动的产生。手工艺运动对精致合理的设计追求、手工艺的完好保存等理念在今天仍然具有一定意义。与此同时，这次运动也存在很多局限性。比如：艺术家们否定机械化的工业生产，提倡回归手工艺生产的复古主张并不符合历史发展潮流；过于强调装饰，增加了产品的费用，使得平民百姓无法享用，违背了设计为大众服务的初衷。

2. 第二阶段：功能主义与包豪斯

功能主义将技术美学的发展推入第二阶段。法国美学家保尔·苏利约是功能主义的先驱。苏利约突破了西方艺术家、哲学家所固守的康德信条：美是无利害的；美是无目的的合目的性。他在《理性的美》（1904 年）一书中指出："美和实用应该吻合、物品能够拥有一种'理性的美'，它的形式就是其功能的明显表现。"[①] 苏利约虽然没有明确提出"功能美"的范畴，但是他提出的实用与审美相吻合而产生的实用物品的"理性的美"，实际上就是后世所称的"功能美"。他的"实用物品的外观形式是其功能的明显表现"理论，实际上阐明了功能主义"形式服从功能"的基本主张。这是一种全新的眼光。从此，设计师们才把关注的重心从装饰挪到实用功能上来。他们认为产品的形式不是附加的装饰，而是合理地表现功能，是从产品的功能中必然生发出来的。一个合理的表现功能的形式必然是一个美的形式。

功能主义在西方各国产生了重要影响。其中，最具代表性的是德国的"包豪斯"。包豪斯为"国立魏玛包豪斯学院"的简称，后改称为"设计学院"，由德国建筑师沃尔特·格罗庇乌斯创办于 1919 年，是世界上第一所完全为发展设计教育而建立的学院。它标志着现代设计教育的诞生。格罗庇乌斯强调："新时代要有它自己的表现方式。现代建筑师一定能创造出自己的美学章法。通过精确的不含糊的形式，清新的对比，各种部件之间的秩序，形体和色彩的匀称与统一来创造自己的美学章法。这是社会的力量与经济所需要的。"[②] 包豪斯学派强调产品的实用价值与审美价值是辩证统一的。产品的美主要在于功能美。他们还提出了很多重要的设计美学观点，如"艺术与技术重新统一""设计的目的是人而不是产品""设计必须遵循自然与客观的法则"。包豪斯学派设计的很多作品都利用了工业时代的新材料，在结构和形式上注重符合人体形态特点，在制作上又符合现代工业化的生产方式，完美地实现了实用性与审美性的结合。比如，由格罗庇乌斯自己设计的包豪斯校舍在功能上方便实用，在形式上变化丰富，纵横有致，成为现代建筑的杰作。布兰德设计的"康登"台灯造型简洁优美，功能良好。布劳耶设计的瓦西里椅充分利用材料的特性，造型轻巧优雅，结构简洁明快，成为现代设计的典型代表。

总之，包豪斯的功能主义美学观对现代设计产生了深远影响，推动了现代设计由理想主义走向现实主义。其设计教育思想也一直影响着整个 20 世纪的欧美各国，被誉为现代设计的摇篮。

3. 第三阶段："迪扎因"与人的整个生存环境的设计

技术美学的第三阶段是"迪扎因"理念在各国的实践与流行。由于技术美与工业设计相对应，主要研究工业生产中的美学问题。但是，工业设计并不等于设计的全部，现代设计的内涵越来越丰富，包括环境设计、视觉传达设计等。于是，西方设计界逐渐兴起一个新词"迪扎因"

① 德尼·于斯曼．工业美学及其在法国的影响［C］// 吴火，《技术美学与工业设计》丛刊编委会．《技术美学与工业设计》丛刊第 1 辑．天津：南开大学出版社，1986：283.

② 同济大学，清华大学，南京工学院等．外国近代现代建筑史［M］．北京：中国建筑工业出版社，1982：70.

（Design）。迪扎因一词由英语词汇“design”音译而来，原意为设计、规划、构思等。技术美学也逐渐被设计美学所取代。在设计美学中，“迪扎因”的内涵非常广泛，它不局限于一般的设计规划，而是包括计划构思的形成，人们将计划构思解决问题的方式通过视觉传达的方式进行传达，以及之后的具体应用等。“迪扎因”已经成为一种文化整合。它的产品功能综合了社会经济的、科技的和文化的多重价值。因此，产品审美价值的创造，也必须以社会的、科技的和人文的知识的综合作为参照系。人们对技术美的追求也进入了第三阶段，不再局限于工业产品的设计，而是深入到人们的衣食住行等各个方面，把视野拓展到整个人类生存环境的设计。

6.2 技术美的本质与特征

6.2.1 技术美的本质

探讨技术美必须要把握技术美的本质。而探讨技术美的本质，首先有必要回顾一下美的本质。在前面的章节中，我们介绍了西方美学史上关于美的本质的探讨。在西方美学史上，对于美的本质的探讨主要可以分为两条路径。一条路径是从物质世界中去寻求美的本质，认为美存在于事物的物质属性中，如比例、秩序、和谐、色彩等，这条路径的主要代表有毕达哥拉斯学派、亚里士多德、博克等。这一派观点肯定了美是客观的存在，但是不能真正说明客观存在的美究竟是什么，何以是美的。另一条路径是从精神世界中寻求美的本质。这一派美学家又可以分为两大派，一派从客观精神（绝对理念、上帝的意志）中去寻找美的根源，如柏拉图的“美是理念”；另一派从主观精神（主体的情感、意志、直觉等）中去寻找美，以康德、尼采、叔本华、克罗齐等为代表，如康德认为美是主观的、无利害的快感。这一派观点极大地突出了主体在审美中的作用，但是却否定了美是客观的存在。回望西方美学史关于美的本质的探讨，大多以主客二分的思维模式为前提，将审美活动中的主体和客体分成两个相互外在的东西，然后以客观的态度对对象进行研究，这样的割裂使得美学研究走向片面化。事实上，美学活动中的主体与客体是相互交融的。存在于物质世界中的美也是物质与精神的相互渗透和统一，这一点已经被德国古典美学所认识，如黑格尔认为“美是理念的感性显现”[①]，这就已经强调美是主观与客观、形式与内容的统一，但是这种统一是由精神活动所产生的统一，而不是由物质的感性活动所产生的统一。

马克思主义美学第一次找到了精神与物质、思维与存在统一的现实物质基础，也就是人的劳动实践。马克思认为“自由的有意识的活动恰恰就是人的类特性”“有意识的生命活动把人同动物的生命活动直接区别开来”[②]。这里，“自由的有意识的活动”就是人的劳动实践。

人的劳动实践与美的创造之间有着密切联系。马克思曾经说过：“动物只是按照它所属的那个种的尺度和需要来构造，而人懂得按照任何一个种的尺度来进行生产，并且懂得处处都把内在的尺度运用于对象；因此，人也按照美的规律

---

① 北京大学哲学系美学教研室 . 西方美学家论美和美感［M］. 北京：商务印书馆，1980：190.

② 马克思 .1844 年经济学哲学手稿［M］. 北京：人民出版社，2000：57.

来构造。"[①]"动物只是按照它所属的那个种的尺度和需要来构造"是指动物的活动是一种本能，如蜜蜂、海狸、蚂蚁之类的动物虽然也可以营巢造窝，但是，它们是在只有肉体直接需要的支配下完成的，是一种本能。与动物不同，人的活动是有意识有目的的，是自由自觉的创造，他不局限于任何一个物种的尺度，而是"懂得按照任何一个种的尺度来进行生产"。马克思所说的"任何一个种的尺度"是指事物本身所具有的客观规律，也就是事物的"真"。人们在劳动实践中，必须认识它，遵循它，才能进行自由创造，实现预期目的。马克思所说的"内在的尺度"，也就是人本身需求的尺度，既要认识客观规律，又要符合人自身的需要，这两方面的结合就是"内在尺度"，也就是广义上的"善"。比如，中国古代第一部工艺造物专著《考工记》就详细记载了"弓"的制造过程。其中，就体现了工匠是如何将内在尺度运用于对象中去的。在制作弓之前，需要根据弓的不同部位选择合适的材料。弓分为干、角、筋、胶、丝、漆六种原材料，各种材料具有不同的功能：弓干用来使箭射得远；角用来使箭行进快速；筋用来使箭射得深；胶用作黏合剂；丝用来缠固弓身；漆用来抵御霜露。根据不同的功能，认识不同材料的质地、性能、硬度等，然后再根据人自身的需要，结合材料自身的性能特点，才能制造出弓。这里，弓之所以成为弓，就是弓的"内在的、固有的尺度"。人在认识客观规律的基础上，根据自己的主观需要，对材料进行加工，按照弓的"内在固有尺度来衡量"，才能制造各种各样的弓，使它既能满足人的日常生活需要，其形象又符合人的精神审美需求，因此，人也是按照美的规律来进行创造的。

技术美的本质是美的本质的直接显现。探讨技术美的本质，应该注意以下几点。

首先，技术美的根源在于劳动实践。技术美表现为两种形式：一种是人们进行生产实践的技术活动过程，还有一种是人们进行生产实践的技术产品。

一方面，人们在进行生产实践的技术活动时，是有目的有意识的，体现了人的自由创造，成为人的审美享受，是合规律性与合目的性的统一，技术与艺术合二为一。这一点在手工艺时代体现得尤为明显。《庄子·养生主》一书记载的"庖丁解牛"故事就生动地描绘了技术活动过程之美。庖丁为文惠君解牛，动作十分娴熟利落，如同一场充满节奏和音律的艺术表演，文惠君赞叹："技蓋至此乎？"庖丁回答从开始学习解牛，"所见无非全牛者"，到"恢恢乎其于游刃必有余地矣"的状态，关键在于掌握和熟悉了牛的骨骼生长特点和规律，"依乎天理，批大郤导大窾因其固然"。在这个过程中，庖丁已经消解了心与物之间的对立，达到了一种心物相融、物我合一、身心一体的状态，"以神遇而不以目视，官知止而神欲行"，即"乘物以游心"的高度自由境界。由此，"技"已经由一种单纯的技术操作转化成高度自由的审美性艺术创造过程。

另一方面，人们进行生产实践的技术产品凝结了人的智慧、力量，体现了人的自由创造，是人的本质力量的证明。从技术产品的感性形式能看到人的自由创造，看到人的智慧、力量和才能的实现，因而引起人的无限喜悦，产生美感。因此，美的根源同样也是技术美的根源，皆来源于主体的实践。

其次，技术美是合规律性与合目的性的统

① 马克思 .1844 年经济学哲学手稿［M］. 北京：人民出版社，2000：58.

一，是真、善、美的统一。人们在制造和使用工具参与物质生产的过程中，通过对自然界的客观规律的把握，按照客观规律改造自然，创造出满足人们生产生活需要的物质产品。这些物质产品凝结了人的智慧和才能，是人的本质力量的体现。技术美正是通过劳动实践，使人们感受到自身的力量，实现对自由王国的追求，如李泽厚先生所说："欣赏长江大桥、高速飞机或火车，就并不只是种形式美的观赏，而是能从其中感受到社会目的性，感受到社会劳动成果、社会巨大进程的内容，亦即进程的社会目的性成了对象合规律性（桥造得多么巧妙呀！这飞机多有气势！）的形式，善成了真的形式。人们直接看到的是善，是社会合目的性。飞机、大桥、摩天大楼是为人服务的，但它之所以能建成，却又是由于符合规律性（真）在起作用，所以说真（合规律性）成了内容。你从这里感到了善的形式力量和真的丰富内容。"[①] 在实现技术美的过程中，一方面，要认识和遵循客观规律（真），另一方面，要把握和实现主体的目的性（善）。因此，技术美是合规律性与合目的性的统一，是美与真、善的统一。

6.2.2 技术美的特征

按照审美形态来划分，美可以分为艺术美、自然美、社会美。技术美从属于社会美，是社会美的一个特殊领域，但是与艺术美、自然美有着密切的联系。

首先，技术美与艺术美相互影响，相互促进。一方面，艺术美促进技术美的发展和完善。在手工艺时代，技术与艺术往往是融为一体的。这从古今中外保存至今的优秀技术创造中可窥一斑，如中国的万里长城、北京故宫、苏州古典园林、埃及的金字塔、法国的凡尔赛宫等。这些技术创造既凝聚了创作者的精巧艺术构思，又体现了工匠们高超的技术水平。艺术与技术的融合起到了相互促进、互相辉映的作用。到了工业化时代，技术与艺术一度呈现出分离的趋势。机械化生产的产品出现了实用价值与审美价值的分离。这种现象引发了设计学界的关注，技术美学应运而生，强调艺术与技术的统一。到了后工业化时代，技术与艺术又渐渐趋向统一。主要表现为手工、机械、计算机技术三者并存。手工技术的温馨、自然，机械技术的快速、理性，计算机技术的自由、可复制性，三者取长补短，相互整合。

另一方面，技术的发展也直接影响艺术形式的流变。例如，传统博物馆的展览方式比较单一枯燥，只有静态的展品和标牌被封闭在冰冷的展示柜中，给观众一种只可远观而不可亵玩的距离感。然而，随着人工智能的飞速发展，现在的博物馆可以使用 AI 技术来打破时空的限制，创建更具互动性的展览。一些博物馆通过虚拟现实（VR）技术来创建逼真的体验，让观众身临其境地感受历史和文化。例如，在北京故宫博物院的 VR 展台上，观众可以观看 VR 作品"紫禁城·天子的宫殿"。在 VR 中，观众可以鸟瞰紫禁城，还能进行虚拟考古，深度探索故宫的地基，获得与现实中不一样的审美感受。观众还可以欣赏故宫角楼独特的"九梁十八柱七十二条脊"的建造过程，身临其境地感受中国古代工匠的智慧和力量。英国大英博物馆利用 VR 技术，制作了"古埃及文物之旅"等虚拟展览，让参观者身临其境地探索古埃及文明。AI 还可以用来创作虚拟人物，这些人物可以引导游客参观，解

① 李泽厚．美学三书［M］．天津：天津社会科学院出版社，2003：442–443.

释展品和历史背景。人们还可以利用 VR 设备线上观展，足不出户就可以获得丰富的审美体验。技术的发展推动了艺术形式的多样化，开拓了新的审美方式。

其次，技术美与自然美也存在着相互促进、相互影响的关系。自然美是存在于自然事物的美。自然事物之所以成为审美对象，本质上是因为人的社会实践实现了“自然的人化”，自然成为人的审美对象，从而具有了审美价值。而人的社会实践需要借助技术，因此技术美与自然美有着密切的联系。一方面，技术美的发展必须研究自然物的形式规律，如对称、均衡、比例、韵律、多样统一等各种形式法则所引起的审美感受。如仿生设计就是技术美对自然美的一种借鉴。另一方面，技术美的发展拓宽了自然美的领域。人们通过技术改造自然，如园林建筑设计、城市绿化设计、人居环境设计等，都为自然增添了不同的色彩，丰富了自然美。

由此可见，一方面，技术美是社会美的特殊领域，与艺术美、自然美有着密切的联系。但是，另一方面，与艺术美、自然美相比，技术美又有着自己的特征，具体表现在以下三点。

第一，功利性。功利性是技术美最重要的基本特征之一。技术产品是为人所用的，以效用、功能为前提而存在。这也决定了技术美与产品的效用、功能有着密不可分的关系，如战国时期韩非子就以粗陋的瓦器和贵重的玉卮做比较，认为瓦器虽然粗鄙，但是因为不漏就可以装酒。即使有价值千金的玉卮，非常贵重但不切实用：“夫瓦器至贱也，不漏可以盛酒。虽有乎千金之玉卮，至贵而无当，漏不可盛水。”[①] 因此，技术产品的制作首先应该以满足人的实用目的为前提。在这一点上，技术美不同于艺术美和自然美。艺术美、自然美是排除功利性的。艺术美、自然美给人一种精神上的愉悦和满足，以鉴赏为主要目的。康德强调的审美无功利，恰好契合自然美、艺术美的这一特性。

第二，依存性。技术美是一种依附于实用功能的美。德国美学家康德将美分为“自由美”（又称为纯粹美）和“依存美”：“有两种美：即自由的美和只是依存的美。前者不以对象究竟是什么的概念为前提；后者却要以这种概念以及相应的对象的完善为前提；前者是事物本身固有的美，后者却依存于一个概念（有条件的美），就属于受某一特殊目的概念的制约的那些对象。”[②] 从这段话中，我们可以得到启示：技术美与自然美、艺术美不同之处就在于它是一种依存美。技术产品是人们为了满足自己的需要，按照自然规律加工创造出来的产物。因此，它具有合目的性与合规律性相统一的特点：一方面，技术产品的实用目的内在地规定着各部分之间的相互联系；另一方面，产品根据目的充分地发挥功能，表现出生动的直观形态，并为人们所感知和欣赏。产品的功能和形式相互交融，成为一个有机整体，也就构成了技术美。也就是说，只有符合于一定使用目的，产生出积极效果，同时不失其审美魅力时，技术美才能成立。因此，技术美是依附于产品的实用功能的，具有依附性。

第三，时代性。技术美与艺术美、自然美一样都具有感性形式。但是，技术美的感性形式是随着科技的发展、人们的价值观念、审美意识的发展而随之变化的。首先，新技术、新材料、新

① 韩非子·外储说右上［M］// 王先慎 . 韩非子集解 . 北京：中华书局，1998：347.

② 李醒尘 . 西方美学史教程［M］. 北京：北京大学出版社，2005：216.

工艺的出现必然会推动技术美的新样式的产生发展。工业革命使得人类从手工业时代过渡到机械化大生产时代，机械化大生产时代要求创造适合流水线、大批量、大规模生产的技术美的样式。造型简洁、线条流畅、几何形结构成为这一时期的技术美样式的主要特点。随着信息时代的来临，人们从机械化时代过渡到计算机技术的信息时代，产品设计由传统的注重产品物化形态设计转向“非物质”性产品设计，以非物质的虚拟设计、数字化设计为主要特征。信息时代的技术美也出现了新的样式。比如，设计手机，过去仅需要设计手机本身的外观，现在则需要关注用户在使用手机时能否让人产生愉悦的感觉，注重人与产品之间的交互体验。因此，苹果的 iPhone 和 iPad，都是极简主义风格，专注于交互功能美。其次，人们的价值观念、审美意识也会推动技术美的样式随之变化。自 20 世纪 60 年代以来，世界各国开始进入大审美经济时代，并且渗透到日常生活的方方面面。越来越多的人通过商品消费来追求审美愉悦。人们对于整齐划一、千篇一律的产品样式越来越不满，要求产品富有个性、人情味，正是在这种社会审美观念的推动下，现代产品设计的样式跳出功能主义美学的圈子，从现代风格发展为后现代风格。

6.3　功能美

功能美是技术美的核心范畴，是技术美区别于自然美、艺术美的重要标志。技术美不同于自然美、艺术美，不能脱离产品的实用功能去追求纯粹的精神愉悦，必须把产品的功能与审美有机地统一起来。因此，功能美是设计产品的功能具有合规律性与合目的性相统一时显现出来的美。合规律性是指人类掌握、运用客观规律对客观物质材料进行加工、改造，合目的性是指设计产品符合人的目的需要。一切产品都是人为了实现自己的某种目的，掌握运用客观规律，在此基础上对物质材料进行加工、改造的结果。当产品实现它的预定功能时，合目的性与合规律性达到一种统一，就表现出一种功能美。因此，功能美是合目的性与合规律性的统一，是产品功能与形式的统一。

6.3.1　美学史上关于功能美的探讨

在美学史上，关于功能与美的探讨源远流长。在西方，古希腊哲学家苏格拉底最早把美与效用联系起来，认为“任何一件东西如果它能很好地实现它在功用方面的目的，它就同时是善的又是美的，否则它就同时是恶的又是丑的”①。古罗马建筑家维特鲁威在《建筑十书》中提出建筑三原则为“坚固、实用、美观”。我国先秦时期的墨子提倡“节用”“利人”；韩非子以瓦器和玉卮做比较，强调器物要以满足人的需要为前提；《周易》提出“备物致用”，这些哲学思考都论及了美与效用的关系，为后人探讨功能美奠定了基础。

自 20 世纪以来，随着设计美学的兴起，人们越来越关注产品的功能与美的关系，功能美成为现代设计美学的一个核心概念。西方设计史上曾经出现过将功能与审美加以割裂的片面观点，如 19 世纪 70 年代，芝加哥学派的重要代表，美国建筑家路易斯 · 沙利文提出了“形式追随功

① 北京大学哲学系美学教研室 . 西方美学家论美和美感［M］. 北京：商务印书馆，1980：19.

能”的口号，强调“哪里的功能不变，形式就不变”，树立了现代功能主义的设计理念。此后，包豪斯提出“艺术与技术的新统一”，“设计的目的是人而不是作品”，“设计必须遵循自然法则来进行”等观点，柯布西埃宣称“住房是居住的机器”，密斯·凡·德·罗提出“少即是多”，这些成为功能主义的典型代表。“二战”后的国际主义，继承了现代主义的风格，具有反装饰传统、形式简洁大方、注重实用功能、理性主义的特点。由于受密斯·凡·德·罗的“少即是多”的观点影响，国际主义片面强调减少形式的同时，却漠视了人们对于功能的需要，使现代主义所推崇的功能第一，形式第二的理念走向了极端，将功能与装饰截然对立。

随着现代工业设计的发展，人们对于功能美的认识更加深入。德国工业设计师提出 TWM 系统功能理论。他们认为产品的功能主要包括三方面：技术功能（T）、经济功能（W）和与人相关的功能（M）。其中，技术功能主要指产品物理化学方面的技术要求；经济功能主要指产品成本和效能；与人相关的功能则包括产品使用的舒适性、视觉上的愉悦美观等。这些功能美包含实用、经济、美观多个层面，突破了以往将功能美理解为狭隘的实用功能的局限性。

总体看来，现代设计美学中对于功能美的认识经历了几个不同的发展阶段。从只注重功能而反对装饰的狭隘的“功能主义”到将实用、经济、美观融为一体；从把功能简单地理解为有用性到把功能美看成是一种从感性到理性，从物质到精神的合目的性；从把功能与形式相互割裂到把功能与形式统一，人们对于功能美的认识越来越成熟。

6.3.2　功能美的性质

功能美的出发点是人，满足人的需要。人的需要既有物质需要，又有精神需要。因此，产品的功能不仅要适应人的物质需要，而且要适应人的精神需要。因此，功能美的性质包括实用性、适用性及愉悦性。

首先，功能美的实用性是指产品必须具备最基本的形态和使用价值，以满足人的物质需要，给人们的生活带来便利，使人们从中获得愉悦和满足而引起美感。功能美的实用性是功能美最基本的性质。早在原始社会，从我们的祖先学会制作工具开始，人们就感受到器物的实用性给人们带来的便利，自然而然地产生了审美愉悦。比如，出土于许家窑文化的石球，已经具有圆润、光滑、便于拿握的美感。这些石球是用于猎杀野兽的，粗大的石球可直接投掷野兽，中小型的石球可用作飞石索。出土石球的同时，还发现大量动物化石，有野马、披毛犀和羚羊等，其中，有 300 多匹野马化石，这有力证明了许家窑人用石球猎获野马。又如，丁村文化出土的大三棱尖状器，厚端打出手握部分和双肩，薄端打成锥状，顶部小心地修出尖峰，便于拿握、切割。又如，原始陶器的造型多为球形，因为它能以最小的周边构成最大的容积，节省用料，也便于成型。原始陶器还有很多附件，如盖、耳、鼻、足等，也体现出功能美的实用性。器盖主要是为了保持器物内部食物的干净整洁，器耳则是为了系绳的需要。陶器的足部多为三足，主要是便于烧火，而且具有稳定性。又如，新石器时代出土的用于盛取和进食饭羹的匕，造型一般都很简练，表面光滑，呈流线型，这样方便盛取食物，也不易沾粘食物。这些都表明人们在没有完全形成形式美的感官之前，制作器物的行为大多是带有目的性的。而在制作工具的过程中，人们通过对物质材料的加工处理，逐渐掌握了物体的对称、均衡、韵律、节奏等形式美法则，并从中获得审美享受。

其次，功能美的适用性是在实用性的基础之上更进一层的性质。适用性，即“以物适人”。它不仅指产品满足人们的实用需求，而且使用起来还非常方便与舒适，从而产生审美愉悦。它体现为人与物之间的协调关系，这里首先考虑的是“人”，造物设计必须符合人在不同环境中使用的方便性与舒适性，体现了“以人为本”的设计理念。

例如，《考工记·弓人》篇就记载了根据人的不同性格，配备不同的弓：“凡为弓，各因其君之躬志虑血气”[①]。如果一个人体格矮胖，性格缓慢，就应该配备强劲急疾的弓和柔缓的箭：“丰肉而短，宽缓以荼，若是者为之危弓，危弓为之安矢。”如果一个人刚毅果断，性格急躁，就应该配备急疾的箭和柔软的弓：“骨直以立，忿埶（势）以奔，若是者为之安弓，安弓为之危矢。”[②]这是因为，如果一个人性格缓慢，再使用柔缓的弓箭，箭行的速度就慢，自然很难命中目标，即使射出也无力深入。如果一个人性情急躁，再使用强劲急疾的弓箭，很容易就射偏。这种根据不同人的性格使用不同的弓，就体现了功能美的适用性，也体现出现代人体工学和设计心理学的精髓。

最后，功能美的愉悦性是在实用性、适用性的基础上产生的综合效应。它是指产品在使用过程中，能引起使用者赏心悦目、心旷神怡的精神快感。值得注意的是，功能美的愉悦性与自然美、艺术美的愉悦性有着明显不同，自然美、艺术美的愉悦性往往是排除功利的实用目的，是一种精神愉悦性。而功能美的愉悦性则是建立在实用性的基础之上的。当器物在满足使用者的实用需求的基础上，能更加轻巧、便利、高效，就会让使用者获得一种超越了使用功利性的精神愉悦与满足。因此，功能美是通过超越其固有的功利性而达到审美境界的。传统美学认为如果人以功利的目的对待客体，那么人就会被自身的目的性所束缚，被外物所奴役，不可能达到自由的精神境界。但在造物活动中，功能需求的满足固然有其限制精神的一面，但同时它的满足也为精神的上升提供了可能性。比如，美国设计师迈克尔·格雷夫斯于1985年设计的《自鸣水壶》（图6-1），壶嘴停立着一只小鸟。每当烧水至沸腾时，会有提醒声从壶嘴发出，就好像小鸟在鸣叫，非常有趣。人们在使用水壶时会被这愉悦的鸟叫声感染，听着这声音就像身处在丛林一样，舒适惬意，身心愉快，连烧水这件平凡的事情也变得欢快了。又如，丹麦设计师保尔·汉宁森设

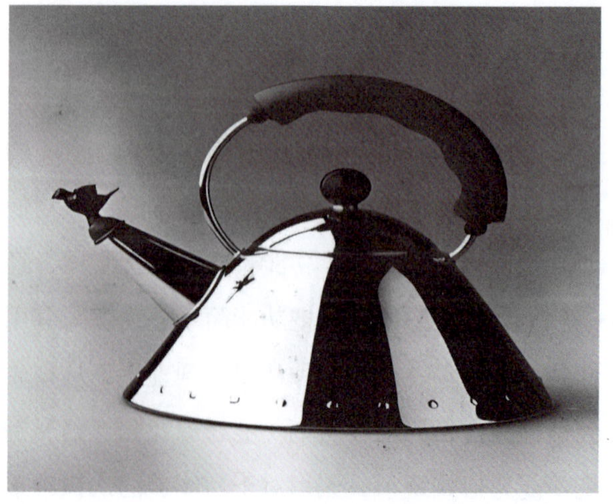

图6-1 《自鸣水壶》，美国，迈克尔·格雷夫斯设计，1985年

① 闻人军.考工记译注［M］.上海：上海古籍出版社，2008：148.

② 同①.

计的《PH 系列吊灯之松果吊灯》(图 6–2)拥有多重同轴心遮板以辐射眩光。光线通过一层层的灯罩，消除了一般白炽灯的阴影，看起来柔和而又均匀。而且，通过灯罩的阻隔，在客观上避免了光源眩光对眼睛的刺激。经过分散的光源缓解了与黑暗背景的过度反差，更有利于视觉的舒适。另一方面，灯罩的造型十分优美典雅，线条流畅飘逸、变化错综简洁，给使用者一种赏心悦目的快感。

图 6–2 《PH 系列吊灯之松果吊灯》，丹麦，保尔·汉宁森设计

6.3.3 功能美中功能与形式的关系

功能美中功能与形式的关系是一个十分重要的问题。功能美是产品内在功能的一种充分的、相适应的、生机盎然的外在表现。产品的造型、结构、材料、色彩等外在形式往往是其内在功能目的的体现。因此，功能美是功能与形式的辩证统一。

首先，功能的合目的性是功能美的前提，不能脱离产品的功能而追求纯粹的形式美。一件产品如果不符合人的需求，不能使用，无论它的形式多么美观也不能称为功能美。我国著名美学家李泽厚先生也说过：“注意功能美便成为一个很突出的问题。认为物品的功能就是工艺的美，这是错误的；但不顾物品或远离物品的功能来追求工艺美，也是错误的。现代健康的倾向是，注意尽量服从、适应和利用物品本身的功能、结构来做形式上的审美处理，重视物质材料本身的质料美、结构美，尽量避免作出不必要的雕饰、造作。”①

其次，功能美中合理的功能形式就是美的形式。例如，日本美学家竹内敏雄所说：“功能的合目的的活动所具有的力的充实与紧张并在与之相适应的感性形式中的呈现”②。功能与形式密不可分，一个合理地表达了功能的形式自然也是一个美的形式。形式美是由功能自然而然地引出的。在中国古代设计史上，有很多这方面的典范，如汉代的“长信宫灯”整体造型是一个跪坐着的宫女。宫女右手的袖口自然垂落，巧妙地形成了灯罩，同时右臂与灯的烟道相通，以手袖作为排烟的管道。宫女的左手则向上托举着自成的灯盘，在灯盘的中心处有一根烛钎，用以插拔蜡烛。灯罩可以左右开合，以便任意调节灯光的亮度。由于宫女的身躯与右臂都是中空的，在灯盘中心和烛钎上插上蜡烛，点燃后，烟会顺着宫女的袖管进入体内，而这些烟雾在经过底层水盘的过滤后得到了充分的净化，能够有效地维持室内的清洁。又如，明式家具中椅子的靠背设计也是功能与形式完美结合的典范。明式家具椅子的靠背呈“S”形曲线，这是与人体脊柱相适应的，

① 李泽厚 . 略论艺术种类［C］// 美学论集 . 上海：上海文艺出版社，1980：369.

② 徐恒醇 . 技术美学［M］. 上海：上海人民出版社 1989：156.

使人体靠坐时获得舒适的感受。

综上所述，技术美是社会美的一个特殊领域，是现代科技和工业生产方式下的产物。

西方历史上对于技术美的追求经历了三个历史阶段：第一阶段以拉斯金、莫里斯为代表，主张恢复手工业生产的实用与审美相统一的古典风格；第二阶段以苏利约、格罗庇乌斯为代表，主张产品形式与功能的统一；第三阶段，受20世纪人本主义思潮的影响，审美设计从产品设计扩展到人的整个生存环境的设计。

技术美的根源在于劳动实践。技术美是合规律性与合目的性的统一，是真、善、美的统一。一方面，技术美与艺术美、自然美有着密切的联系，是社会美的特殊领域。但是，另一方面，与艺术美、自然美相比，技术美有着自己的特征：功利性、依附性和时代性。功能美是技术美的核心范畴，是技术美区别于自然美、艺术美的重要标志。功能美具有实用性、适用性与愉悦性的特点。功能美中功能与形式是辩证统一的。

本章小结

本章主要探讨技术美。主要内容包括技术美的发展历程、技术美的本质特征、技术美的核心范畴功能美等问题。

思 考 题

1. 简述技术美的发展历程。
2. 简述技术美的本质特征。
3. 简述功能美的性质。
4. 功能美中功能与形式的关系是什么？

延伸阅读与参考书目

［1］孔寿山．技术美学概论［M］．上海：上海科学技术出版社，1992.

［2］徐恒醇．设计美学［M］．北京：清华大学出版社，2006.

［3］陈望衡．艺术设计美学［M］．武汉：武汉大学出版社，2004.

［4］涂途．现代科学之花：技术美学［M］．沈阳：辽宁人民出版社，1986.

［5］张帆．当代美学新葩：技术美学与技术艺术［M］．北京：中国人民大学出版社，1990.

第7章　优美与崇高

审美范畴是人们对某些特定类型的审美形态的认知，反映人们对特定审美对象的感受与体验。人们对不同类型的审美形态及其审美体验进行分类和评价，概括为一些基本的审美概念，如优美、崇高、悲剧、喜剧、丑、荒诞等。其中，优美与崇高是迥然相异的两种基本的审美形态。优美宁静和谐，给人以舒畅而平和的美感，而崇高则以雷霆万钧之势压倒一切，给人以震撼的美感。无论是中国的还是西方的审美文化实践，在优美与崇高这两类审美形态上，都有非常丰富的审美经验与相当辉煌的艺术成就。

优美与崇高的审美形态及其审美体验，广泛体现于人类一切审美活动中，特别是在人类艺术实践活动中有集中体现。文学、艺术是人类追求各种审美价值，探索各类审美体验的集中体现，也是人类对人类生存行为及境况所持的基本文化态度和评价。由于所处的物质生存环境和文化环境不同，不同的族群和民族持有不同的审美价值和审美观念，不同的个体又持有不同的审美品位和喜好，形成不同的审美文化和艺术风格。但是，不同的族群、民族乃至个体的审美价值、审美观念、审美创造仍旧能够体现出一些基本的形态或类型，如古希腊雕塑艺术静穆优雅和谐，是令人心醉的“优美”；而中国古典园林曲径通幽，意境深远，令人流连忘返，也是一种耐人寻味的“优美”；西方中世纪的哥特式大教堂巍峨高大，塔林耸立，遮天蔽日，教堂内幽暗阴森，彩色玻璃窗散发着迷人的光线，这是令人窒息的“崇高”的美；而中国古代的豪放派诗词高歌“大江东去，浪淘尽，千古风流人物”，或者慨叹“金戈铁马，气吞万里如虎”，同样豪情万丈，气吞山河，这是充斥天地的阳刚之美，近似于“崇高”之美。

审美形态代表了某一类型审美意象在特定社会文化环境中的流行，带有时代特色和民族特色。审美范畴就是对这种特定审美形态的概括和结晶，是对审美标准、观念、意象等的规范化表达。因此，这些审美范畴是特定范围内的审美价值和观念上的共识或规定，在人们的审美实践活动中起到规范和指导的作用。

7.1　优　美

优美是美学的一个基本范畴，指给人以宁静而愉悦的、柔媚而舒畅的审美形态，它的特征是和谐而不至冲突，平静而不至喧嚣，温和而不至狂暴，轻松而不至沉重，畅快而不至压抑，柔媚而不至刚烈，细腻而不至粗粝，张弛有度而不至大开大阖等。这也就是人们常说的“美”，即最普遍的一种审美体验，诸如人们见到春和景明、莺飞草长，抑或和风细雨、杏花江南，又抑或花前月下、卿卿我我等，这些美好的情境都给人以舒畅、宁静而又美好的体验。

美学史上关于“优美”的理论的探索与讨论非常丰富，其中德国哲学家和美学家康德关于优美的定义与分析产生了深刻的影响。康德的《判断力批判》对“美”（即优美）的分析非常精彩，定义“美”是令人感到愉悦的，是普遍而不需要借助概念的，是无目的的合目的性形式。康德认为，优美是一种无目的的意象，它超越了功利和实用的考虑，纯粹地通过感官和情感体验产生美感。康德将优美分为自然优美和艺术优美两种类型。在自然界中，康德认为优美是一种感性直观的经验，它超越了理性的思考和判断，直接通过感官对自然景观的感受和体验产生美感。康德也指出，只有当我们将自然界中的事物视作美的对象时，我们才能真正欣赏到它们所展示的美。在艺术领域中，康德认为优美是由人类的创造力和审美意识塑造的结果。康德将优美与崇高作为两种迥然相异的审美形态并列，对比分析，指出优美是矛盾尚处于稳定的状态下、气氛和谐的一种审美形态和审美体验，如和风细雨、莺歌燕舞等，而崇高则是事物处于激烈对抗状态、有压倒一切的力量和气势的一种审美形态和体验，如黑云压城、雷霆万钧等。优美使人迷恋沉醉，而崇高则使人大为震撼。

除康德之外，历代哲学家与美学家关于“优美”的理论都有丰富的讨论。例如，古希腊哲学家柏拉图认为优美能够“引起快感，并不和痛感夹杂在一起”[①]，是纯粹而绝对的美。亚里士多德认为优美具有秩序、匀称和确定性等特点，优美体现于事物的匀称形式和协调的比例等。18 世纪，德国美学家赫尔德将优美视为自然和谐的表征。同时代的德国浪漫主义美学家席勒则强调了优美的个体化和无法定义性，认为它是一种瞬间的情感启发。这些关于优美的理论既有对事物的形式和结构的关注，也有对人的感知和欣赏能力的关注。无论如何，优美作为美学的重要范畴，是人们审美体验和情感共鸣的重要源泉，也是文化与艺术发展的核心要素。

作为美学范畴内的一个概念，“优美”有丰富的审美心理内涵和文化内涵。优美的审美心理内涵表现为对美的欣赏和感受，是指个体对于美的自然风景、美的事物、美的人体、美的生活和美的艺术作品的审美体验，体现为对事物的形式美的欣赏，体现为社会生活中人与人之间的情感共鸣，体现为对温情脉脉的生活世界的热爱，体现为对艺术的创造和欣赏等。对形式美的欣赏，如在视觉艺术欣赏中关注和感受颜色、形状、线条、纹理等元素，对一幅色彩鲜艳、构图合理、形式感强烈的绘画作品，人们不免心生愉悦，享受美好。在社会生活中，人与人相处，在合作共事中或者在追求共同的事业中，发生情感的共鸣，这也是一种美好的情感体验，因为他们由此认识到人类可以心连心、手拉手。人们也可以通过欣赏艺术品与艺术家实现情感的共鸣，因为人们在艺术品里看到他们自己，由此把自己的心灵与艺术家的心灵联结在一起，通过艺术品同感此

① 北京大学哲学系美学教研室．西方美学家论美和美感［M］．北京：商务印书馆，1980：35.

美。当然，美感体验不仅仅停留在表面形式上，而是深入到作品或事物的内涵、象征和意义之中。比如，人们阅读一部富有思想性和哲理的小说，可以引发对人生、道德和存在的思考，带来一种深邃和丰富的美感。

不同的文化背景会影响人们对于美的理解和追求，从而形成独特的审美文化内涵。美的事物、美的生活及美的艺术作品能够反映出特定文化关于美的价值取向和认知方式，这是优美的审美文化内涵。譬如，中国传统文化注重“和谐美”，强调平衡、和谐、内敛等审美价值。中国古代绘画追求画面均衡和笔法内敛，中国传统建筑讲求布局对称和秩序井然，中国古典园林讲究曲径通幽、意境虚实相生，中国古典诗词主张意象深远、意蕴含蓄等，都体现了中国审美文化中的“和谐美”的内涵。

作为一种普遍的审美体验和审美形态，“优美”在艺术实践中有集中而丰富的表达。古希腊人追求感官的愉悦与审美的满足，将优美作为一种追求和表达人类理想的方式。古希腊艺术把优美作为最高的审美理想和审美规范，致力于探索和谐优雅的美的艺术形象。古希腊艺术家竭力探索和推敲完美的形式和和谐的结构，他们注重人体的完美比例和动作姿态，并将其运用于雕塑和建筑中，展现了优美的艺术形象。米隆的雕塑作品《掷铁饼者》，菲狄亚斯的《雅典娜》以及波留克列特斯的《执矛者》等，展示了高尚的神情和庄重的面容，以及健美的身形和迷人的曲线，表现出静谧而优雅的美。这既是一种自然主义的美，也是一种理想主义的美。德国艺术史家温克尔曼说：“希腊艺术杰作的一般特征是一种高贵的单纯和一种静穆的伟大。既在姿态上，也在表情里。”[①] 这些作品所传递的美感是单纯、静穆和和谐的，是优美的审美形态的典范。

古希腊的雕塑作品呈现出人体的完美比例与肌肉的丰满，通过平衡的姿态和优雅的动作，表达了力量、和谐和自然之美。同时，古希腊建筑则以规范的几何结构、对称的布局、有序的空间为特点，体现了统一协调的审美观念。古希腊建筑注重运用平直的几何结构，建筑物通常采用笔直的线条、简明的几何体块，如采用矩形、正方形和圆柱体，构成神庙、剧场、广场等，可谓逻辑简明，结构优雅。例如，帕特农神庙是古希腊最著名的建筑之一，它采用了对称设计，正面有 8 根立柱，两侧各有 17 根，形成了和谐庄重的建筑格局以及简洁而优雅的建筑形象。古希腊建筑注重以体块和空间的有序排列来营造优美的审美感受，建筑构件如墙壁、柱子和屋顶，都经过精心布局和组合，给人以和谐有序、协调整齐的审美感受。这也是优美的审美形态的典范。

“优美”的审美形态在绘画、音乐和诗歌等其他艺术中也多有表现。在绘画艺术中，画家描绘出优雅宁静和谐的美的绘画形象，给观众以赏心悦目的美好感受，触动他们的审美感情。画家通常精心推敲良好的构图和绝妙的色彩搭配，使用舒展而富有意味的线条以及细腻的笔触，描绘出优美而优雅的绘画形象，呈现出和谐的视觉效果。文艺复兴时期意大利画家达·芬奇的《蒙娜丽莎》（图 7-1）以极具神秘感的微笑和迷人的眼神吸引着观众的目光。画面中的细节处理非常精细，加上作为背景的烟水一般迷离的风景，使

① 温克尔曼．关于在绘画和雕刻艺术里模仿希腊作品的一些意见［M］// 宗白华．西方美学名著译稿．重庆：重庆大学出版社，2014：1。

图 7-1 《蒙娜丽莎》，意大利，达·芬奇作，油画，纵 77 厘米 × 横 53 厘米，现藏于法国卢浮宫博物馆

整个作品呈现出一种神秘而平静的美感。再如，法国印象派画家莫奈的《睡莲》（图 7-2）以细腻的色彩和生动的光影表现出了正午光线下睡莲的美丽和优雅。画面上的柔和的颜色，水面上花叶的倒影，呈现出了一种梦幻般的静谧氛围，给人以宁静和惬意的美感。荷兰后印象派画家梵高的《星空》（图 7-3）以强烈的对比色彩和旋转的笔触展示了夜晚的景象。画面上的蓝色和金黄色相互碰撞，形成了一个充满活力和浪漫的场景，给人一种深深的震撼和美感。他的另一幅作品《向日葵》（图 7-4）以生动鲜明的色彩和流

图 7-2 《睡莲》，法国，莫奈作，油画纵 151.4 厘米 × 横 201 厘米，现藏于德国慕尼黑美术馆新馆

图 7-3 《星空》，荷兰，梵高作，油画，纵 73 厘米 × 横 92 厘米，现藏于美国纽约现代艺术博物馆

图 7-4 《向日葵》，荷兰，梵高作，油画，纵 91 厘米 × 横 72 厘米，现藏于德国慕尼黑新美术馆

畅的线条展示了向日葵的美丽。画面中的黄色和绿色相互辉映，形成了一种明亮和欢快的感觉，给人以一种温暖和喜悦的美感。

中国传统绘画通过对线条、形象、色彩和细节等的处理，呈现出华美、内敛、自然的审美观念和审美形象。东晋画家顾恺之的《洛神赋图》（图 7–5）的宋代摹本，以细腻的线条和优美的姿态描绘了洛神的美丽形象。画面中的洛神及其侍女婀娜多姿，线条优雅流畅，传达出一种温柔和灵动的美感，给人以静谧和优雅的感觉。北宋画家张择端的《清明上河图》（图 7–6）以细腻的绘画技巧和精确的细节描绘了北宋汴京的繁忙景象。画面中的人物、建筑、树木等元素构成生动的场景，呈现出了一种熙熙攘攘、繁华兴盛的美感，给人以活力和喜悦的感觉。清代画家虚谷的《松鹤延年图》（图 7–7）以柔和的墨色和精

图 7–5 《洛神赋图》（局部），东晋，顾恺之绘，宋摹本，绢本设色，纵 27.1 厘米 × 横 572.8 厘米，现藏于北京故宫博物院

图 7–7 《松鹤延年图》，清代，虚谷绘，纵 184.5 厘米 × 横 98.3 厘米，现藏于苏州博物馆

图 7–6 《清明上河图》（局部），北宋，张择端绘，绢本设色，纵 24.8 厘米 × 横 528.7 厘米，现藏于北京故宫博物院

神焕发的松鹤形象展示了长寿的美好寓意。画面中的松树和仙鹤与自然环境融为一体，呈现出了一种自然与祥和的美感，给人一种宁静和舒适的感觉。再如，近现代画家张大千的花鸟画作品以简洁明快的笔触和丰富的用色呈现出了生动的花鸟形象。画面中的花朵、树木和鸟类，形态各异，流畅而富有生命力，给人一种自然和谐的美感。

很多音乐作品通过优美流畅的旋律、和谐有序的节奏、巧妙精准的和声等组织成精妙绝伦的音乐形象，给听众以美的享受。古典主义音乐家莫扎特的《G 大调弦乐小夜曲》典雅华丽，荡漾着活泼欢乐的青春气息。第一乐章以活泼流畅的节奏和短促华美的八分音符颤音开始，引出一段活泼优雅的旋律，充满了明朗的情绪色彩和欢乐的青春气息。接着就是一段优雅轻盈的舞步般的旋律，迤逦而行，脉脉含情，令人神迷心醉。最后音乐在温柔恬淡的轻声细语中结束。第二乐章营造更加甜美朦胧的抒情氛围，旋律款款而行，优雅别致，充满了绵绵情思。小提琴与大提琴对答，情深意切，浪漫惬意。第三乐章，旋律流畅，节奏鲜明，似沉醉于美好爱情之中的恋人翩翩起舞，荡漾着青春的活力。第四乐章，旋律清澈明丽，似恋人蹦蹦跳跳，迤逦而行。这首音乐作品颇具代表性地展现出莫扎特音乐的华丽优雅、细腻真诚的审美特征，是音乐中优美的审美形态的典范。

有一些音乐作品主要呈现一种崇高的美或悲剧性的美，但也可能含有优美的音乐片段或成分。古典主义音乐家贝多芬的《命运交响曲》第一乐章以激情四溢的旋律开头，高亢有力，勇往直前，给人一种豪情激昂的感觉。但随后引入温柔、抒情、优美的第二主题，充满着深情和感动。第二主题与激昂奋进的第一主题构成鲜明对比，抒发了音乐家对幸福美好生活的渴望，说明反抗主题的背景和必要性，也使作品的情感与思想更为丰富深沉。

很多诗歌作品通常营造优美的意象，使用雅致的韵律，通过精准的遣词造句，给人以宁静和谐的美感。唐代诗人李白的《静夜思》描绘诗人在静谧的夜晚举头仰望明月、低头思念故乡的情景，营造了明朗而宁静的美好意境。诗歌韵律错落有致，“光”“床”“疑”“霜”等字眼形成韵脚，如儿歌般婉转动听，强化韵律感，有一种流畅的美感。诗歌将自然景物与内心情感巧妙地融合在一起，创造出一种灵动、华丽和柔美的诗意。这样的诗歌触动人的情感，使读者在阅读时沉浸其中，感受到优美的力量。北宋晏殊的《无题》:“油壁香车不再逢，峡云无迹任西东。梨花院落溶溶月，柳絮池塘淡淡风。几日寂寥伤酒后，一番萧瑟禁烟中。鱼书欲寄何由达，水远山长处处同。”这首诗抒写相思之情，特别是其中的“梨花院落溶溶月，柳絮池塘淡淡风”，写得清丽典雅，朦胧缠绵，尤能给读者以静谧淡雅的美感。

除了绘画、音乐、诗歌等艺术形式外，舞蹈、戏剧、小说等其他艺术形式也能创造优美的审美形态。在舞蹈中，可以通过舞者的舞姿、动作和表情等优美的形式来传达情感和意义。舞蹈作品的构架、编排和演绎也可以展现出优美的审美特点。在戏剧中，演员们的表演技巧、姿态和声音的运用等都能营造出优美的审美意象，表现为演员的精湛表演，情感的真实和丰富，以及剧本和情节的紧凑和有内在逻辑的编排。在小说中，优美可以体现在作品的风格、叙述方式及文学形象的描写等方面。优美的小说具有动人的语言和句法，精心选择的字词和形象的构思，以及令人心动的情节安排和节奏。总之，任何艺术形式总以自己的独特的方式创造优美的意象，表现优美的形态。不同的艺术形式对优美的表现可能各有侧重，但它们都能给人带来愉悦、舒适及和谐的审美体验。

除了艺术作品外，自然界或社会生活中的一些事物乃至人体自身也可以展现出优美的特征。在自然景色中，如山清水秀、日出日落、斗转星移等，展示出或旖旎秀丽的风光，或呈现出壮丽恢宏的气势，给人一种宁静祥和的感觉；鸟语花香，莺飞草长，给人以盎然蓬勃的生命感，让人感到轻松愉悦。在社会生活中，家庭和睦融洽，社会秩序井然；友人之间，坦诚相见；恋人之间，温情脉脉；陌生人之间也相互尊重，面带微笑。凡此种种，都能给人以亲切而美好的生活体验。人体自身也是美的。身材匀称、五官端庄、肌肤光洁等向来被视为美的特征。优雅而舒展的肢体运动展示出人体的柔美与灵动，同样令人赏心悦目，甚至成为舞蹈的艺术。

总的来说，优美总是指向和谐、宁静、平衡、流畅、柔美等方面。优美的意象展现出生机勃勃的气息，并以和谐纯净的形式呈现，始终给人以愉悦的感受。在优美的体验中，审美机制运作和谐流畅，没有任何障碍或冲突，没有大起大落的情感变化，也没有强烈而动摇内心的震荡。主体处于纯粹的和谐、宁静的心态中，全身心地专注于欣赏优美的意象。在优美的审美境界中，主体与意象完全融合，物我同一，享受着纯粹的美的体验。

7.2 崇 高

崇高是美的一种形态和范畴。崇高的对象展现着强大的威力，不论是人的品格和道德行为，还是自然事物的外貌和状态，抑或是艺术作品的形式和氛围。无论是黑云压城、地动山摇等自然现象，热火朝天的生产建设，挺身而出、扬善惩恶的道德楷模，力挽狂澜、舍生取义的英雄人物，还是高大巍峨的建筑、庄严凝重的音乐、悲壮严肃的史诗等，都给人以压倒一切的力量。在这些崇高的审美对象面前，人们大为震撼，怀着庄严感和敬畏感，不敢有些许造次，甚至伴随着某种程度的恐惧和痛苦。崇高美的显著特征就是审美客体以绝对的力量或气势压倒审美主体，显示出后者的渺小和微不足道。然而，审美主体并未因此消沉，被审美客体所吞没，反而激发出人的本质力量，进而征服和掌握了审美客体。因此，崇高不是主体和客体和谐统一的静态美，而是在对立冲突中重新归于统一的动态美。在崇高美的体验中，审美主体征服了审美客体，对世界做出了新的解释，由此领悟到人之生存的更为深沉和伟大的意义。

在中国传统美学中，崇高常常用“大”来表示。孔子曾说：“大哉！尧之为君也。巍巍乎！唯天为大，唯尧则之。”[①] 换句话说，尧的品德像天一样伟大，老百姓真不知道如何赞美他才好。“大”的概念寓有道德的内涵。孟子强调人格美，称之为“浩然之气”。孟子说：“充实之谓美，充

① 论语·泰伯篇［M］// 杨伯峻 . 论语译注 . 北京：中华书局，1980：83.

实而有光辉之谓大。”[①] 这里，孟子将“美”与“大”区分开来，“大”在“美”之上，比一般意义上的“美”更强烈，在范围上更广阔，就像太阳一般熠熠生辉。孟子关于“大”的思想丰富了“大”作为一种美的形态。

在西方美学史上，古希腊美学家朗吉努斯在《论崇高》中首先提出了“崇高”这一美学范畴。朗吉努斯的“崇高”，是从修辞学的角度而言的，指一种雄伟庄严的文章风格，而不是指美的一种形态。在《论崇高》中，“崇高”这个范畴还没有一个严谨的定义，朗吉努斯认为崇高是一切伟大作品所共有的风格，认为它是文学的最高价值。但是，毫无疑问，他所提及的“崇高”的文学作品有一种强大的精神力量，以及激昂的思想感情，并能产生强烈的感染力和征服力。朗吉努斯认为，文章达到崇高的风格，须有五个方面的因素[②]，第一是“庄严伟大的思想”，第二是“强烈而激烈的感情”，第三是“运用藻饰的技术”，第四是“高雅的措辞”，第五是“整个结构的堂皇卓越”。前两种依靠自然和天赋，后两种依靠艺术和人力，第五种是前四种因素的综合，然而最重要的是超出常规的庞大、威严甚至恐惧。古罗马诗人贺拉斯主张文章要合情合理，而“崇高”比“合适”更进一步，要求超出理性与常规，达到修辞上的庄严雄伟和风标独树。

18 世纪，英国经验主义哲学家埃德蒙·博克主要从生理和心理角度研究崇高感产生的原因以及崇高事物的基本特征。他认为，人类的基本情欲分为两类：一是“自我保全”，即维持个体生命的本能；二是“互相交往”，即维持种族生命的生殖欲及其社交本能。大致而言，崇高感涉及的是第一类情欲，而优美感涉及的是第二类情欲。“互相交往”的情欲主要与爱有关。这类情欲又可以分为两种：两性之间的交往和一般的交往。人与人之间相互交往所产生的满足和愉快，即美的起源。当人们经历与他人的亲密交往、友谊或者其他形式的人际关系时，会产生一种积极的快感和满足，从而产生美的体验。而“自我保全”的情欲则主要与痛苦和危险有关，任何引起人们痛苦和带来危险的观念，或者与可怕的对象有关，或者以恐怖的方式起作用，都可以被视为崇高的来源。这些观念给予人们一种特殊的内在体验，使人们对自身的能力和勇气有了更深层次的认识和肯定。

博克认为，崇高的对象一般含有恐怖的元素，如晦暗与朦胧、空虚与孤独、黑夜与沉寂等，这些都能引起人们的恐怖感，从而产生崇高感。此外，力量也是产生崇高感的因素之一。当我们无法征服某种强大的力量时，会感受到危险感，从而形成崇高感。博克以一匹马为例来说明力量如何产生崇高感。当一匹马被人驯服成为拉犁的家畜时，它就无法引起崇高感。但是，当它昂首挺立，猛烈狂奔，野性发作时，就能给人们造成恐怖感，这时它便能引起人们的崇高感。因此，只有那些人无法征服的、自由不拘的、对人无害的力量，才可能产生崇高感。另外，体积和无限性也是崇高感的重要来源。博克运用大量生动的例子来说明崇高对象的特点，如广阔无际的沙漠、浩瀚无涯的海洋等都能给人以无限的遐想，从而产生崇高感。

把崇高上升到哲学高度并进行深入研究的美

① 孟子·尽心下［M］// 杨伯峻．孟子译注．北京：中华书局，1960：334.

② 朗吉努斯．论崇高［M］// 伍蠡甫，胡经之．西方文艺理论名著选读（上卷）．北京：北京大学出版社，1985：119.

学家是康德。他认为，最原始的愉快感来自于欲望的满足，而最雅致的愉快感则源于才智和道德的优异表现。康德把优美感与崇高感进行比较研究。康德分析，当面对超越人类能力范围的伟大事物时，人们的心灵被唤醒并体验到宏伟和庄严的感受，这就是崇高感。与此相反，人们面对人类能力范围之内的有限的形式，则感受到和谐的美，这就是优美感。因此，崇高感源于人们对于无限和庄严的思考，而优美感源于人们对有限与和谐的感受。康德认为，崇高感要优于优美感，是一种更高级的感受，因为它与人类的理性和道德有着密切的关联。而优美感则更多地与审美感受和美的外部形式有关。

康德在《崇高的分析》中认为，崇高的特征之一是“无形式”，即对象的形式无规律、无限制或无限大。康德认为，美涉及对象的形式，也就是它的外在外观和组织结构。因此，美的判断应该基于对于对象形式的感受和理解，而不是基于对象的实际内容或意义。然而在崇高中，对象的特征却是“无形式”的，即不受形式的限制。崇高的表现引发人的无限的思考，而又能让人意识到它的完整性。因此，康德将崇高与无限性和无形式性紧密相关，认为崇高的体验是通过超越形式的限制，直抵理性的庄严和无限的思考。崇高的审美体验激发人们内心的伟大感和力量感，是一种超越日常审美经验的特殊感受。

根据康德的看法，崇高感是一种由想象力与理性相互矛盾斗争所引发的强烈震撼的审美感受。它起源于痛感，但最终转化为一种间接的愉悦感。举个例子，当我们欣赏崇高的对象如暴风雨时，暴风雨本身对我们的生命构成威胁，它的强大力量和狂暴性质引发了我们的一种恐惧和无助的感觉。然而，我们同时也意识到自己并不真正置身于暴风雨中，所以并没有受到真正的威胁。貌似危险实则安全的暴风雨激发了我们内在的生命力，我们感受到了如暴风雨一般的宏大和庄严的存在，重获安全与自由的意识，于是引发了我们心中的崇高感。因此，康德指出：“对于崇高的愉快不只是含着积极的快乐，更多的是惊叹和崇敬，这就可称作消极的快乐。”[①] 崇高感的产生并不直接与愉悦相连，而是通过对于威胁的辨别和认知的超越而引发的。这种体验不同于一般的美好感受，它涉及对于不确定性、挑战或者庄严而伟大的事物的思考与感受。

康德把崇高分为两种，一种是数量的崇高，另一种是力量的崇高。前者是指当我们观察到超越我们感知和想象力极限的庞大、无限的事物时所产生的崇高情感。这种崇高体验来自于对无限的概念的思考。例如，当我们仰望星空，思考宇宙的无限广袤时，我们感受到一种敬畏和崇高的情感。这种数量崇高的体验超越了我们的感官和理性能力，使我们感受到了宇宙的浩瀚无垠，引发了心灵的震撼。后者是指当我们面对那些拥有巨大力量和威力的事物时所产生的崇高情感。这种崇高体验来自于对无限力量的思考和想象。例如，当我们观察狂风暴雨、惊涛骇浪或汹涌的瀑布时，我们感受到了自然力量的强大和恢宏，引发了一种崇高的情感。这种力量崇高的体验使我们意识到自然的强大和我们个体的渺小，同时也唤起了我们对力量和能量的敬畏和欣赏。康德认为，这两种崇高体验都是理性功能弥补感性能力的不足。尽管我们的感觉和想象力有其极限，但是通过崇高的体验，我们能够超越这些极限，触发我们更深层次的情感和思考能力。所以，“真

① 康德．判断力批判（上卷）[M]．宗白华，译．北京：商务印书馆，1964：84.

正的崇高只能在评判者的心情里寻找，而不是在自然对象里。”①

康德认为，崇高是与理性观念直接相关的，是人对自己伦理道德力量和尊严的胜利的喜悦。这意味着欣赏崇高需要具备一定的理性观念和文化修养。相比之下，美更多地涉及客观标准，而崇高则更具有强烈的主观性。康德说：“那对于自然界里的崇高的感觉就是对于自己本身的使命的崇敬，而经由某一种暗换赋予了自然界的对象。”②因此，自然界的对象本身并不具备崇高的性质，是我们主观上赋予了它们这种意义，这表明康德的崇高观是主观的。康德没有看到崇高与美是统一的，而且也没有将数量的崇高与力量的崇高统一起来。尽管康德的崇高理论存在一些缺点，但它仍成为后来所有关于崇高的讨论的基础。

黑格尔在讨论象征型艺术时阐发了崇高的概念，他放弃了康德认为艺术作品不能表达崇高的观点，也不认为崇高与美对立。按照黑格尔的思想，在象征型艺术的阶段，理念本身无法用具体的形象获得完全准确的表达。理念是一个无边界、未具体化的存在，它超越了外在形象，并与形象融为一体，这就是崇高。崇高是自在自为的理念，它有表达无限的企图，然而在感性的个别事物中却找不到真正能表现它的形象，或者说，在有限的现象领域中找不到恰当的对象来表达无限，并超越它。因此，崇高乃是绝对理念对感性形式的超越。黑格尔同意康德的观点，真正的崇高无法被任何感性形式所容纳，它涉及的是无法找到合适形象表现理性观念。正是由于找不到合适的形象，才能激发人们内心的崇高情感。

根据黑格尔的观点，崇高是理念与感性事物完全分离并独立存在时发生的。在这之前，理念与感性事物纠缠在一起，表现为不自觉的象征。而当崇高出现后，理念作为一个独立的因素被主体认识。在艺术中，这种认识体现为自觉的象征或比喻的象征。在美与崇高之间虽然存在差异，但是它们之间确实存在一种内在联系。黑格尔指出崇高是美的一种形态，这意味着崇高是美的一种高级形式，或者是美的一种深度体验。这种内在联系表明崇高和美都是艺术追求的目标，只不过在崇高中，理念和思想的意义更加突出和深刻。

车尔尼雪夫斯基认为，崇高是一种特殊的艺术体验，它涉及人的感性情感和理智思维的完美结合。他认为，崇高是通过人们对艺术作品及其表现的理念和情感的直接感受而产生的，而不仅仅是理念和形式的冲突。他认为，崇高是一种主观体验，而不是仅仅通过理念来定义的客观特征。车尔尼雪夫斯基的批判意味着对于崇高的概念有不同的解释和理解。他强调个人情感和直接的体验在崇高中的重要性，这与黑格尔关于理念的运动形成了对立。车尔尼雪夫斯基认为，丑、模糊与崇高的概念完全不同。如果丑的东西令人非常恐惧，它们可能会被认为具有崇高的特性。同时，朦胧模糊的表现方式可能会增强恐怖感和崇高的印象。但反过来讲，并不是每一种崇高的东西都含有朦胧和丑的特点。这表明，丑陋或模糊朦胧的事物并不一定具有崇高的性质，它们与崇高之间并没有必然的内在联系。

车尔尼雪夫斯基认为崇高的体验并不是通过思想或概念所唤起的，而是通过事物本身所引发的直接感受。他以卡兹别克山、大海以及恺撒

① 康德．判断力批判（上卷）[M]．宗白华，译．北京：商务印书馆，1964：95.

② 同①：97.

或伽图等为例，指出这些事物本身就具有崇高的特质。此外，他认为崇高的东西通常并不是无限的，崇高与无限的观念无关。他以勃朗峰或卡兹别克山为例，认为这些事物雄伟而崇高，但并不是无限的或不可测量的。车尔尼雪夫斯基认为，在自然界中，我们从未见过真正被称为无限的事物。非但如此，车尔尼雪夫斯基认为，无限的条件对于崇高的体验来说反而是不利的，因为过多的条件和限制会限制崇高的表达。

车尔尼雪夫斯基认为崇高在于客观事物本身而不是由观念引起的，当一件事物远远超越其他事物，它就具备崇高的特质。这些观点丰富了崇高理论。然而，车尔尼雪夫斯基似乎忽略了崇高与人类社会实践的关系。说到底，崇高感是审美体验，是人们对某种事物或情境的特殊感受，而这种感受往往与人们的主观情感、理性思维以及所处的社会背景和文化有着密切的关联。因此，理解崇高也需要考虑人类社会实践和文化背景。

哲学家和美学家的理论论述，可以帮助我们更为深刻地理解崇高的本质与崇高感的来源和意义。同时，崇高的范畴被扩展到艺术作品欣赏与批评的领域，帮助我们更为深刻地感受和理解艺术作品的美的力量。崇高的审美心理涉及人们对于宏伟、无限、壮丽等特质的感受和情感体验。作为审美形态，崇高在艺术作品中得到最真实、最凝练的反映。

北朝民歌《敕勒歌》描写草原风光：“敕勒川，阴山下。天似穹庐，笼盖四野。天苍苍，野茫茫，风吹草低见牛羊。”这等草原景象何其辽远，何其雄壮，气魄何其雄浑而粗犷。这首短歌将草原景色和氛围真实地展现出来，给予读者以崇高的审美享受。因此，它拥有巨大的感染力，散发着无穷的艺术魅力，赢得了历代读者的喜爱。

崇高主题在西方艺术中更为常见，它给人们带来一种震撼和肃然起敬的感觉。拥有崇高美的艺术作品往往具有强烈的视觉冲击力或听觉震撼感，使欣赏者在敬佩和悲壮等情感之间切换，进而引发深思，获得美的享受。崇高常常通过壮丽的自然风景、宏伟的建筑、庄重的肖像、波澜壮阔的历史场景、深沉庄严的音响等方式来呈现。俄国画家伊凡·艾瓦佐夫斯基的油画《九级浪》（图 7-8）表现出海浪的骇人气势。画面中，巨大的海浪犹如天塌地陷般铺天盖地而来，展现出一种震撼人心的景象。在阳光照射下，天空和海浪融为一体，形成一片混沌的氛围。而帆船已经遭到翻覆，幸存的几个人聚集在倾斜的桅杆上，与汹涌的浪潮搏斗着，呼喊着。画面的中心是一个高达九级的巨浪，给人一种粗犷、激荡、有力和惊心动魄的壮美感。这幅作品也展现出一种人性的力量和无畏精神。尽管身处险境，幸存的人们没有放弃，而是勇敢地与巨浪进行着顽强的抗争。他们的呼喊声在画面中回荡，显示出坚定的意志和不屈的精神。这种人性的力量与自然的威严形成了鲜明的对比，给人一种振奋和感动的情

图 7-8 《九级浪》，俄国，伊凡·艾瓦佐夫斯基作，油画，纵 221 厘米 × 横 332 厘米，现藏于俄罗斯圣彼得堡国立俄罗斯博物馆

感体验。伊凡·艾瓦佐夫斯基通过对矛盾的描绘和对人性力量的强调，展现出了崇高的美。意大利文艺复兴时期雕塑家米开朗琪罗的代表作品《大卫》和《摩西》表现圣经旧约中的英雄人物大卫和伟大的先知摩西。《大卫》（图 7-9）展现了少年大卫面对巨人歌利亚时的英雄气概。作品中，大卫的面部紧绷，眉目紧锁，神情凝重，仿佛他正面对着巨大的困难和挑战，但他仍然坚定地站在那里，展现出无畏的精神和决心。这种矛盾的意象引发了观看者的共鸣和情感的极大的震撼感。同样地，《摩西》（图 7-10）也展现了类似的矛盾对立。作品中，摩西的面容凝视着远处，神情庄重而肃穆，鬓发和胡须飘动，使得摩西的形象更加威严和崇高。通过这种矛盾对立的方式传递了摩西作为一位领袖和先知的坚定和崇高精神。

图 7-9 《大卫》，意大利，米开朗琪罗作，大理石，高 3.96 米，连基座高 5.5 米，现藏于意大利佛罗伦萨美术学院

图 7-10 《摩西》，意大利，米开朗琪罗作，大理石，高 235 厘米，现藏于梵蒂冈圣彼得大教堂

崇高的情感还表现在想象力和情感的追求上。中世纪哥特式建筑追求宏大、壮丽的建筑风格，注重垂直线条和尖锐形状，建筑物高耸入云，尖塔和花窗玻璃展现出宏伟和神秘的氛围，如科隆大教堂、巴黎圣母院。哥特式建筑正是中世纪人们的丰富想象力和极端情感的表现。他们深陷罪恶的渊薮之中，处于恐怖和压抑之中，唯有信仰高高在上的上帝才能抚慰他们的情感，也唯有天国才能激发他们的无尽的想象力。因此，哥特式教堂建筑越修越高大巍峨。浪漫主义艺术作品也常强调个人的独特个性和天赋，强调无穷的想象力和炽热的情感。浪漫主义诗人描绘雄奇壮丽的大自然，抒发内心激烈的情感，让读者感受到超越现实世界的崇高意境。

艺术作品中的崇高的情感通常是激昂而悲愤的，它越是强烈，就越显得崇高。诗人屈原的作品《离骚》中的“路漫漫其修远兮，吾将上下而求索”[①]，将爱国情怀融入诗歌中，体现了诗人的大爱和崇高情感。诗人深知人民的痛苦和困难，虽然他遭受流放，穷途末路，但他仍然关注着国家的命运和百姓的生活。作品中表达的悲悯之情，超越了个人的私利，彰显了诗人对国家和人民的深厚情感和崇高精神。

当然，崇高的情感同样也能体现在社会生活领域。比如，总是有一些无私奉献的医生与护士，他们将患者的健康和福祉放在第一位，不计个人得失，尽力帮助病人恢复健康。总的来说，崇高让人超越自身的局限，感受到一种超越常人的庄严、壮丽和纯粹。它激发了人与人之间的情感共鸣，引导着人们思考人生的意义和价值，表达了对理想、自然和人自身的超越性追求。

7.3 优美与崇高的比较

优美和崇高是两种截然不同的审美形态，分别体现了不同的审美情感和价值。康德在《论优美感和崇高感》中将优美感和崇高感进行对比。他认为崇高感激发人们的欢愉，但同时也使人们充满着畏惧；而优美感使人迷恋，给人以愉悦的感受，是欢乐和微笑的。优美常常用柔和、温暖、舒适、轻盈等词语来形容，强调事物给人的柔美、柔和、愉悦等感受。而崇高则常常用庄严、壮丽、威严、庞大等词语来形容，强调事物的壮丽、庄重、宏伟的气势。

① 屈原．离骚［M］// 靳极苍．诗经楚辞汉乐府选详解．太原：山西古籍出版社，2002：89.

优美是一种和谐、流畅、舒展的审美感受，它强调的是形态的美感和愉悦情绪。优美的事物通常具有柔和、温暖、舒适的视觉感受，如自然景色的宁静美，花草的绽放和人体的美丽容貌等。优美的审美特征能够引起人们的赏心悦目，使人感受到一种轻松、愉快的情绪。而崇高则是一种庄重、壮丽、超凡脱俗的审美感受，它强调的是情感的激荡与思想的抬升。崇高的事物通常具有宏伟、庄严、震撼人心的视觉效果，如壮丽的山峦、浩瀚的海洋、夜空中繁星点缀等。崇高的审美特征通过引发敬畏、敬重和无限向往的情绪，使人们体验到一种庄严而严肃的情感。崇高是一种凭借力量和气势而胜出的美，它展示了主体实践中激烈斗争和动人心魄的美，同时具备强烈的伦理道德意义。李大钊曾撰写了一篇题为《美与高》的论文，对优美与崇高的特征进行了分析。他说：“所谓美者，即系美丽之谓；高者，即有非常之强力。假如描写新月之光，题诗以形容其景致，如日月如何之明，云如何之清，风又如何之静。夫如是始能传出真精神而有无穷乐趣，并不知此外之尚有可忧可惧之事。此即美之作用。又如驶船于大海之风浪中，或如火山之崩裂，最为危险之事。然若形容于电影之中，或绘之于油画，亦有极为可观之处。而船中人之饮饰，火山崩裂焚烧房屋之情形，亦足露于图中，令人望之生怖，此即所谓高。”[②] 又说：“美非类，有秀丽之美，有壮伟之美。前者即所谓美，后者即所谓高也。”[③] 根据李大钊的观点，美被定义为美丽的表现，而高则是通过非常强大的力量来实

② 李大钊．李大钊诗文选集［M］．北京：人民文学出版社，1981：114.
③ 同②：116.

现胜利的。他认为，美的作用在于传递真正的精神并带来无穷的乐趣，使人忘记其他有优有劣的事物。李大钊以新月之光为例，认为只有日月的明亮、云的清晰和风的静谧，才能传递出真正的精神，并带来乐趣。这是美的作用。而高则更注重危险、力量和威严。李大钊以驶船于大海的风浪中或火山的崩裂为例，说明了高的表现形式。虽然这些事物本身可能非常危险，但如果通过电影或绘画等艺术形式表现出来，仍然可以引发人们观赏的兴趣，甚至让人观之便感到恐惧。这是因为艺术形式能够将船中人的情感、火山崩裂破坏房屋的情景等元素展现出来，使人感到震慑和敬畏，这就是高的表现。李大钊将优美和崇高视为两个不同的概念，优美更注重美的表现和精神的传递，而崇高则更注重力量和气势的胜利。这两种美在艺术表达中都有自己的特点和作用。

尽管优美与崇高是西方美学发展出的美学范畴，但在中国艺术史和美学思想史上也有相应丰富的论述。中国传统的审美观念中有所谓“阴柔之美”与“阳刚之美”的说法，尽管阴柔之美并不直接等于西方美学范畴的“优美”，而“阳刚之美”也不等于“崇高”，但我们仍然能够大致把“阴柔”对应于“优美”，把“阳刚”对应于“崇高”。清代的姚鼐论述阴柔之美与阳刚之美时说：“其得于阳与刚之美者，则其文如霆，如电，如长风之出谷，如崇山峻崖，如决大川，如奔骐骥；其光也，如杲日，如火，如金镠铁；其于人也，如冯高视远，如君而朝万众，如鼓万勇士而战之。其得于阴与柔之美者，则其文如升初日，如清风，如云，如霞，如烟，如幽林曲涧，如沦，如漾，如珠玉之辉，如鸿鹄之鸣而入寥廓；其于人也，漻乎其如叹，邈乎其如有思，暖乎其如喜，愀乎其如悲。”[①] 这里，姚鼐用形象具体的语言来描绘阳刚之美的魅力，阳刚之美是铿锵动听的，如同电光闪烁、长风从山谷吹过，如同峻峭的山崖，或者是江河奔流不息、骏马奔跑。在光亮方面，阳刚之美可比作为太阳、火焰、金铁的光彩。在人的方面，阳刚之美可比喻为开阔超远的视野，君王朝着万众、战胜万勇士的壮丽形象。对于阴柔之美，姚鼐则用柔和娴静的语言来描述。他说阴柔之美如同初升的太阳、清风、云、霞、烟，如同湖水中曲线柔润的倒影、草地上流动、闪烁的光芒，以及鸿雁鸣叫里给人宽广的视野。在人的方面，阴柔之美表现为沉思、恬静、喜悦和悲伤等情感。总之，姚鼐认为阳刚之美和阴柔之美是两种不同的美的范畴，其中阳刚之美强调力量、动感和活力，而阴柔之美则注重柔和、娴静和情感丰富。

在中国古典美学中，阳刚之美和阴柔之美通常相提并论。阳刚之美强调刚健、力量和阳刚气概，可与崇高与伟大联系起来。阴柔之美则着重于柔和、娴静和温柔，可与柔美和优雅相对应。然而，严格说来，阳刚之美和阴柔之美都在优美的范畴之内。阳刚之美强调力量与气势，阴柔之美强调柔和与娴静，在表现形式上可能有所不同，但都可以被视为优美的体现。阳刚之美通过其刚毅、有力的形式展现出雄壮的美感；阴柔之美则通过其柔和、含蓄的形式传递出温婉和细腻的感觉。

需要注意的是，阳刚之美不等同于崇高。首先，二者在概念上是有区别的。阳刚之美强调的是硬朗、刚正和棱角分明的美，而崇高之美强调的是压倒一切的气魄和高尚的道德品质。尽管阳

① 于民．中国美学史资料选编（下）［M］．北京：中华书局，2008：369.

刚之美中可能包含着一定的崇高元素，但它们并不是同一个概念。其次，阳刚之美和崇高在观感和审美情感上的体验也是不同的。阳刚之美通常给人一种力量感和振奋感，而崇高之美往往会激发人的敬畏感甚至恐惧感，它们所引发的情感色彩和情绪稍有不同。最后，阳刚之美和崇高之美在艺术表现上可能会有差异。阳刚之美通常更注重形象的雄壮有力，如武士形象。而崇高之美可能通过伟岸的英雄形象展示出来。

总体来说，优美强调的是情感愉悦和形态的美感，而崇高强调的是情感的激荡和思想的抬升。两种审美特征在意义和感知上都有着明显的差异，给人带来截然不同的审美体验。

本章小结

本章主要探讨了作为美学范畴的优美与崇高的内涵，介绍关于优美与崇高的美学理论，比较论证优美与崇高的特征。

思 考 题

1. 分析优美与崇高的内涵与特征。
2. 概述关于崇高的理论。
3. 举例说明优美与崇高的不同。

延伸阅读与参考书目

［1］黑格尔．美学［M］．朱光潜，译．北京：商务印书馆，1979.

［2］康德．判断力批判［M］．北京：商务印书馆，1964.

［3］朱光潜．西方美学史［M］．北京：人民文学出版社，1979.

第 8 章　悲剧与喜剧

悲剧与喜剧是西方美学思想中的重要的范畴或形态。作为审美范畴或形态的悲剧与喜剧当然不等同于作为文学体裁形式的悲剧与喜剧，因此，为便于区别二者，有人主张把作为审美范畴的悲剧与喜剧称之为“悲剧感”与“喜剧感”，或者称之为“悲剧性”与“喜剧性”。毫无疑问，作为审美范畴的悲剧与喜剧是从作为文学形式的悲剧和喜剧中提炼和抽象出来的，而且，人们体验“悲剧感”与“喜剧感”，最为集中和典型的渠道或方式，就是进入并探求作为文学的悲剧与喜剧。

悲剧或悲剧感是人类对痛苦与毁灭的生存困境的一种超越性的洞察与体验，以及对有限与无限、自由与必然、道义与非道义等冲突与对抗之中所体现出的高贵的人类价值以及伟大的人类力量的礼赞。而喜剧或喜剧感则是对貌似真实、正义和壮丽的生活或事业中的虚伪、邪恶和丑陋的发现与揭露。对悲剧的体验是由悲痛而至振奋，由怜悯和恐惧而至心灵净化，对喜剧的体验是由严肃而至放松，由一本正经而至虚无。因此，悲剧的本质在于肯定，喜剧的本质在于否定。

8.1　悲　剧

8.1.1　作为审美范畴的悲剧

作为审美范畴的“悲剧”有其独特的内涵与意蕴，并不等于生活中人们常说的“悲剧”。（“喜剧”的概念亦复如是。）在生活中，见到某人失恋而痛哭流涕，或者投资股市而输得血本无归，或者遭逢大难而至困境，甚至死于非命，等等，可以说这是“悲剧”。然而，正如美学家朱光潜所说，“单是痛苦和灾难并不足以构成悲剧”[①]，这并非美学意义上的“悲剧”。

这是因为，人们要么是这类生活事件的当事人，为现实处境所裹挟，为痛苦所禁锢，不能静观灾难，不忍心品味不幸；要么与这类事件没有实际利益关涉，以一种道德感对此表示遗憾，或者只以一种冷静的态度漠然以对。无论是哪一种情况，都无法引发人们的审美态度，人们无法发现、唤醒和照亮事件蕴涵的悲剧美的意象。即便生活中的种种灾难和不幸能够引发人们的情感反应，如引发了一定程度上的“悲伤感”或“悲惨感”，但未必就是美学意义

① 朱光潜 . 悲剧心理学［M］. 张隆溪，译 . 北京：人民文学出版社，1983：243.

上的“悲剧”，因为它往往只是意味着情感或心理上的一种单纯的“痛苦”的状态，而作为美学范畴的“悲剧”除此之外还别有一番意蕴。

作为美学中的重要范畴，“悲剧”是指人类对自身遭受灾难、深陷苦楚甚至走向毁灭的生存境况的精神的观照，它首先是审美态度上的，而不是实际态度上的。比如，在现实世界中，战争、事故、恐怖袭击、犯罪等人为灾祸以及火灾、洪水、地震、海啸等自然灾害，总是严重地危害到人的财产和性命。对生活中的这类事件，人们是以一种实际的态度或行为，尽己所能，救死扶伤，捐助财物。对他人遭受不幸这样的事件，任何一个正常的人都很难持一种审美的态度，不忍心加以品味，或是深情讴歌，除非他人格分裂或是道德极其恶劣，像罗马皇帝尼禄那样。传说尼禄面对着熊熊燃烧的罗马城，竟深情地吟唱起来。因此，美学家朱光潜在其《悲剧心理学》中认为：“现实生活中并没有悲剧，正如同辞典里没有诗，采石场里没有雕塑作品一样。”[①] 这是因为，实际生活里的灾难很难引发人们的审美的态度及其审美的体验。

其次，生活中的种种不幸令人深感遗憾，倍觉惋惜，但一般不会引发人们的悲悯与恐惧，也不会使人们得以窥见高贵的人类价值与伟大的人类力量，很难引发人们的情感上的“崇高感”以及精神上的“振奋感”。说到底，美学意义上的“悲剧”强调的是对人类处于生存困境甚或面临死亡威胁尤能坚守的一种崇高价值的体验与赞许，而不只是人们对不幸事件或灾祸的一般性的描述。

就是说，“悲剧”更侧重于强调人类的崇高价值及其赞许，这与古希腊戏剧类型的“悲剧”是有关系的。古希腊人在过宗教节日或开奥运会期间，各城邦都有上演悲剧、喜剧的传统习俗。其中悲剧起源于古希腊人对酒神狄奥尼索斯的祭祀活动，是酒神的颂歌。在酒神节上，古希腊人抛却了日常生活的拘束状态，奏响音乐，跳起舞蹈，一边揣摩着酒神酩酊大醉的样子，一边哀叹着酒神的不幸，进入心灵狂喜之中，感受生命意志的伟大力量。后来，悲剧加入了歌队，以吟唱抒情诗来评价剧中悲剧人物的命运。另外悲剧中的主要角色也固定下来，一般为两到三位，由他们背诵台词和表演故事。由于酒神颂歌的传统，古希腊悲剧一般取材于荷马史诗或英雄传说，演出他们遭遇困难甚或走向毁灭的故事，表现他们即使深陷命运绝境也能保持独立人格、勇于抗争的伟大精神，如普罗米修斯宁愿被钉在悬崖之上，暴露在烈日炙烤之下，也绝不向宙斯屈服；忒拜国王俄狄浦斯勇敢承担命运，自愿刺瞎自己的双目，踏上流亡之路，体现出高贵的人类价值和伟大精神。

悲剧始终与人类所珍视的自由、尊严、道义等价值观念密切相连，没有人类价值的领域无所谓悲剧。哲学家舍勒说：“一切可称为悲剧性的事物均在价值和价值关系的领域中活动。无价值的宇宙中，如严谨的物理力学构思的宇宙中，是无悲剧可言的。唯独存在着高、低、贵、贱的地方才有悲剧性事件。”[②] 又说：“悲剧性始终是以价值和价值关系为支点和基础的。而在此领域中，又只有价值载体不断运动，相互作用的所在，才

① 朱光潜．悲剧心理学［M］．张隆溪，译．北京：人民文学出版社，1983：243.

② 舍勒．舍勒选集（上卷）［M］．上海：上海三联书店，1999：254.

产生悲剧。”[①] 事实上，悲剧展示的正是人类价值受到挑战甚至蹂躏之时仍旧有人坚定地捍卫人类价值的孤勇与悲壮，反映出的正是人性的光芒和人类价值的宝贵。美学家朱光潜说：“悲剧正是通过描写悲剧英雄甚至在被可怕的灾难毁灭的情况下，仍然能保持自己的活力与尊严，向我们揭示出人的价值。”[②] 美学家科恩说：“非常深刻地把悲剧性描绘成为崇高的苦难和没落，或者更准确地说，描述成为一个有价值的人格所遭受的苦难，他纵然不幸，但仍然保持着高贵的品质。因此，从本质上来看，悲剧性这一特殊的范畴，只适用于人类。”[③] 在此意义上可得，只有人类才有悲剧，动植物则无所谓悲剧，恐龙灭绝或森林火灾只能说是大自然的灾难，而不能说是“悲剧”。因此，悲剧的本质是对处于苦难中犹能保持着的“有价值的人格”的赞赏。翻译家、古希腊文化研究专家罗念生认为，悲剧的本质不在“悲”自身（比如悲惨、悲痛、悲伤等），而在“庄严”，这个“庄严”其实也就是处于苦难中犹能保持着的人性善。

一方面，作为美学范畴的“悲剧”是对古希腊以来的悲剧艺术的意象的提炼与概况。悲剧艺术中的英雄最为典型、最为集中地呈现为“悲剧美”的意象，其他艺术体裁诸如小说、音乐、绘画、雕塑等当然也可以呈现“悲剧美”的意象，甚至在某些特殊情况下，社会生活中的某些领域也可以呈现出“悲剧美”的意蕴，但毫无疑问，最为典型、最为集中的是作为戏剧艺术的“悲剧”的领域。因此，后面论述悲剧的例证也主要是悲剧艺术中的例子。另一方面，作为美学范畴的“悲剧”当然不能等同于作为戏剧样式的“悲剧”。为了区别起见，作为美学范畴的“悲剧”又称为“悲剧性”或“悲”，它比作为戏剧艺术的“悲剧”宽泛得多，根本上说，它泛指一种独特的人类价值，即深陷于命运绝境尤能保持独立人格和不屈斗争精神。

8.1.2 关于悲剧的理论

梳理与研究历代美学家和哲学家关于悲剧的理论，有助于更为深刻而全面地理解悲剧这个范畴。古希腊悲剧艺术非常发达，甚至达到了精彩绝伦、不可企及的高度。与此同时，古希腊哲学家亚里士多德的悲剧理论正是对古希腊悲剧艺术的全面总结与论证，也奠定了后世美学家和哲学家关于悲剧理论的基础。进入近现代，悲剧艺术仍然焕发着强大的生命力，出现了莎士比亚的悲剧、古典主义悲剧、社会问题悲剧等，极大地丰富了悲剧艺术。与此同时，黑格尔、尼采等人的悲剧理论更新了对悲剧艺术的认识，深化了悲剧作为美学范畴的内涵。总之，历代美学家和哲学家的悲剧理论，是他们的个人天赋的发挥，也是他们针对悲剧艺术发展实践的总结和发现。

古希腊哲学家亚里士多德在《诗学》中提出了他的悲剧理论，全面地探讨了古希腊悲剧艺术的情节、人物、审美特征及功能等诸多方面。亚里士多德为悲剧下了一个定义：“悲剧是对于一个严肃、完整、有一定长度的行动的摹仿；它的媒介是语言，具有各种悦耳之音，分别在戏剧的各部分使用；摹仿方式是借人物的行动来表达，而不是采用叙述法；借引起怜悯和恐惧来使这些

① 舍勒．舍勒选集（上卷）[M]．上海：上海三联书店，1999：255.

② 朱光潜．悲剧心理学［M］．张隆溪，译．北京：人民文学出版社，1983：122.

③ 李斯托威尔．近代美学史评述［M］．蒋孔阳，译．合肥：安徽教育出版社，2007：227.

情感得到陶冶。”[①] 以今天的眼光看来，亚里士多德的这个定义似乎是有缺陷的，然而它却贴近古希腊悲剧的实际情况。亚里士多德认为，悲剧首先是行动的模仿，而不是人物的模仿，因为古希腊悲剧更强调行动本身，而不是人物的性格。亚里士多德说：“悲剧的目的不在于模仿人的品质，而在于模仿某个行动。”[②] 其次，悲剧叙事还应该占有一定长度。这蕴含着古希腊悲剧的关键，即唯有保证一定的长度，才可以保证悲剧情节的严肃和完整。在戏剧演出的过程中，事件的开头、中间和结尾依次展开，好人由顺境转入逆境，英雄由福转祸，一步一步走向命运的绝境，引起观众的怜悯和恐惧。

亚里士多德认为，悲剧的目的就是要引起观众的怜悯和恐惧，进而净化这种情绪。因此，他认为悲剧的主角应该是个好人，但也有某些弱点，“与我们相似”[③]。这符合古希腊悲剧的实际情况，悲剧主角往往是远古时代的英雄。在悲剧中，英雄落难遭殃，并不是因为他为恶，而是因为他有过失或弱点。若是因为为恶而遭殃，那是他咎由自取，就不会引起观众的怜悯，便不是悲剧；但是英雄却又不能无辜遭殃，这在逻辑上不合情理而为悲剧所排斥。因此，亚里士多德认为，悲剧中的英雄遭殃又有几分咎由自取，由于他在行动中犯有过失或者自身存有弱点，导致他一步步铸成大错，遭受痛苦，甚至走向毁灭。在古希腊悲剧诗人索福克勒斯的《俄狄浦斯王》中，俄狄浦斯的确是一个好人，他聪明智慧，处处为城邦人民的利益考虑，极力追查杀死先王的凶手，在得知自己铸成大错之后勇于承担责任，主动放弃王位，刺瞎自己的双目后自我流放。好人遭殃，才引发人们的怜悯。然而，俄狄浦斯之所以一步步陷于悲惨而可怕的命运，不是因为他有意为恶，恰恰相反，而是因为他极力逃避命运的规定，做出有利于自己的选择。然而，正是因为选择和行动，他才一步步落入了命运的陷阱，招致灭顶之灾。我们似乎看不出这出悲剧中的俄狄浦斯有什么“过失”或“缺点”，然而古希腊悲剧的意境往往是深沉的。相比于神秘莫测的命运，人类的智慧总是非常有限的，哪怕是俄狄浦斯。凭着有限的智慧，俄狄浦斯极力对抗命运，自然也是他的“过失”。如果连那么聪明智慧的俄狄浦斯都不能避免命运的捉弄，那么作为普通人的我们又怎能不感到恐惧呢！

俄狄浦斯王的悲剧说明命运的残酷无情和不可抗拒，这实际上反映了古希腊人的命运观。古希腊人认为命运神秘而又强大，远非人类的智慧所能参透，亦非人类的努力所能改变，人类只能接受它残酷无情的玩弄，这才产生悲剧。但是到了近代，人类对自身及其社会处境有了新的认识，转而在人的性格以及社会生活那里寻找悲剧的根源。

德国哲学家和美学家黑格尔的“冲突论”悲剧理论是很有名的，将对悲剧美学的探讨推向了更为深刻的近代阶段。黑格尔的悲剧理论根植于他的哲学思想，他认为世界的本原是所谓的“理念”，而“理念”为达到它的绝对状态，则须先行展开，这就是“理念”的分裂。在人类社会和艺术中，“理念”就分化为某种“理想”或“普遍力量”。由于“理想”或“普遍力量”由“理念”所“化”，因而是符合理性的和正义的，但又由于由“理念”所“分”，因而又是片面的和

① 亚里士多德．诗学 诗艺［M］．罗念生，译．北京：人民文学出版社，1962：19.

② 同①：21.

③ 同①：38.

抽象的，悲剧表现的正是两种对立的理想或普遍力量的冲突与重新和解。朱光潜在其《西方美学史》中总结得非常到位，他说：

> 悲剧所表现的正是两种对立的理想或“普遍力量”的冲突和调解，就各自的立场来看，互相冲突的理想既是理想，又都带有理性或伦理上的普遍性，都是正确的，代表这些理想的人物都有理由把它们实现于行动。但是就当时世界情况整体来看，某一理想的实现就要和它的对立理想发生冲突，破坏它或损害它，那个对立理想的实现也会产生同样的效果，所以它们又都是片面的，抽象的，不完全符合理性的。这是一种成全某一方面就必牺牲其对立面的两难之境。悲剧的解决就是使代表片面理想的人物遭受痛苦或毁灭。就他个人来看，他的牺牲好像是无辜的；但是就整个世界秩序来看，他的牺牲却是罪有应得的，足以伸张“永恒正义”的。他个人虽遭到毁灭，他所代表的理想却不因此而毁灭。所以悲剧的结局虽是一种灾难和苦痛，却仍是一种“调和”或“永恒正义”的胜利。因为这个缘故，悲剧所产生的心理效果不只是亚里士多德所说的“恐惧和怜悯”，而是愉快和振奋。[①]

与亚里士多德的悲剧理论不同，黑格尔并不认为悲剧是因为人的“过失”或“弱点”导致的，而是因为两种对立的“理想”或行动的力量之间的冲突，它们各自按照自己秉持的“理想”或“道义”行事，由于片面性而终致双方的厄运或毁灭。深刻的是，黑格尔看到了悲剧冲突的双方不是一方对而另一方错，一方正义而另一方邪恶，相反他们都是合乎理性的，因而在一定程度上又都是正义的。然而，他们秉持的是分裂了的理念，因而又都是“片面性”的正义。而悲剧正源于这种“片面性”之间的冲突与较量。经过较量，双方均遭厄运甚或毁灭，“片面性”得到矫正，理念重获圆满。

黑格尔援引索福克勒斯的悲剧作品《安提戈涅》为例，论证他的悲剧理论。在这部悲剧作品里，安提戈涅的哥哥波吕涅克斯为争夺王位，率领外邦军队攻打自己的国家忒拜，兵败身死。国王克瑞翁为维护国家利益，严令禁止任何人安葬叛国者。安提戈涅却不顾禁令，安葬了哥哥。得知国王对自己的处死令后，安提戈涅自杀。她的未婚夫、克瑞翁的儿子海蒙得知安提戈涅身死，遂自杀身亡。海蒙的母亲痛失爱子，也自杀身亡。黑格尔认为，无论是剧中的安提戈涅还是国王克瑞翁，都是合理的、正义的，安提戈涅代表了“天理”和传统习俗，克瑞翁代表了“国法”和城邦利益。安提戈涅埋葬哥哥，源于亲情之爱，这是遵照“天理”行事，当然是正义的。而克瑞翁严令禁止安葬叛国者，源于国家之爱，是按照法律行事，当然也是正义的。然而，二者又都是“片面的”。安提戈涅只顾亲情，触犯了法律；而克瑞翁却只顾法律，而有违“天理”，因此他们又都是不正义的。双方作为“片面的正义”的代表性力量，彼此冲突，互相否定，结果是双方均遭痛苦或毁灭。

黑格尔的冲突论由悲剧理论转向了人与社会的关系方面，这实际上反映出近代社会中人与人之间、人与社会之间的关系已经急剧恶化，时常处于冲突和对抗的紧张状态之中，体现为各种迫在眉睫的社会问题以及人自身的性格问题。

① 朱光潜．西方美学史（下册）［M］．北京：人民文学出版社，1963：493.

继黑格尔之后，德国哲学家尼采的悲剧理论深刻而又精彩，影响深远。按照尼采的看法，古希腊艺术中始终有两种精神，即日神阿波罗精神和酒神狄俄尼索斯精神。日神精神对应着人类的理性精神，它总是赋予世界以秩序，创造出具体可观看、可感知的确切形象。日神精神，用一个词来把握就是“梦”：在梦境中，万物井然有序，散发出静穆的光辉，人们凭着视觉，沉溺于梦境的迷幻世界，且停留于它的外观。因此，日神精神是一切造型艺术诸如雕塑、绘画、建筑等的前提。与此同时，酒神精神对应着人类的感性冲动，它力图摆脱存在的深层次恐惧，希望从世界既定秩序的枷锁中挣脱而出，达到完全自由的、解放的感性生命之中，进入交织着痛苦与狂喜的完全忘我的境界。酒神精神，用一个词来把握就是“醉”：在“迷醉”的状态中，感性本能得到最彻底的释放，情感欲望获得最真实的满足。在生活中，酒神精神表现为“醉”；在艺术中，酒神精神的表现是酒神颂、抒情诗等音乐性艺术。在此基础上，尼采展开了对古希腊艺术的起源和发展的阐释。“日神”式的艺术将人生的痛苦与恐怖状态遮掩起来，并美化其外观，以使人能够生活下去，希腊神话就是这样产生的；而“酒神”式的艺术则把人生的悲惨真实地呈现出来，使心灵重返最真实的原始生命状态中，在痛苦与狂喜的交织状态中，获得形而上的慰藉。日神精神与酒神精神在古代希腊艺术的发展中都得到了伸张，分别体现为造型艺术与音乐性艺术；在此基础上，两种精神得以和解，达到和谐状态，这就是“悲剧的诞生”。在悲剧中，观众领略到伴随着痛苦与狂喜，个体的生命虽然毁灭了，但人类整体的生命却坚不可摧，由此观众破涕为笑，得到一种形而上的慰藉。尼采更为推崇“酒神精神”，他是这样定义的：“它肯定生命，哪怕是在它最异样最艰难的问题上，生命意志在其最高类型的牺牲中，为自身的不可穷竭而欢欣鼓舞。”①因此，酒神精神强大而充沛，“它对人生日常界限和规则的毁坏，其间，包含着一种恍惚的成分，个人过去所经历的一切都淹没在其中了。”②因此，尼采希望用“酒神精神”摆脱文明社会的理性与道德的限制，打破一切法则的束缚，甚至包括基督教。

悲剧理论远不止前面介绍的三种。这些哲学家或美学家讨论的悲剧，自然是作为戏剧样式的悲剧，但也包含了作为美学范畴的悲剧的内涵、价值以及心理等诸多方面，毕竟作为美学范畴的悲剧主要是在悲剧艺术的基础上抽象和提炼出来的。

8.1.3　悲剧的审美心理

在西方文艺中，悲剧历来受到重视，通常被视为最高的艺术形式，悲剧也被视为重要的审美范畴。的确，观看悲剧的观众见到有着伟大精神和高贵人格的英雄人物遭殃甚或走向毁灭，或者见到好人落难并遭人陷害，心灵会不觉大为震撼，精神陶醉迷狂，这是悲剧特有的“快感”，或曰“悲剧美”。照理说，人怎么会喜欢看悲剧呢？难道生活中的糟心事还不够多吗？绝大多数观众自己的日子也不好过，为何还要花时间和精力跑到剧院里看起他人的悲惨的故事，还看得津津有味呢？这真是一件不可思议的事情。人们观看悲剧或者体验悲剧美，情感从悲伤到快意，精神从沉重到振奋，意志

① 尼采．悲剧的诞生［M］．周国平，译．北京：生活·读书·新知三联书店，1986：334.

② 同①：28.

从压抑到张扬，其间转化的根据是什么？情感体验或心理变化的过程是怎么样的呢？悲剧快感的本质又是什么？总之，这事关悲剧的审美心理机制。

亚里士多德说："（悲剧）借引起怜悯和恐惧来使这种情绪得到陶冶。"[①] 这里，亚里士多德用的词是"katharsis"，更普遍的译法是"净化"。悲剧引发观众的怜悯和恐惧，这是显而易见的事实。问题有两个：一是怜悯和恐惧对于悲剧而言为何是必要的；二是怜悯和恐惧何以能够被净化从而转化为审美快感。按照亚里士多德的思路，悲剧应以悲惨收场，即好人终须遭难，英雄终须毁灭，这才能够引发观众的怜悯和恐惧；收场若是善有善报、恶有恶报，只能招致观众不以为意，无法引发他们的怜悯和恐惧，因为在他们想来，理当如此。一方面，观众对悲剧主角的悲惨命运表示深切的怜悯，另一方面，又不由得感到一种模糊的恐惧，因为命运神秘莫测又不可抗拒，任何一个人包括英雄都是无力的和渺小的，这就令人感到恐惧和窒息。

第一，悲剧需要激发观众的怜悯。有些人认为，悲剧根本不需要观众的怜悯，因为悲剧英雄人格伟岸，道德高尚，意志坚强，普通人没有资格怜悯他们。我们可以怜悯比我们更渺小的人或者跟我们一样的普通人，却不可能怜悯神或者英雄。这种说法固然有一定道理，但事实上观众看见普罗米修斯遭受惩罚、俄狄浦斯刺瞎双目流亡和耶稣受难，还是不由得怜悯起来。这种说法之所以不对，在于这些人"把悲剧中的怜悯当成了一种指向某个外在客体的道德同情"[②]，而没有意识到，悲剧的怜悯实际上是审美情感，而不是实际的道德情操，它并"不是指向作为外在客体的悲剧主人公，而是指向通过同感与观众等同起来的悲剧主人公。这种怜悯多少有一点自怜的意味，像一个人遭逢无可挽回的厄运时对自己的怜悯。"[③]

然而，悲剧的怜悯的主要成分又是什么呢？俄狄浦斯为拯救自己的城邦和人民，即使预感到于己不利时，也仍极力追查杀死先王的凶手，直至最终真相大白，自己主动承担责任，刺瞎自己的双目，流亡异邦。这时，观众到底在怜悯他什么呢？李尔王惨遭两个女儿遗弃，只身流浪在荒野上，在暴风雨中一路狂奔，观众在怜悯他什么呢？考狄利亚得知父亲蒙受不公，处境艰难，毅然领兵前来解救父亲，却兵败被杀，观众在怜悯她什么呢？这时，观众难道不是为他们遭受命运的不公而深感惋惜吗？好人落难，英雄遭殃，观众怜悯他们，其实也是在惋惜他们，惋惜他们本不应遭此厄运，却又无能为力，无可逃脱。人们觉得："整个宇宙的道德秩序似乎出了毛病，他天性中要求完美和幸福的愿望使他对此深感惋惜。正是这种惋惜感在悲剧怜悯这种情感中占主要地位。"[④] 由于惋惜，悲剧中英雄遭难仿佛也是观众遭了难，英雄的痛苦仿佛也成了观众的痛苦。这样，观众仿佛可以与悲剧中的英雄联合起来，共同对抗厄运，这就极大地强化了悲剧的感染力。

可是，若只是产生了怜悯或惋惜感，是否

① 亚里士多德．诗学 诗艺［M］．罗念生，译．北京：人民文学出版社，1962：19.

② 朱光潜．悲剧心理学［M］．张隆溪，译．北京：人民文学出版社，1983：78.

③ 同②：79.

④ 同②.

就足以构成悲剧呢？当然不是这样。怜悯或惋惜感只是构成悲剧的重要成分，但远不是悲剧的全部。悲剧还有更为深刻而复杂的心理机制。只需把哀婉感伤的故事或传说跟真正的悲剧稍做比较，就不难得到这个答案。我们对传说中的美少年那耳喀索斯憔悴而死感到惋惜，对小说中的安娜·卡列尼娜勇敢追求爱情深表同情，对她卧轨自杀感到痛惜不已，对诗歌中的刘兰芝和焦仲卿忠于爱情而双双自杀感到意难平。然而，所有这些故事都不算是真正的悲剧。显然，它们缺少了英雄气概，缺少了一种震慑人心的力量。

第二，如果悲剧只写俄狄浦斯是个倒霉鬼，那将毫无意义。俄狄浦斯王智慧仁慈，意志坚强，他竭力反抗命运，义无反顾，却步步落入命运的陷阱，堕入罪恶深渊。这样的俄狄浦斯给予观众一股振奋人心的力量，赋予悲剧一股荡气回肠的气魄。我们还可以随便读埃斯库罗斯的悲剧中的一段诗句，如《被缚的普罗米修斯》的“开场”，普罗米修斯说道：“啊，晴朗的天空，快翅膀的风，江河的流水，万顷海波的欢笑，养育万物的大地和普照的太阳的光轮，我向你们呼吁；请看我这个神怎样受了众神迫害。请看我忍受什么痛苦，要经过万年的挣扎。”① 这是刚出场的普罗米修斯的吟唱，意境是何等明朗辽远，气魄是何等慷慨悲壮。朱光潜说：“悲剧的基本成分之一就是能唤起我们的惊奇感和赞美心情的英雄气魄。我们虽然为悲剧人物的不幸遭遇感到惋惜，却又赞美他的力量和坚毅。”② 因此，豪迈悲壮的英雄气魄是悲剧的应有之义。

第三，单凭英雄气魄就足以构成悲剧吗？当然也不是。高乃依的悲剧《熙德》讲述两个家族中的一对年轻人的恩怨情仇，充满英雄气概，风格壮丽，只是结局皆大欢喜。然而，这部悲剧似乎缺少某些微妙的东西，如没有古希腊悲剧的那种宿命感和恐惧感，没有莎士比亚悲剧的那种柔情蜜意和悲凉情调。再比如，李白的《侠客行》描写侠客“十步杀一人，千里不留行。事了拂衣去，深藏身与名。”《史记》记载荆轲侠肝义胆，义无反顾。两位侠客可谓慷慨凛然，然而李白的这首《侠客行》与《史记》中关于荆轲刺秦的故事描写，都不足以构成真正的悲剧，因为，它们还缺少命运感和恐惧感以及人类心底的那些柔软的东西。

第四，悲剧还需要恐惧感。在悲剧中，无论英雄如何反抗命运，也无论好人如何揭发坏人，事情最终还是走向不可救药的地方，英雄还是难逃毁灭的宿命，好人还是遭到恶报。这先是引起了观众的恐惧感。观众仿佛也和主角一道痛苦，一道毁灭，似黑云压城一般，令人倍感窒息。然而，这种恐惧并不是真的恐惧。因为，“纯粹的恐怖不仅不能鼓舞和激励我们，反而让人郁闷而意志消沉。”③ 相反，悲剧绝不让我们感到沮丧消沉，而是极大地提振我们的精神与意志，给予我们以最饱满昂扬的生命活力。朱光潜说：

> 观赏一部伟大悲剧就好像观看一场大风暴。我们先是感到面对某种压倒一切的力量那种恐惧，然后那令人畏惧的力量却又将我们带到一个新的高度，在那里我们体会到平时在现实生活中很少能体会到的活力。简言之，悲剧在征服我们

① 埃斯库罗斯．埃斯库罗斯悲剧二种［M］．罗念生，译．北京：人民文学出版社，1961：10.

② 朱光潜．悲剧心理学［M］．张隆溪，译．北京：人民文学出版社，1983：83.

③ 同②：84.

和使我们生畏之后，又会使我们振奋鼓舞。在悲剧观赏之中，随着感到人的渺小之后，会突然有一种自我扩张感，在一阵恐惧之后，会有惊奇和赞叹的感情。[①]

然而，恐惧又是如何转化为欢欣鼓舞的精神的呢？按照黑格尔的理论，悲剧冲突的双方在相互损害和共同毁灭中克服了各自的“片面性”，重新达成和解，从而实现世界的“永恒正义”。“悲剧的解决就是使代表片面理想的人物遭受痛苦或毁灭。就他个人来看，他的牺牲好像是无辜的；但是就整个世界秩序来看，他的牺牲却是罪有应得的，足以伸张‘永恒正义’。所以悲剧的结局虽是一种灾难和苦痛，却仍是一种‘调和’或‘永恒正义’的胜利。”[②]我们观赏悲剧，由悲转喜、由恐惧转为振奋，正是因为我们确认了“永恒正义”的胜利。尽管悲剧人物的行动失败了，但他们的事业却没有失败；尽管好人遭难、英雄毁灭，但他们的理想却没有破灭；尽管自由沦亡了，但是自由意志却得到贯彻。在悲剧中，我们的精神非但没有沮丧，反倒是因为“永恒正义”的胜利而欢欣鼓舞，我们的生命意志非但没有颓废，反倒是焕发出昂扬的活力。

这样，我们为悲剧人物的高贵人格所感染，为他们的勇敢壮举所鼓舞，在想象中与他们站在一起，继续对抗命运和邪恶的力量。我们就在想象中把英雄行动的暂时失败转化为“永恒正义”的胜利，把痛苦和毁灭转化为精神的欢欣鼓舞和意志的自由张扬，把恐怖转化为庄严的静穆。

① 朱光潜．悲剧心理学［M］．张隆溪，译．北京：人民文学出版社，2009：84.

② 朱光潜．西方美学史［M］．北京：人民文学出版社，1979：493.

德国哲学家弗里德里希·谢林分析俄狄浦斯的悲剧说：“自由之至高无上的意义以及最高的胜利便在于此，即甘愿忍受因不可避免的罪愆而招致的惩罚，以期以其自由之丧失证实这一自由，并以捐生显示其自由意志。……希腊悲剧的调和性和和谐性便在于此，它使我们并非备受摧残，而是被治愈，而且犹如亚里士多德所述，被净化。”[③]悲剧正是通过英雄丧失自由来持守自由意志，通过心灵痛苦来通达良知安宁，通过肉体毁灭来实现精神胜利，这正是悲剧的心理调和功能。人们观看悲剧仿佛心理得到了一种治疗或净化，使内心恢复和保持了健康。亚里士多德说悲剧引起怜悯和恐怖，并使这些情绪得以“净化”。所谓悲剧的“净化”（katharsis）作用，历来是研究者们争论不休且至今也无定论的问题。此处对悲剧中的怜悯和恐惧的审美心理学研究，也算一种解释。

在悲剧中，我们在经历过一阵恐惧之后，进入精神欢欣鼓舞、意志昂扬振奋、胸襟开阔明朗的狂喜，这种审美心理就与崇高非常相似。在崇高的体验中，也是有两个阶段：先是否定，继而肯定。在崇高的审美对象面前，我们先是被它的巨大的体量和压倒一切的力量所压制，相比之下，我们显得脆弱而渺小，我们压抑、痛苦甚至感到窒息。但是之后，我们的想象与情感飞升至那崇高的对象，把我们自己与它等同起来，共同享有它的伟大。于是，我们欢欣鼓舞，意气风发，慷慨激昂，生命意志得到极大扩张。

我们聆听贝多芬的《C小调第五交响曲（命运）》的四个乐章的体验正是如此。前三个乐章压抑，令人苦闷窒息；至第四乐章方见光明，使

③ 谢林：艺术哲学（下卷）［M］．魏庆征，译．北京：中国社会出版社，1997：374.

人无比欢乐，欢欣鼓舞，意气风发。当时德国的音乐评论家霍夫曼评论贝多芬的作品说：

> 贝多芬的器乐向我们揭示了悲剧与无限的境界。强光穿透这个领域的深夜，同时我们感到一个巨大的阴影忽明忽暗，越来越逼近我们，摧毁了我们，唯独给我们留下了无尽渴望的痛苦。在这痛苦中，狂喜的声音吞噬并消弭了任何一种激情；爱、希望和欢乐被消磨但没有被毁灭，却从我们心中的所有深沉静谧的激情中迸发而出。只有经历了这种痛苦，我们才能继续活下去，并为音乐所催眠，在半梦半醒中看到各种异象。[①]

霍夫曼描述的音乐体验正是一种崇高感，也是一种悲剧感。事实上，悲剧感总是崇高感，但崇高感却不一定都是悲剧感。悲剧感中总包含怜悯和惋惜的成分，它用怜悯和惋惜来缓和恐惧，而崇高感则比较单纯，一般缺少那种柔情的东西。

8.2 喜　剧

8.2.1 作为审美范畴的喜剧

生活中人们经常会说“喜剧”或“喜剧性”，比如说，“这件事可真是喜剧。”或者说，“这件事可真有喜剧性！”意思是，事情很好笑，很逗乐，甚至很滑稽。日常用语中说的“喜剧”是作为审美范畴的“喜剧”的普及化和生活化。

作为审美范畴，“喜剧”或“喜剧性”有其独特的内涵与意蕴，它是在喜剧艺术实践的基础上提炼和抽象而成的。作为戏剧体裁的喜剧艺术，同样起源于古希腊人的酒神祭祀活动。在酒神节上，古希腊人载歌载舞，演出悲剧，讲述酒神狄奥尼索斯的伟大事迹，着意渲染神圣而庄严的节日气氛。后来，悲剧增加了更多的演员，演出内容也扩展至酒神之外的神话与英雄传说故事。在上演悲剧之余，古希腊人还特意上演轻松欢快的喜剧，作为对庄重严肃的悲剧的一种调节。古希腊人的酒神节本是生殖崇拜的狂欢节，在节日盛会上，古希腊人载歌载舞，纵情狂欢。喜剧往往取材于现实政治斗争或社会伦理生活，讽刺其中的假丑恶现象，以博取公民开怀大笑，适宜于节日的狂欢氛围。

到阿里斯托芬的时代，古希腊喜剧发展到成熟阶段。阿里斯托芬的喜剧往往虚构出一些荒诞不经的故事，“往往充满民间滑稽剧的插科打诨”“往往插进一些粗俚的笑话和滑稽的动作”[②]，表面上看起来滑稽甚至粗俗，但喜剧的精神却是严肃的，充满了对城邦秩序、社会伦理、正义、道德、宗教等的深刻洞见。在演出中，喜剧人物道貌岸然，洋相百出，不断暴露其愚蠢和虚伪，让观众认识到那些荣耀的将军是多么愚蠢和自私，那些自命不凡的哲学家是多么有害于传统道德，以及那些自以为是的雅典人是多么短视和缺德，让观众在欢乐轻松中认识有益于城邦生活和个人生活的真理。

自文艺复兴以来，喜剧呈现出多元化发展，演变出讽刺喜剧、性格喜剧、幽默喜剧、正喜

① E. T. A. Hoffmann, Beethoven’s Instrumental Music: Translated from E. T. A. Hoffmann’s “Kreisleriana” with an Introductory Note, Arthur Ware Locke, The Musical Quarterly, Vol. 3, No. 1 (Jan., 1917), Oxford University Press, p. 128.

② 罗念生 . 罗念生全集（第八卷）[M] . 上海：上海人民出版社，2004：101.

剧、轻喜剧、闹剧、荒诞剧等不同类型，探讨的内容范围扩展到人类生存的无比广阔的境况，从再现阴差阳错的生活到表现人们的恩怨情仇，从探讨复杂多变的性格到描写戏谑的场景，从反映美德对邪恶的斗争到揭示令人辛酸的现实，从直面社会伦理道德问题到反思荒诞的人类生存境况，风格从幽默精妙到滑稽搞怪，从插科打诨到优美抒情，从嘲讽批评到荒诞不经，无所不有。总体上，喜剧揭露掩盖在真善美的形式下的假丑恶的内容与本质，抒发真善美对假丑恶的斗争胜利的欢乐，让人们在欢乐和轻松的氛围中讴歌和确认真善美的价值与理想。

因此，作为审美范畴，"喜剧"概括了一种特殊形态或类型的美，它把掩盖在美的形式之下的丑的内容与本质突然揭示给人们看，把伪装为崇高实则低劣甚或无耻突然暴露给人们看，或者把普通人的品行修养上的一些相互矛盾、无伤大雅的瑕疵放大出来给人们看。人们于这些发现中，顿悟到自己在智慧上或道德上的某种想象中的优越感，因而引发自己的笑，或者在友善的氛围中发现并愉快地接受同样存在于自己品行上的一些无伤大雅的瑕疵。

从这个角度看，把这种特殊类型或性质的美称为"喜剧性"，似乎更合适。作为美的范畴，它涉及的范围远比作为戏剧艺术的"喜剧"来得更宽广和深远，除了喜剧艺术最典型、最集中地呈现这种特殊类型的美，喜剧性还广泛地存在于小说、讽刺诗、散文、寓言、相声、脱口秀、笑话、漫画、轻歌剧、电影等文艺作品，以及更为广阔的社会生活之中。

8.2.2 喜剧的理论与审美心理

自古希腊哲学家柏拉图和亚里士多德对喜剧艺术发表看法以来，历史上的哲学家和美学家对"喜剧"这种艺术或"喜剧性"这个美学范畴作出了太多的理论阐发，如喜剧的内涵到底是什么、它为何能够引人发笑、心理机制是怎样的等问题，他们意见不一，着实让人纠缠不清。

就像有些学者揭示悲剧，认为悲剧之所以能够引发人们的快感，是因为人们普遍怀有幸灾乐祸的心理，当观众看到舞台上的悲剧人物倒霉遭殃时，就在心底上涌起一股畅快感，也有一种理论认为喜剧能够引发人们的笑，是因为人性之中有这种劣根性。古希腊哲学家柏拉图认为，人们见到自己朋友愚蠢的行径而生快感，是因为人性中的妒忌。柏拉图在《斐利布斯篇》中说："我们耻笑朋友们的滑稽可笑的品质时，既然夹杂着恶意，快感之中就夹杂着痛感；因为我们一直都认为心怀恶意是心灵所特有的一种痛感，而笑是一种快感，可是这两种感觉在这种情况下同时存在。"① 柏拉图的解释是有一定道理的，的确有一些人见不得别人比他更优秀，或者比他过得更好；相反，见到别人倒霉，或者比他过得更差，就不由得有一种畅快感。又如我们在剧院里看到舞台上的喜剧人物丢丑或吃了苦头，就不由得畅快起来，这背后的心理似乎是一样的。但是，这种理论显然也有不足。比如，看见同行的朋友不小心摔倒在地，我们大抵会笑出声来，笑他笨手笨脚，笑他的狼狈相。然而，若这位朋友摔得更严重些，如鼻青脸肿，甚至骨折，这时候我们就不大可能笑了。如果笑是出于人的幸灾乐祸的心理，那么在后面的情况下，这位朋友更倒霉，境况更严重的时候，我们就应该笑得更畅快。然

① 柏拉图．文艺对话集［M］．北京：人民文学出版社，1963：296-297.

而，事实并不是这样。

柏拉图的这种说法奠定了后世学者讨论喜剧的审美心理的起点，特别是后世含有关于喜剧的“鄙夷说”的因素。亚里士多德的喜剧理论也近似于“鄙夷说”。他说：“喜剧所模仿的性格较我们自己稍低下，但所谓低下，并非全指凶恶。可笑性只是一种丑。”意思是，喜剧人物的行为之所以引发我们的笑，是因为它不是“恶”，而是“丑”，因为“恶”只能令人可憎，而“丑”无伤大雅，会引人发笑。比如，我们往往会觉得某人傻得可爱，但他若是蠢不可及，我们就不会觉得可爱了；因为前者是一种“丑”，而后者则是一种“恶”。喜剧主角通常笨手笨脚，呆头呆脑，或者在性格或道德上有小瑕疵，我们非但不会反感他，反而会觉得很可爱。喜剧人物之所以引人发笑，惹人喜爱，是因为他在智商、情商、性格或道德等方面存在一些小瑕疵，我们可以“鄙夷”他，获得心理的荣耀感和优越感。

英国近代哲学家霍布斯关于笑的心理机制的观点，则进一步强调了“鄙夷说”的思想，他认为笑的实质乃是一种“突然的荣耀”。他在《人类本性》书中说：

> 就这些实例说，笑的情感显然是由于发笑者突然想起自己的能干。人有时笑旁人的弱点，因为相形之下，自己的能干愈易显出。人听到“诙谐”也发笑，这中间的“巧慧”就在使自己的心里见出旁人的荒谬。这里笑的情感也是由于突然想起自己的优胜。若不然，借旁人的弱点或荒谬来抬高自己的身价，究竟是怎么一回事呢？如果我们自己或是休戚相关的朋友成为笑柄，我们决不发笑。所以我可以断定说：笑的情感只是在见到旁人的弱点或是自己过去的弱点时，突然念到自己某优点所引起的“突然的荣耀”感觉。[①]

霍布斯认为，人之所以笑，是因为他看到了旁人的弱点，并在同时发现了自己的优点，因而获得了“突然的荣耀”。看见旁人呆头呆脑，反觉自己聪明颖慧；看见旁人笨手笨脚，反觉自己心灵手巧；看见旁人低劣，反觉自己高明，如此等等。对比使他相信自己比旁人强，不觉自鸣得意起来，于是发笑。霍布斯的“突然荣耀说”自然是有道理的，因而后世学者多有响应。在鄙夷的笑中，发笑者的确能找到某种“荣耀”或优越感。在这里，霍布斯并不是专门针对喜剧的，而是讨论笑的心理的。毫无疑问，喜剧最显著的特征就是笑。我们也确实看到，喜剧人物往往在性格、智力或道德等方面有一些明显的“缺点”或“瑕疵”，要么傻里傻气，要么毛手毛脚，要么自鸣得意，要么爱慕虚荣，等等；而且，就像亚里士多德所说，“喜剧是对于比较坏的人的摹仿”[②]，他们要么是坏人，要么就是小人物。唯有这样，我们作为观众才有资格“鄙夷”他们，才能发笑。霍布斯的问题在于他忽略了笑有很多类型，远不止“鄙夷”的笑。见到熟人的微笑、祝贺节日的欢笑、恋人久别重逢的甜笑、犯错时的尴尬的傻笑、勉为其难的皮笑肉不笑等，这些笑都不含有鄙夷的心理因素。另外，有优越感也不一定就能触发笑。比如，体格强健的年轻人看见步履蹒跚的老年人，非但不笑，反而还可能觉得辛酸。面对自然界中的飞禽走兽、河流山川，人类在精神生活领域当然是优胜的，但在一般情况

① 朱光潜．谈美 文艺心理学［M］．北京：中华书局，2012：358.

② 亚里士多德．诗学 诗艺［M］．罗念生，译．北京：人民文学出版社，1962：16.

下，我们也不会笑。

“鄙夷”的笑，可以说是出于一种“恶意”。然而，法国哲学家柏格森却认为笑并非出于恶意，而是出于旁人善意的提醒。柏格森认为，首先笑或喜剧仅限于人事，我们可以说一个人是可笑的，却不可以说风景是可笑的。如果说猴子等动物是可笑的，那是因为它的形象或动作让我们联想到了人的笨拙的样子。其次，笑或喜剧是因为“生气的机械化”，是人的生气与机械化的因素嵌合在一起。生命不是物，而是永动不息的冲动，时刻奔腾着一股勃勃生机。生机勃勃让人感到欣喜，死气沉沉让人感到厌恶。然而，当生气变得“机械化”，生命失去灵性和弹性，就显露出它的笨拙和丑陋，这就是笑或喜剧。比如，看见小丑或喜剧演员演得像木偶一般笨拙僵硬，我们就会大笑。在卓别林的喜剧电影《摩登时代》中，工人查理负责在生产流水线上拧紧六角螺丝帽。动作简单机械，且无休无止，以至于查理变得意识麻木。查理见到一切六角形的东西包括女人穿的衣服上的纽扣，都当成了螺丝帽，就自动走上前去拧紧。我们觉得这样的场景滑稽好笑。因为，疯狂野蛮的现代工业生产把人降格为机械，使产业工人成为没有“生气”的“异化的人”。同时，社会的风俗、思想、观念、事业等如果变得僵化，不合时宜，也会成为人们的笑柄。

然而，我们看到“生气的机械化”何以会笑呢？柏格森认为，当生气变得“机械化”，生命丧失了灵性和弹性，变得笨拙和丑陋，我们就报之以笑。此时，笑是一种善意的警告，也是一种惩罚。被笑者因此得知自己的笨拙和愚蠢，以便及时加以改正。柏格森说：

> 总而言之，损害工人或社会生命的动作和习性，有自然结果却惩罚它。如果我们画一个圆圈把这些动作和习性包括起来，则在这个骚动和冲突的领域之外还另有一个中立圈，其中人与人相见，在身体心灵性格各方面仍不免流露丑拙。这虽无伤大体，但是社会为使每个人都具有最高限度的弹性和处群的能力起见，却也不能容留它。这种丑拙就是喜剧，笑就是对它们的惩罚。[①]

照此说，笑或喜剧实际上是对社会的矫正，它帮助人们认识到那些不利于人类繁荣的行为。柏格森的理论自然有一定的道理，尤其适合于解释肢体喜剧或身体滑稽的现象。但是，很多人举止优雅而又生气勃勃，谈吐幽默而又充满机智，没有丝毫的僵化感，却同样给我们“喜剧感”，让我们发笑。

柏格森关于笑或喜剧的理论，其实也是一种“不协调论”，因为，笑或喜剧是“生气”与“机械化”这两个相互矛盾的方面的拼合，形成了一种“不协调”的结构。按照这个思路，可笑的事物大半是不伦不类的混搭，好似是一身西装革履的人却又脚穿拖鞋，外表是道貌岸然，内心却是寡廉鲜耻，这样的人或事总引人发笑。我们根据常理做出一种判断，可是结果却不如此，而笑就产生于期望的突然消失。这便是“乖讹说”喜剧理论。

康德是“乖讹说”理论的代表。康德在《判断力批判》里认为，笑是因为紧张的期望突然归于消失所致。康德举例子说，一位印度人初次看到一瓶啤酒打开时迸出泡沫，感到大为惊讶。身边的英国人问他为何惊讶，印度人回答说，他并

① 朱光潜．谈美 文艺心理学［M］．北京：中华书局，2012：361.

不惊讶于那些泡沫流溢出来，而是惊讶于它们是怎么搞进去的。康德解释说："我们听了就会大笑，而且使我们真正开心。并不是认为我们自己比这个无知的人更聪明，而是由于我们的紧张的期待突然消失于虚无。"[①] 或者说，印度人的回答完全超出了我们的期望，因为，我们依据常理会猜想印度人应该回答他从来没有见过这东西，因此觉得惊讶。然而，回答却与我们的期望毫不相干，期望的紧张突然归于消失。这样身心突然松弛下来，复归平衡，因此有助于健康。

康德的这种理论是很有道理的。的确，当我们面对庄严神圣的仪式、高大威仪的人物、崇高华丽的措辞、光鲜亮丽的衣着，我们依据常理就会期望它们随后的表现确如其然，因此在精神上会不觉地严阵以待，然而结果却表明，那庄严神圣的仪式却不过是惺惺作态，那高大威仪的人物实则龌龊不堪，那崇高华丽的措辞却是陈词滥调，那光鲜亮丽的衣着掩盖的却是肮脏的灵魂，这时候，我们的期望突然落空，精神虚惊一场，这前后的不协调和荒谬引发了笑。康德认为，"在一切引起活泼的撼动人的大笑里必须有某种荒谬悖理的东西存在着……笑是一种从紧张突然的期待突然转化为虚无的感情。"[②] 这个判断主要是针对喜剧的心理效果而言的，实际上也涉及人生实践的体验。

在安徒生的童话故事《皇帝的新衣》中，愚蠢的皇帝及其群臣被两个骗子愚弄，全都郑重其事、一本正经地举行了一场庄严的游行大典。最后，一个孩子说道："但是他什么也没穿啊！"这时，我们的期望突然归于虚无，这就引发了我们的笑。相似地，元代作家睢景臣的《高祖还乡》通过一位乡民的视角讲述了皇帝归乡的滑稽故事。皇帝归乡的场面浩大，气势恢宏，乡亲们也都毕恭毕敬。最后，这位乡民猛然认出了皇帝，没承想却是过去一起干农活的无赖刘邦。这时，紧张的期望突然归于消失，喜剧感因此产生。

但是，期望的突然消失为何能够引起笑呢？哲学家叔本华引申了"乖讹说"，认为笑源于结果所依附的概念有乖讹。叔本华的意思是说，我们的期望作为一个概念是大前提，得到的结果作为一个概念是小前提，我们本无期望把小前提纳入到大前提中，但实际上它却混入到大前提中，出乎意料，因而引起喜剧感。比如，在元曲《高祖还乡》中，归乡的皇帝想必是一位非同凡响的大人物，这是期望，即大前提；但迎来的却是无赖刘邦，这是结果，即小前提。人们从未想到，像刘邦那样的无赖竟然就是皇帝，这个概念意外地混入到大前提中，这就引发了喜剧感。

大前提和小前提也可以被视作是逻辑上的"形式"与"内容"，于是，喜剧就是形式与内容的冲突，是大前提含有的形式压倒了小前提暴露出来的内容。黑格尔的喜剧理论就是这样。黑格尔认为，悲剧由于"片面地侧重以伦理的实体性和必然性的效力为基础，至于对剧中人物性格的个性和主体因素方面却不去深入刻画"，而"喜剧则用颠倒过来的造型艺术方式来补充悲剧的欠缺，突出主体性在乖讹荒谬中自由泛滥以达到解决"[③]。意思是说，悲剧着意于展示另一种片面的伦理力量之间的对立冲突，相对就较少顾及人物个性特征和内心世界的细微刻画。喜剧的过程及效果源于喜剧人物自身的性格与行动、目的与动

① 康德. 判断力批判（上卷）[M]. 宗白华，译. 北京：商务印书馆，1964：180.

② 同①.

③ 黑格尔. 美学（第三卷下）[M]. 朱光潜，译. 北京：商务印书馆，1981：318-319.

作的内在矛盾，因为他所追求的目的是一个脱离实际的目标，是他根本无法实现的，结果就是他为了这个实际上无法实现的目标去行动的时候，就不断地制造许多矛盾来，不断地暴露自己的缺陷与可笑之处，最终使他的意志和行动都落空而变得无意义，这就构成了喜剧的过程。所以，与悲剧中的英雄相比较，喜剧人物是一些看起来是冠冕堂皇、道貌岸然而实际上却是自命不凡、性格低下的人，“他们在意志、思想以及对自己的看法等方面，都自以为有一种独立性，但是通过他们自己和他们的内外两方面的依存性，这种独立自足性马上就消失了。”① 从内容与形式的对比关系上看，悲剧与喜剧都是分裂的，悲剧是内容大于形式、压倒形式，而喜剧则是形式大于内容、压倒内容。例如，在《高祖还乡》的例子中，高祖“威加海内兮归故乡”，这是宏大的形式，而所谓的高祖却是无赖刘邦，这是渺小的内容，高祖还乡之所以是喜剧，是因为形式压倒了内容，即无赖原本配不上这庄严神圣的仪式，这才滑稽和引人发笑。黑格尔说：“喜剧只限于使本来不值什么的，虚伪的，自相矛盾的现象归于自毁灭，如把一阵奇怪的念头，一点自私的表现，一种任性使气的态度，拿来与一种热烈的情绪相对照，甚至把一条像是可靠而实在不可靠的原则，或是一句貌似精确而实空洞的格言显现为空洞无聊，那才是喜剧的。”② 奇怪的念头、自私的表现、任性的态度有虚张声势的外在形式，然而却没有与之相匹配的真挚热忱的情感内容；一条原则有看起来可靠的形式然而却没有与之相匹配的可靠的内容，一句格言有看起来精确的形式然而却没有与之相匹配的精确的内容，而是空洞无聊的，这是形式压倒了内容，这就构成了喜剧。黑格尔用内容与形式的对比关系来界定悲剧与喜剧的思想还是非常深刻的。

关于喜剧的理论，除了上面论述的“鄙夷说”“突然的荣耀说”“乖讹说”“冲突说”等几种，还有“精力过剩说”“自由说”“游戏说”等，这里由于篇幅不再一一赘述。总之，喜剧或喜剧感是重要的美学范畴，其审美心理机制是复杂的。

本章小结

本章分析作为美学范畴的悲剧与喜剧的内涵，介绍关于悲剧与喜剧的美学理论，分析悲剧与喜剧的审美心理。

思考题

1. 分析悲剧的内涵。
2. 概述关于悲剧的理论。
3. 分析悲剧的审美心理。
4. 分析喜剧的内涵。
5. 分析喜剧的审美心理。

延伸阅读与参考书目

［1］朱光潜．悲剧心理学［M］．南京：江苏文艺出版社，2009.

［2］尼采．悲剧的诞生［M］．北京：商务印书馆，2012.

［3］李斯托威尔．近代美学史评述［M］．蒋孔阳，译．上海：上海译文出版社，1980.

① 黑格尔．美学（第一卷）［M］．朱光潜，译．北京：商务印书馆，1981：245.

② 同①：84.

第 9 章　丑与荒诞

丑与荒诞是西方近现代美学中独立出来的两个重要美学范畴。丑与美相对，是美的否定和反衬，具有不和谐、不完善、不规整的特点。荒诞与丑有着密切的关系，是丑的极端化。丑与荒诞，突出了审美中主体与客体、内容与形式、感性与理性的尖锐对立。

9.1　丑

9.1.1 “丑”作为审美范畴的演变

“丑”作为一个审美范畴，与以优美为代表的传统美学观念相对。以优美为代表的传统美学观念认为美具有和谐、秩序、完整等特征，是主体与客体、内容与形式、感性与理性之间的和谐一致。而丑则具有不和谐、畸形、毁损、混乱等特征，是主体与客体、内容与形式、感性与理性之间的对立和冲突。

1750 年，美学之父鲍姆嘉通将美学命名为“Aesthetica”，音译为“埃斯特惕卡”，鲍姆嘉通作出了明确规定：“美学（美的艺术的理论，低级认识的理论，用美的方法去思维的艺术，类比推理的艺术）是研究感性认识的科学。”[①] 因此，作为感性学意义上的“美学”是多元化的，不仅研究美，也研究丑。在美学史上，丑的审美价值和意义长期以来都被掩盖在对美的讴歌赞美之下。丑摆脱对美的依附，成为一个独立的美学范畴，经历了以下三个发展阶段。

1. 第一阶段：古典时期，美丑对立

在原始社会，人类处于蒙昧状态，主客是混沌一体的，也没有明确的美丑区分。随着古希腊文明的出现，人们的主体意识逐渐觉醒，人们开始追求自己的审美理想。在古希腊的艺术创作实践中，美是艺术创作追求的最高法则，而丑一直作为美的对立面出现，始终处于边缘地带。比如，在古希腊神话特洛伊之战中，特洛伊城的祭司拉奥孔因为识破了古希腊人利用木马的诡计，试图阻止同胞将古希腊人留下的木马搬进城邦，触怒了古希腊的保护神雅典娜。雅典娜派了两条巨蟒缠咬拉奥孔和他的两个儿子。拉奥孔发出惨痛的哀号，身体剧烈地挣扎。但是，在古希腊雕像《拉奥孔》（图 9–1）中却有意回避这种哀号。德国美学家莱辛一针见血地指出，那是因为“雕刻家要在既定的身体苦痛的情况之下表现出

① 北京大学哲学系美学教研室 . 西方美学家论美和美感［M］. 北京：商务印书馆，1980：142.

图 9–1 《拉奥孔》雕像，古希腊，阿格桑德罗斯等人作，公元前 1 世纪，大理石，高约 184 厘米，现藏于罗马梵蒂冈美术馆

最高度的美。身体苦痛的情况之下的激烈的形体扭曲和最高度的美是不相容的。所以他不得不把身体苦痛冲淡，把哀号化为轻微的叹息。”[①] “在古希腊人看来，美是造型艺术的最高法律”。[②] 现存于世的很多古希腊雕塑，如《掷铁饼者》《米洛斯的维纳斯》等，都非常优美典雅。古希腊的建筑也都呈现出端庄和谐的风格。古希腊人十分崇尚美。这一时期的美学家十分热衷于探讨什么是美。毕达哥拉斯学派认为美在于数的和谐，赫拉克利特认为美在于对立的统一，苏格拉底认为美在于有用，柏拉图认为美在于理念。丑则往往作为美的对立面，附带提及。如赫拉克利特认为“最美丽的猴子与人类比起来也是丑陋的……”[③]

2. 第二阶段：进入近代，美丑互衬

进入文艺复兴时期，人们摆脱了中世纪神学思想的束缚，人的意识开始觉醒。艺术家创作的宗教题材作品不再显得那么庄严神圣，而是带有世俗色彩。加之资本主义阶级的兴起，城市市民阶层的出现，世俗文化开始兴起。这一时期的艺术创作开始注意表现人物内心的真实情感、欲望等，而这是被传统艺术视为不美、不崇高的。丑的价值开始受到艺术家们的重视，如达·芬奇开始在作品中运用丑的元素进行创作，将美丑进行对比，以丑衬美。他在画作《最后的晚餐》（图 9–2）中生动形象地塑造出了两个美丑对比的艺术形象：耶稣坐在餐桌的中央，他把头歪向一边，摊开双手，示意门徒中有人出卖了他。听了耶稣的话后，犹大紧张地将身子向后仰，流露出一种抑制不住的惊恐。在这里，耶稣为了追求真理，甘愿为人类献身，他是崇高伟大的；犹大为了荣华富贵，不惜出卖老师耶稣，他是丑陋卑劣的。在文学领域，丑也开始崭露头角。意大利的但丁在《神曲》中描写他在穿越地狱、炼狱和天堂的旅程中所经历的一系列冒险和挑战，描绘了人类的罪恶和救赎之路。在地狱中，但丁遇到了各种各样的罪犯，如背叛者、贪婪者、淫乱者等，他们被分配到不同的地区，受到不同的惩罚。这些就是现实生活中的丑的折射。

1853 年，德国美学家卡尔·罗森克兰茨的《丑的美学》一书正式出版，这是西方第一部专门研究“丑”的美学著作，标志着丑学的开启。卡尔·罗森克兰茨把丑和美并列起来，认为

① 莱辛 . 拉奥孔［M］. 朱光潜，译 . 北京：商务印书馆，2016：17.

② 同①：15.

③ 北京大学哲学系美学教研室 . 西方美学家论美和美感［M］. 北京：商务印书馆，1980：16.

图 9-2 《最后的晚餐》，意大利，达・芬奇作，1494—1498 年，横 420 厘米 × 纵 910 厘米，现藏于米兰圣玛利亚感恩教堂

丑不仅是美的陪衬物，而且具有独立的审美价值。1857 年，法国文艺理论家波德莱尔出版诗集《恶之花》，他认为丑中有美："不规则，就是说出乎意料，令人惊讶，令人奇怪，是美的特点和基本部分"。[①] 波德莱尔往往用潮湿的牢狱、胆怯的蝙蝠、腐烂的天花板、卑污的蜘蛛等丑恶的意象描绘人的精神状态。波德莱尔以丑为美，化丑为美，在美学上具有创新意义。这种观念也渗透在艺术创作中，越来越多的文艺作品致力于表现丑的形象。法国著名雕塑家罗丹认为"自然中认为丑的，往往要比那认为美的更显露出它的'性格'，因为内在的真实在愁苦的病容上，在皱蹙秽恶的瘦脸上，在各种畸形与残缺上，比在正常健全的相貌上更加明显地呈现出来"[②]。他的作品《欧米艾尔》（图 9-3）刻画的是一位年老色衰的老妓女。她无力地弯着腰，垂着头，胸部干瘪下垂，肚皮上布满一圈圈的褶皱，四肢骨瘦如柴，看起来丑陋不堪。虽然欧米艾尔的外表是丑陋的，但是经过罗丹的加工创作，欧米哀尔的丑陋使得作品具有震撼人心的强大力量！《欧米艾尔》打破了自古希腊以来的传统艺术观念，即认为雕塑艺术只能表现美的对象，而不能表现丑。又如，法国文豪雨果在《〈克伦威尔〉序》中认为生活中是美丑并存的："万物中的一切并非都是合乎人情的美。"[③] "丑就在美的旁边，畸形靠近着优美，粗俗藏在崇高的背后，恶与善并存，黑

① 波德莱尔 .1846 年的沙龙：波德莱尔美学论文选［M］. 郭宏安，译 . 桂林：广西师范大学出版社，2002：13.

② 北京大学哲学系美学教研室 . 西方美学家论美和美感［M］. 北京：商务印书馆，1980：270.

③ 同②：236.

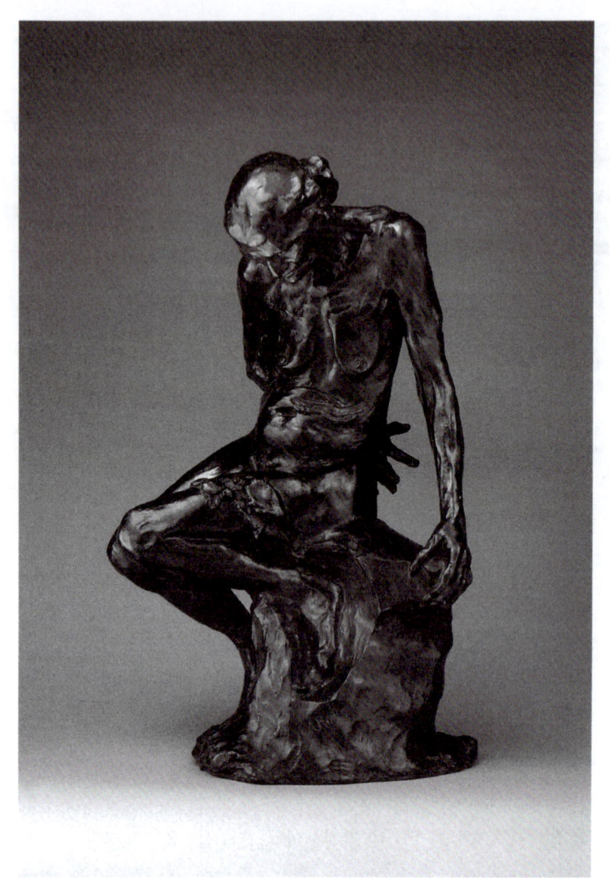

图 9-3 《欧米艾尔》，法国，罗丹作，1885 年

暗与光明相共。”[①] 他在小说《巴黎圣母院》中刻画了一位虽然面容丑陋，但是心地十分善良、美丽的敲钟人卡西莫多，这种集外貌丑与心灵美于一身的人物打破了古典时期建立的审美范式，深入到人的灵魂深处探寻美，是一种审美的进步。

3. 第三阶段：进入现代，以丑为美

自 20 世纪以来，随着科学技术日新月异的发展，社会生产力水平大大提高，人们的物质生活空前丰富。然而，资本主义生产方式也导致了人的异化。人们的精神世界面临严重的文化危机。传统理性美学遭到人们的质疑，取而代之的是非理性美学。

这一切表现在艺术创作中，则是对丑的肯定与赞赏。在现代艺术、后现代艺术中，丑开始取代美，并上升至至高无上的地位，成为非理性的审美理想。这一时期的很多艺术家热衷于表现丑，张扬丑，如毕加索、杜尚等。1907 年，毕加索创作的油画《亚威农少女》（图 9-4）描绘了 5 个丑陋、病态、变形的裸女形象。画面上，左边的三个女子的身体是多角度、碎片化的，其中一人的一只手不可思议地反转到身体的右侧方，还有一个人的一只眼睛几乎占据全脸，右边的两个女子面目狰狞恐怖。这幅画突破了传统的画法，预示着立体主义的诞生。也挑战了传统的审美观念。1917 年，杜尚将一个小便池命名为《泉》（图 9-5）送去参展。杜尚不仅选择难登大雅之堂的小便池这一丑的形象作为艺术创作的素材，并且不加任何美化加工，展示给观众的就是赤裸裸的丑。这一事件彻底颠覆了传统的以美的形式加以表现的艺术创作观。

图 9-4 《亚威农少女》，西班牙，毕加索作，1907 年，油画，横 243.9 厘米 × 纵 233.7 厘米，现藏于美国纽约现代艺术博物馆

① 北京大学哲学系美学教研室 . 西方美学家论美和美感［M］. 北京：商务印书馆，1980：270.

图 9-5 《泉》，法国，杜尚作，1917 年

总体看来，丑作为一个独立的审美范畴，经历了由古典时期的美丑对立，到近代的美丑互衬，再到现代以丑为美的一个嬗变过程。

9.1.2 中西美学史关于丑的探讨

西方美学史上关于丑的论述远不如对美的研究充分，往往是在论述美的本质时附带提及丑。有的从效用的角度谈论丑，如古希腊苏格拉底认为："任何一件东西如果它能很好地实现它在功用方面的目的，它就同时是善的又是美的，否则它就同时是恶的又是丑的。"① 有的从形式的角度谈论丑，如英国美学家越诺尔兹认为"自然的最一般（普通）的形式就是最美的形式。"② 反之，非一般的形式就是丑的形式，他以鼻子为例："例如鼻梁要直才美，直就是鼻梁的中心形式，直比突出，下陷或其他可设想的不规则的形式较常见。"③ 有的从感受的角度谈论丑，如英国经验派美学家休谟说："快感和痛感不只是美与丑的必有的随从，而且也是形成美与丑的真正的本质。"④ 德国美学家谷鲁斯认为"丑这个范畴是在审美的外观上肯定会使高级感官感到不快的东西"。⑤ 意大利美学家翁贝托·艾柯认为："丑则是令人退避、可怖、恐怖、恶心、不宜人、荒怪、可憎、可厌、不正当、污浊、肮脏、不愉快、可怕、吓人、梦魇似的、令人反胃、令人不舒服、发臭、令人生畏、不高贵、难看、令人不悦、累人、忤目逆心、畸形、变形"⑥；有的从表现的角度谈论丑，意大利美学家克罗齐认为美是成功的表现，"丑就是不成功的表现。就失败的艺术作品而言，有一句看来似离奇的话实在不错，就是：美现为整一，丑现为杂多。"⑦

与西方美学相比较，"丑"在中国美学中很早就成为一种独立的审美形态。早在先秦时期，庄子就提出美和丑的本质都是气，就这一点而言，美和丑、神奇和臭腐并没有差别，可以相互转化："人之生，气之聚也；聚则为生，散则为死。若死生为徒，吾又何患！故万物一也，是其所美者为神奇，其所恶者为臭腐；臭腐复化为神奇，神奇复化为臭腐。故曰：'通天下一气耳。'"⑧ 由此出发，中国古典美学认为外形的美丑并不是绝对的，只要能表现宇宙元气运化的生命力，丑也可以成为美。这种观念对中国古代艺

① 北京大学哲学系美学教研室．西方美学家论美和美感［M］．北京：商务印书馆，1980：19.
② 同①：116.
③ 同①：117.
④ 同①：109.
⑤ 李斯托威尔．近代美学史述评［M］．蒋孔阳，译．合肥：安徽教育出版社，2007：243.
⑥ 翁贝托·艾柯编著．丑的历史［M］．彭淮栋，译．北京：中央编译出版社，2012：16.
⑦ 同①：290.
⑧ 庄子·外篇·知北游［M］// 陈鼓应．庄子今注今译（下）．北京：商务印书馆，2007：646.

术产生了深远影响，如宋代著名书画家米芾偏爱丑石。中国古典园林的石头以丑为美。宋代苏东坡评论："石丑而文。"[①] 清代美学家刘熙载也说："怪石以丑为美，丑到极处，便是美到极处。一丑字中丘壑未易尽言。"[②]

此外，庄子还认为若人的外貌奇丑，反而可以显示内在精神的崇高和力量，化丑为美。庄子在《德充符》篇中描绘了众多相貌丑陋，但是道德高尚的畸人形象，有的断足，有的跛腿，有的曲背。他们虽然外貌奇丑，但是内在精神却是崇高的，也就是所谓"德有所长，而形有所忘"[③]。庄子还深刻论述了美与丑的辩证关系："厉与西施，恢恑憰怪，道通为一。"[④]

总之，以上中西美学史关于丑的论述都从不同侧面揭示了丑的性质。我们可以归纳总结丑的审美特征具有以下几点：第一，从本质来看，丑是在感性形式中包含着一种对生活、对人的本质具有否定意义的东西。第二，从形式来看，丑是一种不和谐，具有畸形、毁损、混乱等特征。第三，美丑是相互依存，又可以相互转化的。因为有丑的存在，美才显得可贵。"天下皆知美之为美，斯恶已。"[⑤] 第四，丑与恶密切联系，但是丑并不等于恶。比如，《欧米艾尔》虽然丑，但是并不恶。丑是恶的表现的一个侧面，主要针对形象。恶显示为形象才能成为丑。恶与功利的关系是直接的，而丑的形象和功利的关系是间接的，丑虽涉及功利，但不等于功利。丑可以从形象上把握，恶则通过概念去把握。长相的丑与恶没有必然联系。一个人长相的丑并不影响他内在品质的善与美。比如，中国古代有一位丑妇叫嫫母，虽然貌丑但是却非常贤良淑德。第五，丑的审美感受，是一种在不快、痛感基础上形成的复合情感体验。丑在形式上具有不和谐、毁损、芜杂等特征，给人一种不快的感觉，但是由于丑的艺术往往表现了心灵的冲突或者人生苦难、阴暗的一面，因而引人震撼，给人一种满足感、愉悦感，如李斯托威尔说丑感是"一种混合的感情，一种带有苦味的愉快，一种肯定染上了痛苦色彩的快乐。"[⑥]

9.1.3 丑的审美价值

丑作为一个审美范畴，与传统的优美相对。美是在感性形式中包含着一种对生活、对人的本质具有肯定意义的东西，而丑则涉及否定性方面。那么，丑具有什么审美价值呢？

首先，丑是现实生活中不可缺少的因素，可以显现现实生活的本来面目。现实生活是美丑共存的。相比较而言，美体现了肯定的、积极的生活内容，而丑则体现了否定性的、消极的生活内容；美是和谐、秩序、完整，丑则是不和谐、混乱、毁损；美的事物令人赏心悦目、心旷神怡，丑的事物则令人恶心厌恶、痛苦不快。因此，丑是人的现实生活不可或缺的一个部分，丑不仅是美的衬托，更是对美的扩展、丰富，如我国著名古典文学小说《金瓶梅》以西门庆为中心，极写

① 罗大经．刘友智．鹤林玉露［M］．济南：齐鲁书社，2017：31.

② 刘熙载．艺概［M］// 王振复．中国美学重要文本提要（下）．成都：四川人民出版社，2003：247.

③ 庄子·德充符［M］// 陈鼓应．庄子今注今译（上）．北京：商务印书馆，2007：191.

④ 庄子·齐物论［M］// 陈鼓应．庄子今注今译（上）．北京：商务印书馆，2007：75-76.

⑤ 老子·第二章［M］// 陈鼓应．老子注释及评价．北京：中华书局，1984：64.

⑥ 李斯托威尔．近代美学史评述［M］．蒋孔阳，译．合肥：安徽教育出版社，2007：243.

“世情之恶”，写出了官场社会的黑暗和市井社会的糜烂，深刻地剖析了人性中的丑恶品质，正如张竹坡所说：“西门是混账恶人，吴月娘是奸险好人，玉楼是乖人，金莲不是人，瓶儿是痴人，春梅是狂人，敬济是浮浪小人，娇儿是死人，雪娥是蠢人，宋惠莲是不识高低的人，如意儿是顶缺之人。若王六儿与林太太等直与李桂姐辈一流，总是不得叫做人，而伯爵、希大辈皆是没良心的人，兼之蔡太师、蔡状元、宋御史皆是枉为人也。”① 而且，美与丑也是相互渗透的，美中有丑，丑中有美。美中有丑不一定减损美，有时反而会增加美的魅力，如《红楼梦》中的史湘云，有着姣好的面容，非常美丽。但是，她吐词不清，经常将“二哥哥”说成“爱哥哥”。这个缺点可以说是丑，但是反而映衬出史湘云的娇憨可爱。脂砚斋评价：“可笑近之野史中，满纸羞花闭月、莺啼燕语。殊不知真正美人方有一陋处，如太真之肥、飞燕之瘦、西子之病，若施于别个，不美矣，今见‘咬舌’二字加之湘云，是何大法手眼敢用此二字哉？不独不见其陋，且更觉轻俏娇媚，俨然一娇憨湘云立于书上，掩卷合目思之，其‘爱’‘厄’娇音如入耳内。”②

其次，丑的审美价值还体现在能表现人或事物的独特性。正如罗丹曾经说过：“且在自然中被认为丑的事物，较之被认为美的事物，呈露着更多的特性。一个病态的紧张的面容，一个罪人的局促情态，或是破相，或是蒙垢的脸上，比着正则而健全的形象更容易显露它内在的真。”③ 李斯托威尔也说：“这种丑的对象，经常表现出奇特、怪异、缺陷和任性，这些都是个性的明确无讹的标志；经常表现出生理上的畸形、道德上的败坏、精神上的怪癖，这些都是使得一个人判然地不同于另一个人的地方。总之，丑所表现的不是理想的种类典型，而是特征。”④ 如 17 世纪西班牙画家委拉斯凯兹所画的《教皇英诺森十世肖像》（图 9-6）生动地描绘了一位凶狠残忍的教皇形象。画面中，教皇的脸部微微泛红，面部肌肉紧张，眉头微蹙，眼神凶狠锐利，嘴唇紧闭，正襟危坐地睥睨一切。他的双手扶着椅子，左手捏着一纸敕令，右手戴着宝石戒指，显露出他的

图 9-6 《教皇英诺森十世肖像》，西班牙，委拉斯凯兹作，油画，纵 141 厘米 × 横 119 厘米，1650 年，现藏于罗马多利亚潘菲利美术馆

① 张竹坡 . 金瓶梅读法［M］// 赖力行 . 中国古代文论史 . 长沙：岳麓书社，2000：434.

② 曹雪芹 . 脂砚斋重评石头记（上）［M］. 天津：天津古籍出版社，2006：168.

③ 罗丹述 . 葛赛尔 . 罗丹艺术论［M］. 傅雷，译 . 天津：天津社会科学院出版社，2006：40.

④ 李斯托威尔 . 近代美学史评述［M］. 蒋孔阳，译 . 合肥：安徽教育出版社，2007：243-244.

权势与富贵。这幅画生动地表现了教皇的贪婪、敏感、狡黠、阴险、凶狠和残酷的丑的性格特征。又如，19 世纪俄国画家列宾所画的《祭司长》(图 9-7) 描绘了一位贪得无厌、粗暴、妄自尊大的祭司长形象。他穿着黑色法衣，浓眉竖起，眼睛流露出凶残的光芒。他的鼻子肥大红肿，左手拄着教会的权杖，右手按在挺起的肚子上，身体肥硕臃肿，画家将祭司长的贪婪、凶残、伪善的丑的个性刻画得淋漓尽致。

图 9-7 《祭司长》，俄国，列宾作，油画，124 厘米 ×96 厘米，1877 年，现藏于莫斯科特列恰科夫画廊

再次，丑的否定性思维促使人们用批判的眼光去看待社会生活，反思不合理和有悖人性的地方，因而具有进步意义。例如，毕加索的《格尔尼卡》画面怪诞丑陋，充斥着断裂的肢体、践踏的鲜花、号啕的母亲、受伤的马，画家通过立体主义的手法，用夸张的形象控诉了法西斯的罪行，揭露了战争的残酷。观众在欣赏这幅画时，自然会痛恶战争，追求和平，对生命充满敬畏。又如，梵高的作品《农鞋》(图 9-8) 描绘了一双沉甸甸、硬邦邦的破旧农鞋，看起来丑陋不堪。但是，从农鞋那磨损得黑乎乎的敞口中，我们仿佛看到了这双农鞋的主人的劳动步履的艰辛。鞋皮上粘着温润而肥沃的泥土，仿佛诉说着农鞋主人在田野小径上的踽踽前行。正如海德尔格所说："暮色降临，这双鞋底在田野小径上踽踽而行。在这鞋具里，回响着大地无声的召唤，显示着大地对成熟谷物的宁静馈赠，表征着大地在冬闲的荒芜田野里朦胧的冬冥。这器具浸透着对面包的稳靠性无怨无艾的焦虑，以及那战胜了贫困的无言喜悦，隐含着分娩阵痛时的哆嗦，死亡逼近时的战栗。"[①] 那些充斥着大量丑的现代艺术，实质上饱含着对现实生活的批判和对人性的关怀。

图 9-8 《农鞋》，荷兰，梵高作，油画，37.5 厘米 ×45 厘米，1886 年，现藏于纽约大都会美术馆

① 海德格尔，弗里德里希 - 威廉姆・冯・海尔曼 . 艺术作品的本源［M］. 孙周兴，译 . 北京：商务印书馆，2022：24.

总而言之，虽然丑总是涉及人的否定性方面，但是丑依旧具有重要的审美价值，因为它是人的自由活动、社会生活的一个不可或缺的部分。丑能体现人或事物的独特性，使人产生强烈的情感震撼。因此，丑大大扩展了人们的审美领域。丑的否定性思维促使人们用批判的眼光去看待社会生活，反思不合理和有悖人性的地方，因而具有进步意义。

9.2 荒　诞

9.2.1 荒诞产生的社会根源和思想基础

荒诞作为一个美学范畴，是丑的极端化形式。荒诞是理性协调的颠倒，表现了社会生活中的负面价值，是对美好事物的否定，是人的本质力量的异化和扭曲。荒诞的主要特征是极度的不合理、不正常、反理性、荒诞不经，引起人们一种无可奈何、哭笑不得的审美感受。

荒诞成为一个现代意义的美学范畴出现于 20 世纪，是近代以来文化环境的产物，有着深刻的社会根源和思想基础。从古希腊到 19 世纪，西方社会的两大精神支柱就是基督教信仰和理性精神。但是，在进入 20 世纪以后，这两大精神支柱都崩溃了。

首先，随着科学和理性的入侵，人们的宗教信仰开始崩溃。从中世纪开始，基督教就成为人们的精神信仰。基督教神权成为西方的信仰基石，并在西方社会中扮演着极其重要的角色。基督教文化渗透到西方社会体系的方方面面，上至国王的加冕，下至百姓的日常生活。正是依托神权所构建的宗教信仰维持了西方社会体系的完整与平衡。但是，随着资产阶级的崛起，人们从中世纪进入近代，基督教神权也遭到了严重冲击，走向没落。这是因为：一方面，科学思维的崛起对神权产生了极大的冲击。随着科学技术的飞速发展，西方人的知识水平逐渐提高，他们开始质疑宗教信仰和神权体系。另一方面，文艺复兴以来的人文主义思潮也对基督教神权产生了重大的冲击。与基督教神权以神为本的观念不同，人文主义主张以人为本，强调个体的尊严和自由，反对宗教对人性的禁锢与压迫。这种思想逐渐成为西方社会的主流价值观念，人们越来越反感神权体系的专制和僵化，上帝走下了神坛。人们的精神支柱也从上帝转向理性。17 世纪，理性主义的奠基人笛卡尔高呼：“我思故我在”，肯定了人的主体性地位。于是尼采高喊：“上帝死了！”

其次，资本主义的机械化生产方式导致了人们对理性的怀疑和消解。一直以来，资本主义的崛起都是以人的崇高和理性为主题的。但是依照理性建立起来的资本主义社会却疯狂地追求物质，导致个体与社会、物质和精神逐渐分离和对立。尤其是两次世界大战的爆发，人的生命被肆意践踏，血流成河，满目疮痍，人们不禁对理性产生了怀疑。资本主义的生产方式也造成了人与人之间关系的淡漠，人性的异化。在资本主义的社会化大生产中，每个人都只是一个“零件”，随时都可以被替代。原本，人类的理想是将人类的生活理性化地组织成一个合理有序的社会，使之成为每一个人的家。但是，资本主义的生产方式虽然组织了一个合乎理性的社会，却造成个人与社会的疏离，人与人之间的疏离。于是人们开始怀疑理性的力量，开始感到孤独、恐惧和空虚，感觉自己被抛入了一个非理性的世界。

随着西方社会的两大精神支柱——基督教信

仰与理性精神的崩溃，人的一切行为连同人自身的存在都变得荒谬可笑，毫无价值和意义。面对这一情形，现代存在主义哲学揭示了人存在本身的荒诞性。首先，从人的本源来看，人和世界是荒诞的。人并不是上帝的选民或造物，也没有先验的善恶之分，人只是偶然地被抛掷到这样一个茫茫世界之中；世界本身的存在也是偶然的，没有意义的。因此，这种偶然性就是荒诞感的根源。其次，从人的生存来看，也是荒诞的。由于人只是被抛掷到这个世界上，因此，并没有先验的、固定的人性和本质，人可以自由地选择行为，人的选择决定了成为什么样的人。因此，人的一切本质实际都是由自己的选择所决定的。而且，由于人生始终处于不断发展变化之中，所以人在塑造自己本质的时候也不是一成不变的，不能确保选择意义。最后，人从荒诞出发，人的存在、人生以及世界都是无意义的，虚无感和荒诞感便由此而生。对此，当代德国哲学家施太格缪勒写道："人在现代社会里受到威胁的不只是人的一个方面或对世界的一定关系，而是人的整个存在连同他对世界的全部关系都从根本上成为可疑的了，人失去了一切支撑点，一切理性的知识和信仰都崩溃了，所熟悉的亲近之物也移向缥缈的远方，留下的只是陷于绝对的孤独和绝望之中的自我。"① 人在这样一种与自己毫无不相干的世界中生存，就必然会产生荒诞感。

9.2.2 荒诞作为审美范畴的形成

荒诞作为一个独立的审美范畴，形成于 20 世纪。但是，早在古希腊时期，就能在很多文学作品中找到荒诞意识的萌芽，如古希腊神话西西弗斯的传说中，西西弗斯因触犯了众神而受到惩罚，被要求把一块巨石推上山顶，但是由于巨石太重了，每每推上山顶就又滚下山去，前功尽弃，于是他就周而复始地做这件事情。西西弗斯的生命就在这样单调乏味的重复中慢慢消耗殆尽。这个故事带有鲜明的荒诞色彩。又如，古希腊悲剧《俄狄浦斯王》中，俄狄浦斯无论如何反抗，也摆脱不了杀父娶母的命运安排，他的反抗是无意义的，带有荒诞意味。荷马史诗《奥德赛》中也有很多"荒诞"的艺术元素，如百眼巨人阿耳戈斯、守护冥府的三头犬刻耳柏洛斯、狮头羊身蛇尾的喷火女妖喀迈拉、蛇发金翅，铜手巨齿且奇丑无比的女怪美杜莎、半鸟半女人的妖怪塞壬。这一时期，荒诞并不仅仅是一种朦胧模糊的意识，还表达了人们对外部世界的恐惧不安。古希腊神话与悲剧中的荒诞因素并不具备独立性，主要是为了体现主体的伟大与崇高。

自中世纪开始，荒诞作为一种艺术手法常见于文学作品中，如但丁的《神曲》描写了很多具有荒诞色彩的神奇景象，如吞噬幽灵的三头恶犬，翱翔于自杀者树林之上的人面妖鸟，长着三副不同颜色的面孔、三对庞大无比的翅膀的地狱王，满身污血、头上盘着青蛇的复仇女神。文艺复兴时期，荒诞的表现手法开始大量出现，如拉伯雷的《巨人传》通过荒诞不经的手法批判了教会的虚伪和残酷。文中充满了荒诞诡怪的形象和情节，如高康大出生时要喝一万七千多头母牛的奶，他的衣服要用几万尺布，他胖得有十八层下巴，他把巴黎圣母院的大钟摘下来当马铃铛。又如，西班牙作家塞万提斯的长篇小说《堂吉诃德》第一部中，堂吉诃德在行侠仗义的旅途冒险中，把风车当巨人，把旅店当城堡，把苦役犯当作被

① 施太格缪勒．当代哲学主流（上卷）[M]．北京：商务印书馆，1986：182.

迫害的骑士，把皮囊当作巨人的头颅，等等，最后由桑丘把他锁在笼子里用牛车拉回来。作者以荒诞的手法来表达理想与现实之间的矛盾与冲突。又如，莎士比亚《哈姆雷特》中先王鬼魂的显灵，《麦克白》中女巫的预言，再到19世纪德国作家歌德的《浮士德》一书中，浮士德与魔鬼签署契约，经历了超越时空的荒诞情节。这一时期，荒诞主要作为一种与真善美对立的艺术手法来表达思想感情，揭露与讽刺社会的黑暗现实。

20世纪初，随着西方人的两大精神支柱——基督教信仰和理性精神轰然倒塌，人们的精神无所依靠。资本主义的弊端也日益显现出来。人与世界、人与社会、人与人之间的矛盾日益加剧，人们普遍感到焦虑与恐慌。与此同时，存在主义等哲学思潮的盛行也为荒诞奠定了一定的理论基础。在此基础上，荒诞不仅限于一种艺术手法，而是成为一种普遍的社会心理现象，形成一种文艺思潮，盛行于文学、戏剧、艺术等各个领域，并逐渐获得了独立的美学价值。

被称为“荒诞文学之父”的奥地利小说家卡夫卡是第一个将荒诞引入文学作品中的。他的代表作《变形记》是一部经典的荒诞文学作品。在《变形记》中，推销员格里高尔因为不堪生活的重压变形成为一个大甲虫，家人由最开始的关心到之后的厌烦再到最终的抛弃。小说以荒诞离奇的故事情节为突破口，揭示了人性的异化和社会的冷漠。1938年，法国存在主义哲学家萨特在小说《恶心》中描写了主人公安东纳·洛根丁在经历了长途旅行后想安顿下来，却陷入一种混乱不堪的状态，对周围的一切感到恶心，感到世界的偶然性、不可知性，感到存在本身是无意义的，感到人的生存是偶然的、无意义的，这样的感觉总是无处不在，这种感受就是恶心，就是荒诞：“我没有形成明确的语言，但我明白自己找到了‘存在’的关键、我的恶心及我自己生命的关键。确实，后来我所能抓住的一切都归结为这个基本的荒谬。”[①]另一位存在主义哲学家加缪在小说《局外人》中塑造了莫尔索这个不近人情、离经叛道的“局外人”形象，充分揭示了世界的荒诞性，而人对于荒诞的世界是无能为力的，因此只能无动于衷，不抱希望。

20世纪五六十年代，出现了“荒诞派戏剧”，意味着荒诞成为一个审美范畴已经初具雏形。这一时期的代表性剧作有尤涅斯库的《秃头歌女》《椅子》，热内的《女仆》《阳台》，品特的《一间屋》《生日晚会》，贝克特的《等待戈多》等。这些剧作的特别之处在于一反传统的戏剧表现手法，舍弃了人物形象塑造与戏剧冲突，运用支离破碎的舞台布景、奇形怪状的道具、语无伦次的对话来表现世界的不合情理，存在的无依据，人生的荒诞性。比如，荒诞派戏剧最经典的代表作《等待戈多》讲述了两个流浪汉每天都在乡间小路的一棵树下等待一个名叫“戈多”的人。他们一边苦苦等待，一边无所事事地打发时光，但是戈多最终都没有出现。《等待戈多》打破了传统的开端、发展、高潮直至结局的戏剧模式，故事情节几乎一成不变，自始至终都是两个流浪汉在等待戈多，他们总是寄希望于明天，渴望戈多的到来能将他们从困境中解脱出来。但是，他们等待的“戈多”始终没有出场。他们明知毫无希望，却日复一日地在等待中消磨时光，在等待中死去灭亡。这种等待愈是执着，就愈显得荒诞可笑。它揭示了现代人的生存状态——不可理喻，没有意义。

---

① 萨特．萨特文集（第一卷）[M]．沈志明，艾珉，译．北京：人民文学出版社，2000：155.

20世纪60年代，“荒诞”在美国流行的“黑色幽默”小说中得到进一步发展。“黑色幽默”的小说家往往塑造一些拥有怪癖的“反英雄”人物，以嘲讽的态度来表现个人与社会之间的互不协调，并将之放大直至畸形，揭示世界的荒谬。例如，海勒的《第二十二条军规》、品钦的《万有引力之虹》、小伏尼格的《第一流的早餐》等。

在超现实主义绘画中，“荒诞”理念也体现得淋漓尽致：达利的经典代表作《内战的预感》（图9-9）作于第二次世界大战前夕。当时，整个欧洲乃至世界都笼罩在法西斯的阴影之下。达利在这幅画中通过超现实主义的手法表现自己的恐惧和愤怒。画中的主体形象是被肢解的人体又重新组合的形象，画面下方堆满了形似人的内脏的东西。画面的中央被丑陋的手和腿框成一个框架，画面上方有一个脑袋在狰狞奸笑，仿佛是在炫耀自己的胜利。两只手看起来扭曲可怕，一只在地上，象征被压迫的人民；另一只向上握住乳房的手，象征掀起战争的罪魁祸首。用蓝天白云作背景，表明这一罪行是在光天化日之下进行的。整个画面看起来荒诞而又恐怖。

图9-9 《内战的预感》，西班牙，达利作，油画，纵100厘米×横99厘米，1936年，现藏于美国费城艺术博物馆

总而言之，荒诞作为一个独立的美学范畴经历了一个逻辑演变过程。在西方社会的两大精神支柱——基督教信仰与理性精神轰然倒塌后，“荒诞”成为西方社会生活中的一种重要精神文化现象。这种“荒诞感”逐步上升为对人类存在的形而上学哲学思考，形成了存在主义哲学。在此基础上，荒诞最终被确立为一种审美范畴，主要形成于20世纪五六十年代，表现于当时所出现的法国“新小说”“荒诞派戏剧”，美国的“黑色幽默小说”、超现实主义艺术等。

9.2.3 荒诞的审美特征

作为一个形成于现代的审美范畴，荒诞完全颠覆了传统的审美经验形态，其审美特征在形式上表现为非理性，在内容上表现为无意义，在审美心理上表现为焦虑、恐惧和失望相混杂的特征。具体而言包括以下几点。

第一，非理性。作为一种美感经验，荒诞感的产生首先是由于人已经不再具有理性的本质。人的本质是人自己通过自己的选择而创造的，不是给定的。其次，不仅人是非理性的，世界本身也是非理性的。无论对于人还是世界来说，都没有任何先定的东西。既然所有的存在都不是决定的，而是偶然的，那么，存在是不确定的。整个世界的完整性与确定性被解构了，呈现出偶然性与非理性的特点。因此，从形式上看，荒诞的审美特征也呈现出非理性的特点。

在荒诞艺术中，理性主义的艺术规则被排斥。荒诞艺术的作品往往不合逻辑、时空错乱，呈现出一种非理性的无序感。在绘画中，往往通过不合逻辑的方式将日常事物进行重构，形成怪诞的组合，如达利的代表作《记忆的永恒》（图 9–10）表达了一种超现实的梦境：远景是一片海滩，海面散发出耀眼的光芒。随着视线的拉近，我们可以看到三个时钟宛若融化一般摊在树枝、桌子和一个白色物体之上。这些物象在现实中有真实的原型，却通过扭曲变形的手法表现出来，被毫无逻辑地组织在一起，充满无理性和荒诞性。在文学和戏剧领域，则表现为对传统结构、语言、情节的连贯性和逻辑性的摒弃，如英国著名荒诞派戏剧理论家马丁·埃斯林认为："吉罗杜、阿努依、萨拉克鲁、萨特和加缪本人大部分戏剧家的作品的主题也同样意识到生活的毫无意义，理想、纯洁和意志的不可避免的贬值。但这些作家与荒诞派作家之间有一点重要区别：他们依靠高度清晰、逻辑严谨的说理来表达他们所意识到的人类处境的荒唐无稽，而荒诞派戏剧则公然放弃理性手段和推理思维来表现他所意识到的人类处境的毫无意义。"[①] 又如《秃头歌女》的结构打破了传统戏剧的合乎逻辑、合乎理性的方式。全剧从史密斯夫妇的东扯西拉的闲谈开始，随后是马丁夫妇出场，仍然是无聊的对话。经过长时间的闲聊，他们无意中发现彼此竟然是住在同一条街道、同一幢楼房，睡在同一个房间、同一张床上的一对感情淡漠得如同陌生人似的夫妻。他们很快又对这种关系产生怀疑。最后是以马丁夫妇再出现，重复史密斯夫妇的开始时的姿态和对话而告终。全剧没有合乎逻辑的戏剧情节，只是一种可有可无的延续。这种延续是散漫、偶然、任意、非理性的。

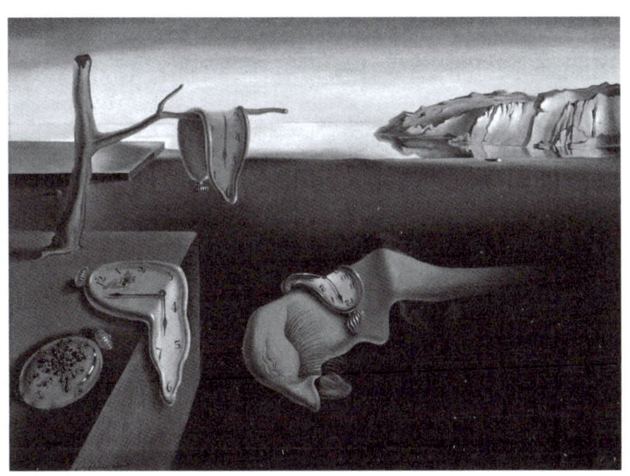

图 9–10 《记忆的永恒》，西班牙，达利作，油画，纵 24 厘米 × 横 33 厘米，1931 年，现藏于美国纽约现代美术馆

第二，无意义。前面已经论述，随着西方社会的两大精神支柱——基督教信仰与理性精神的崩溃，人的一切行为连同人自身的存在都变得荒谬可笑，毫无价值和意义。面对这一情形，现代存在主义哲学认为人的存在、人生以及世界都是无意义的，虚无感和荒诞感便由此而生。荒诞派戏剧作家尤涅斯库也认为："荒诞是指缺乏意义……在同宗教的、形而上学的、先验论的根源隔绝之后，人就不知所措，他的一切行为就变得没有意义，荒诞而无用。"[②]

这种无意义体现在艺术创作中，表现为价值削平，深度消失。也就是说没有高潮、没有中心、没有主体，同一性、整体性和中心性都被消解了，否定任何价值，高雅与卑贱、伟大与平凡、美丽与丑恶的区分也毫无意义。如在文学和戏剧领域，打破了传统的开端、高潮、结局的叙事结构，弱化甚至取消故事的情节，很多作品呈现开放式结局甚至没有结局。作品中的语言往往是无意义的，既不表达人物的心理感受，也不体现人物性格，以非理性、无逻辑的方式拼接在一

① 马丁·埃斯林．荒诞派之荒诞性［M］// 袁可嘉．现代主义文学研究（下）．北京：中国社会科学出版社，1989：675.

② 伍蠡甫．现代西方文论选［M］．上海：上海译文出版社，1983：357–358.

起。人物对话多用无聊的下意识独白和不知所云的废话对白。例如，贝克特的《等待戈多》的戏剧情节几乎没有发展变化，全剧开场是等待戈多，结尾还是等待戈多。剧中的人物对话也是无意义不断重复，如弗拉第米尔看到爱斯特拉贡试图脱掉自己的靴子，就问他是否伤到了脚趾，两人的对话不断重复“脚疼”。

爱斯特拉贡：我在脱我的鞋。你，你难道从来没有脱过鞋？

弗拉第米尔：我早就对你说过，鞋子是要每天都脱的。你本该好好地听我的话的。

爱斯特拉贡：（微弱地）帮帮我吧！

弗拉第米尔：你脚疼吗？

爱斯特拉贡：脚疼！他在问我是不是脚疼！

弗拉第米尔：（有些激动地）好像这世界上只有你才脚疼似的！我难道就不算是个人吗？我倒要看一看，你要是受了我的那些苦，你还能怎么着。你可能会告诉我一些新鲜事。

爱斯特拉贡：你也脚疼过？

弗拉第米尔：脚疼！他在问我是不是脚疼过！①

从审美心理来看，荒诞感是由于人与世界的疏离而体验到的一种不安全感和不信任感，从而产生一种极度的焦虑、恐惧、失望和苦闷相混杂的情绪。法国荒诞哲学的代表加缪认为：“一个可以用说理来解释的世界，无论多么不完善，总是个熟悉的世界。但是在一个突然失去了幻想和光明的宇宙中，人感觉到自己是个陌生人。他是一个无法救助的被放逐者，因为他被剥夺了对家园的记忆，也失去了对出现乐土的希望。人与他的生活、演员与他的背景的分离，真正构成了一种荒诞之感。”② 从这段话可以看出，荒诞感的产生包含两方面的因素：一方面是由于人与世界的疏远和分离，另一方面是由此造成的苦闷心理。荒诞感在感性体验上十分复杂。人们面对充满偶然性、毫无理性可言的世界，会感到莫名的焦虑、恐惧、失望和苦闷。

例如，卡夫卡在《变形记》中塑造的主人公格里高尔一夜之间变成了甲虫，就像是他对于自己命运控制的无力和恐惧。最后，格里高尔在绝望中死去，无疑让读者产生了一种恐惧感。加缪的小说《局外人》的主人公莫尔索从参加母亲的葬礼到偶然成了杀人犯，再到被判处死刑，莫尔索似乎对一切都无动于衷。他原本是可以通过为自己辩护来获取生存机会的，但是最终他还是以死亡的方式来达到精神上的解脱。又如，1893年，挪威画家蒙克创作的油画《呐喊》以极度夸张的笔法描绘了一个扭曲尖叫的人物形象。画面背景是血红的天空，画面中的人物双眼圆睁，脸颊凹陷，如同骷髅一般，传递给观众一种强烈的焦虑、恐惧与不安。蒙克曾在日记中写道，他与朋友散步时，“突然间，天空变得血样的红，一阵忧伤涌上心头，我呆呆地伫立在栏杆旁。深蓝色的海湾和城市上方是血与火的空际，朋友继续前行，我独自站在那里，由于恐怖而战栗，我觉得大自然中仿佛传来一声震撼宇宙的呐喊。”③

丑和荒诞作为西方现代美学的两个重要范畴，既有联系，也有区别。它们的联系在于以下

① 林玲，王振军．外国文学精品导读［M］.2017：192.

② 加缪．西西弗斯神话［M］．北京：生活·读书·新知三联书店，1987：6.

③ 韦·蒂姆．蒙克的几幅作品［J］．禾三三，译．世界美术，1981（2）：84.18.

三点。

第一，与传统的优美、崇高等肯定性审美范畴相比，丑和荒诞都是否定性的审美范畴。丑和荒诞都具有不和谐、不完美、扭曲、变形等审美特征。第二，它们都表达了对西方现代社会高度异化的否定。自19世纪后期以来，西方社会在资本主义生产方式的组织下，虽然取得了巨大的物质成就，但是也出现了人与人、人与社会的异化，甚至出现了虚无主义的思想。丑和荒诞正是对这一社会现实的审美观照与反映。第三，丑和荒诞都是人的主体性失落后的产物。自文艺复兴以来，西方摆脱了宗教神学的束缚，人的主体性彰显。人的主体性建立在理性的基础上，“我思故我在”。由此出发，西方认为人可以凭借理性进行自由选择，人才是世界的主体。然而，在19世纪后半叶，西方人文主义思潮的兴起，如尼采的酒神精神、叔本华的权力意志、伯格森的直觉主义、弗洛伊德的精神分析等学说越来越排斥理性的主体，树立起非理性主体，丑和荒诞则承载了非理性的内涵。

丑和荒诞也有区别，表现在：第一，虽然荒诞与丑都是否定性的审美范畴，但是荒诞比丑所包含的否定性因素更多、更深入、更彻底。第二，从审美特征来看，丑具有混乱、畸形、毁损等特征，荒诞则将丑的这种不合理性、不正常性推至极端，表现出无理性、无意义的特点。第三，从审美感受来看，丑引起人们的一种厌恶感、不快感。荒诞则给人以焦虑、恐惧、虚无、苦闷的感觉。

本章小结

本章主要探讨丑和荒诞。主要内容包括丑作为审美范畴的演变、中西美学史上关于丑的探讨、丑的审美价值；荒诞产生的社会根源和思想基础、荒诞作为审美范畴的形成、荒诞的审美特征。

思考题

1. 简述丑作为审美范畴是如何演变的？
2. 举例说明丑的审美价值。
3. 荒诞产生的社会根源和思想基础是什么？
4. 荒诞作为审美范畴是如何形成的？
5. 举例说明荒诞的审美特征。

延伸阅读与参考书目

[1] 翁贝托·艾柯编著. 丑的历史[M]. 彭淮栋，译. 北京：中央编译出版社，2012.

[2] 阿尔贝·加缪. 西西弗的神话[M]. 杜小真，译. 桂林：广西师范大学出版社，2001.

[3] 马丁·艾斯林. 荒诞派戏剧[M]. 刘国彬，译. 北京：中国戏剧出版社，1992.

[4] 萨特. 存在与虚无[M]. 陈宣良，译. 北京：生活·读书·新知三联书店，2007.

[5] 阿尔贝·加缪. 局外人[M]. 金祎，译. 南京：江苏凤凰文艺出版社，2019.

第 10 章　意境与传神

在前面的章节中，我们介绍了西方美学中的重要审美范畴，如优美与崇高，悲剧与喜剧，丑与荒诞。在这一章里，我们探讨中国美学中的两个重要审美范畴：意境与传神。

10.1　意　境

意境是中国传统美学中一个十分重要的范畴，它贯穿于中国古典诗词、书画、戏曲、园林等各个艺术门类中。它指的是运用一定的艺术手法所创造的，抒发主观情思与生命感悟的情景交融、虚实相生、韵味无穷的艺术境界。

10.1.1　意境理论的源流

意境理论的关键在于“境”。境的本字为“竟”，表示时间或者空间范围的止境，如《周礼》记载：“凡国、都之竟，有沟树之固。”[①]《说文解字》记载：“竟，乐曲尽为竟。”段玉裁注为：“曲之所止也，引申之凡事之所止，土地之所止皆曰竟。”[②]因此，“境”具有时间和空间的双重意义。“境”不仅可以表示具象的物质实存，也可以表现抽象的心理感受。比如，白居易在《琵琶行》中描写的琵琶女弹琵琶的乐曲是客观存在的境界：“大弦嘈嘈如急雨，小弦切切如私语。嘈嘈切切错杂弹，大珠小珠落玉盘。”白居易从琵琶女的低沉、忧郁的曲调中感受琵琶女命运的坎坷，这种感悟也是一种境界：“弦弦掩抑声声思，似诉平生不得志。”“冰泉冷涩弦凝绝，凝绝不通声暂歇。别有幽愁暗恨生，此时无声胜有声。”因此，“境”具有主观与客观的双重意义，其中，主观的意义更为重要。

汉魏时期，随着佛教传入中国，“境”也成为佛学中的一个重要概念，指人心所攀缘的外物，或者说是人的自我意识所达到的觉悟境地。在佛学中，“境”不仅是指客观物象和物理环境，而更多的是指人对客观物象或环境的主观的感受、体会和认识。

唐代，很多著名诗人，如王昌龄、皎然、刘禹锡、司空图等将“境”当作美学范畴来使用，对于意境理论的构建做出了各自的贡献。盛唐

① 周礼·夏官·掌固［M］// 杨天宇．周礼译注．上海：上海古籍出版社，2004：434–435.

② 许慎．说文解字注［M］．段玉裁，注．上海：上海古籍出版社，1988：102.

诗人王昌龄最早使用“意境”这个概念。他说：“诗有三境，一曰物境。欲写山水，则张泉石云峰之境，极丽绝秀者，神之于心，处身于境，视境于心，莹然掌中。然后用思，了然境象，故得形似。二曰情境。娱乐愁怨，皆张于意而处身，然后驰思，深得其情。三曰意境。亦张之于意而思之于心，则得其真矣。”①王昌龄提出“诗有三境”：物境、情境、意境。“物境”是指自然山水的境界，“情境”是指人生经历的境界，“意境”是内心意识的境界。值得注意的是，这里所说的意境还不等同于现在作为美学范畴的“意境”，但是王昌龄揭示了一些“境”的比较重要的性质：其一，“境”是“象”与“心”统一的精神境界。其二，“境”之“象”既得物之形似，又得物之神似。其三，“境”之“心”，既得其深情，又得其意真。

在王昌龄的意境理论基础上，唐代诗僧皎然进一步发挥。他把“境”和“情”联系起来，认为“缘境不尽曰情。”②“诗情缘境发。”也就是说，审美情感是由“境”引发的。那么，什么是“境”呢？刘禹锡作了一个明确的规定：“境生于象外”③。这句话深刻地揭示了意境的本质特征，意境的妙处就在于由象内通向象外，从有限中见出无限，因此，“象外”的那个“境”才是意境的本质所在。司空图的“象外”之说较刘禹锡有新的发展，他认为好诗应该是“象外之象”“景外之景”，也就是说好的诗句必然会引发欣赏者的想象，从而让欣赏者创造出一个远比诗歌所描绘的景象广阔得多、丰富得多的甚至生动得多的图画来。最早在美学意义上使用“象外”这个词的是南朝的谢赫，他在《古画品录》中说：“若拘以体物，则未见精粹；若取之象外，方厌膏腴，可谓微妙也。”④谢赫所说的“象外之象”，是说画家要突破有限的物象，进入到无限，体现那个作为宇宙的本体和生命的“道”（“气”），达到微妙的境地，这才叫“气韵生动”。意境理论的集大成者是王国维。他在《人间词话》中把意境（境界）作为评词的最高标准。将境界分为“造境”和“写境”即“有我之境”和“无我之境”⑤他还提出“能写真景物真感情者，谓之有境界。”⑥“一切景语皆情语也”。⑦

意境理论还被广泛地应用于中国古代绘画。早在魏晋时期，中国古代画论就对绘画中的形神、骨法、气韵等问题进行了探讨。顾恺之提出“以形写神”，谢赫提出“取之象外”，总结出“画六法”，并将“气韵生动”列为六法之首，宗炳提出绘画的功能在于“畅神”，这些理论对中国古代绘画意境理论的形成奠定了基础。唐代张彦远提出“得意深奇”，五代后梁画家荆浩提出“可忘笔墨，而有真景”，这些观点都涉及绘画创作中的主观意兴方面。北宋郭熙在前人的基础上，进一步探讨了山水画“重意”的问题，他在《林泉高致》中首次明确使用“境界”一词，要求山水画家画出诗意：“诗是无形画，画是有形诗……境界已熟，心手已应，方始纵横中度，左

① 王昌龄．诗格［M］// 王振复．中国美学重要文本提要（上）．成都：四川人民出版社，2003：294.

② 皎然．诗式［M］// 郭绍虞．中国历代文论选．上海：上海古籍出版社，1979：131.

③ 刘禹锡．董氏武陵集纪 // 刘禹锡．吴汝煜．刘禹锡选集［M］．济南：齐鲁书社，1989：353.

④ 谢赫．古画品录［M］// 周积寅．中国画论辑要．南京：江苏美术出版社，2005：253.

⑤ 王国维．人间词话［M］．徐调孚，校注．北京：中华书局，2012：3.

⑥ 同⑤：5.

⑦ 同⑤：45.

右逢源。”[①]宋元时期，文人画开始兴起和发展。文人画的创作推崇表现画家个人品格和意趣。文人画的奠基人苏轼认为鉴赏文人画就如同九方皋相马，忽略其外形，抓住其本质特征，“取其意气所到”。苏轼还认为如果以形似论画，那真是儿童的见识：“论画以形似，见与儿童邻。”[②]这些注重写意的创作倾向促进了意境理论在绘画中的形成和发展。明代唐志契在《绘事微言·画题》中第一次将“意境”这一概念用于画论中，清代笪重光在《画筌》中论述了中国山水画意境的基本范畴，如“实境”“真境”“妙境”等。清代布颜图提出山水画的意境营造离不开笔墨：“山水不出笔墨情景，情景者境界也。古云：‘境能夺人，’又云：‘笔能夺境。’终不如笔、境兼夺为上。”[③]总而言之，中国古代绘画意境理论主张以意为先，但又要求通过写貌物情，在虚实结合中引发观者的联想与想象，领会“景外意”以及“意外妙”。

中国古典园林也十分重视意境的营造。《世说新语》中记载东晋简文帝游览华林园时，联想到庄子与惠子之间关于“鱼之乐”的对话，体悟到濠濮的境界：“会心处不必在远。翳然林水，便自有濠、濮间想也”[④]。这是第一次用文字记载人们在观赏园林时产生的联想和想象，说明人们领略到了园林意境。魏晋时期，随着山水诗、山水画的勃兴，文人园林也开始兴起。陶渊明的“采菊东篱下，悠然见南山。”描绘出了一幅恬淡的田园意境。中国古典园林与中国古典诗词一样，讲究诗情画意的艺术境界。清代钱泳在《履园丛话》中说：“造园如作诗文，必使曲折有法，前后呼应；最忌堆砌，最忌错杂，方称佳构。”[⑤]近代学者王国维指出：“文人造园如作文，讲究鲜明的立意，使情与景统一，意与象统 一，形成意境。”这些言论都表明了中国古典园林的意境营造与中国古典诗词一脉相通，都讲究寓情于景、情景交融。

中国古典戏曲也讲究意境。王国维在《宋元戏曲史》中论“元剧之文章”中说：“元剧最佳之处，不在其思想结构，而在其文章。其文章之妙，亦一言以蔽之，曰：有意境而已矣，何以谓之有意境？曰：‘写情则沁人心脾，写景则在人耳目，述事则如其口出是也。’”[⑥]也就是说，戏曲的意境在于情景交融，借景抒情，情感的抒发要真切自然，沁人心脾。

总之，意境理论最早源于中国古典诗词，后来又渗透到中国古代绘画、园林、戏曲等各个艺术门类，成为中国古典美学中一个十分重要的美学范畴。

10.1.2 意境的审美特征

意境的第一个特征是情景交融。意境来源于客观世界，是客观外界在艺术家头脑中的反映，在真挚强烈的感情的刺激下，将艺术家的主观情感与客观物象结合在一起，也就是情景交融，如王夫之所言：“情景名为二，而实不可离。神于

① 郭熙，郭思. 林泉高致［M］// 周积寅编著. 中国画论辑要. 南京：江苏美术出版社，2005：520.

② 苏轼. 书鄢陵王主簿所画折枝二首之一［M］// 周积寅. 中国画论辑要. 南京：江苏美术出版社，2005：190.

③ 布颜图. 画学心法问答［M］// 周积寅. 中国画论辑要. 南京：江苏美术出版社，2005：266.

④ 刘义庆，刘孝标. 世说新语·言语［M］// 世说新语笺疏. 余嘉锡，笺疏. 北京：中华书局，2011：107.

⑤ 林莽. 明清小品文解读［M］. 合肥：黄山书社，2007：213.

⑥ 王国维. 宋元戏曲史［M］. 上海：上海人民出版社，2014：86.

诗者，妙合无垠。巧者则有情中景，景中情。”[①]又说：“夫景以情合，情以景生，初不相离，唯意所适。”[②]

如李清照的《声声慢·寻寻觅觅》：“寻寻觅觅，冷冷清清，凄凄惨惨戚戚。乍暖还寒时候，最难将息。三杯两盏淡酒，怎敌他、晚来风急？雁过也，正伤心，却是旧时相识。满地黄花堆积。憔悴损，如今有谁堪摘？守着窗儿，独自怎生得黑！梧桐更兼细雨，到黄昏、点点滴滴。这次第，怎一个愁字了得！”这首词作于靖康二年，时值金兵入侵，北宋灭亡，李清照在“靖康之变”后南渡，与丈夫赵明诚相会于金陵（今江苏南京），可惜不久后，丈夫就生病去世。在南渡避难途中，夫妻二人收藏的文物又丢失殆尽。经过这一连串的打击，李清照难免孤寂落寞，悲凉愁苦。开篇十四个叠字：“寻寻觅觅，冷冷清清，凄凄惨惨戚戚。”将作者的孤寂之情渲染到了极致。诗句中借用了大量的景物描写，如“淡酒”“晚风”“过雁”“黄花”“梧桐”“细雨”，这些景物描绘出一个秋日的黄昏，凄凉、萧瑟，诗人触景生情，不免感到孤寂悲凉愁闷。“满地黄花堆积，憔悴损，如今有谁堪摘”，过去有丈夫为她摘花，如今花儿枯萎，凋落一地，又有谁可以摘花送给自己呢？情景交融，满地的落花多像自己孤苦飘零的晚境！“梧桐更兼细雨，到黄昏，点点滴滴。”这句以声表情，正在为落花惋惜，为自己愁苦之际，“点点滴滴”的雨声打在梧桐叶上，就好像震撼着诗人的心扉，一滴滴、一声声，“这次第，怎一个愁字了得！”这是对前文“乍暖还寒”“晚来风急”“旧时雁过”“满地黄花”“梧桐秋雨”等情景的概括。然而作者的哀愁又何止这些呢？国破家亡之痛、孤独一人之病等等，仅仅是一个“愁”字能概括得了的？全词写景与抒情融为一体，将诗人国破家亡、颠沛流离的愁闷心情淋漓尽致地表达了出来。

中国山水画是画家心灵的表达，画家通过描绘山川草木、云烟飞瀑、悬崖峭壁等自然实景来抒发个人情思，将自我情怀融入自然山水中，达到情景交融、物我同一的艺术境界。如宗白华先生所言：“艺术家以心灵映射万象，代山川而立言，他所表现的是主观的生命情调与客观的自然景象交融互渗，成就一个鸢飞鱼跃，活泼玲珑，渊然而深的灵境；这灵境就是构成艺术之所以为艺术的‘意境’。”[③]中国山水画提倡要画山水真性情，得山水之灵性。明代唐志契在《绘事微言》中提出：“得其性情，山便得环抱起伏之势，如跳如坐，如俯仰，如挂脚，自然山性即我性，山情即我情。”[④]清代画家石涛也认为：“山川与予神遇而迹化也”[⑤]。五代时期的水墨山水画进入了成熟期。以荆浩、关仝师徒为代表的北方画派，作品沉郁雄浑，气势宏大，开创了大山大水的构图，善于描绘雄伟壮阔的全景式山水，尽显北方山水的雄奇；以董源、巨然为代表的南方画派则笔法细腻，擅长表现平淡天真的江南景色，体现风雨明晦的变化，写尽江南风景的秀美。关仝的《关山行旅图》（图 10-1）中间一条由左向右斜下的河流分割画面，右边画一巨峰，突兀高耸，

① 王夫之．姜斋诗话［M］// 王振复．中国美学重要文本提要（上），成都：四川人民出版社，2003：136.

② 同①：137.

③ 宗白华．中国艺术意境之诞生［M］// 宗白华．美学散步．上海：上海人民出版社，1981：60.

④ 唐志契．绘事微言［M］．张慧，编译．南京：江苏凤凰美术出版社，2020：112.

⑤ 石涛．石涛画语录［M］// 周积寅．中国画论辑要．南京：江苏美术出版社，2005：116.

图 10-1 《关山行旅图》，五代，关仝绘，绢本，纵 144.4 厘米 × 横 56.8 厘米，现藏于台北故宫博物院

群山叠嶂起伏，有寺庙隐现；左边近处作茅屋野店，并有行旅之人，或步行，或骑驴，沿山路向下，点出“行旅”主题。用笔顿挫有力，硬挺老辣，凝重硬朗，把北方山石的坚硬质感表现得淋漓尽致，整幅作品雄伟壮阔、苍茫荒疏，石体坚凝，山峰峭拔，杂木丰茂，台阁古雅，使观者仿佛身临其境。董源的《潇湘图》（图 10-2）画卷以江南的平缓山峦为题材，采取平远之景，江上有一叶轻舟飘来，江边的迎候者纷纷向前。中景坡脚画有大片密林，掩映着几家农舍；坡脚至江水间有数人拉网捕鱼，生机盎然。全卷由点线交织而成，墨点由浓化淡，以淡点代染，在晴岚间造就出一片片淡薄的云烟，潮湿温润的江南气候油然而出。中国山水画家因心造境，山水之境或雄奇、或静谧、或萧散、或疏旷、或苍茫、或清幽……每一种风格都是画家自我情怀的表达。

意境的第二个特征是虚实相生。从结构来看，虚实相生是意境的重要特征。“虚”指空无、空灵、虚拟、虚构、藏匿等，“实”指实有、充实、实写、显露等。在艺术创作中，实是虚的基础，虚是实的补充，实境是一种真境、事境、物境，虚境是在实境基础上为观者创造的一种想象

图 10-2 《潇湘图》，五代·南唐，董源绘，绢本，纵 50 厘米 × 横 141.4 厘米，现藏于北京故宫博物院

的空间、诗意的空间。虚实结合，虚实相生，才能形成真实与空灵，有限与无限相结合的艺术形象和艺术意境。

清代笪重光在《画筌》中有一段关于中国画意境营造的经典言论："空本难图，实景清而空景现；神无可绘，真境逼而神境生。位置相戾，有画处多属赘疣；虚实相生，无画处皆成妙境。"[①] 意思是说，在绘画中，诸如精神、气韵等形而上的层面，是无法直接描绘的，但是画家可以通过描绘具体而细微的生动景象来表现，诸如层峦叠嶂、寒林平野、水鸟寒鸦、房舍楼台等意象，经营好它们各自的位置，布置好它们各自的关系，实中有虚，虚中有实，境界就出来了。这就是中国古代绘画中所谓"计白当黑"的绘画手法，如南宋马远的《寒江独钓图》(图 10–3)，偌大的画面上仅有一叶扁舟，舟上有一位老翁俯身垂钓，船旁几丝水纹，四周都是空白。画家画得很少，但画面并不空。反而令人觉得江水浩渺无边，寒气凛冽逼人。空白之处还给人一种难以表述的无穷意趣，是空疏寂寥，还是萧条淡泊，真令人回味无穷。这种耐人寻味的境界，是虚实结合而产生的效果。

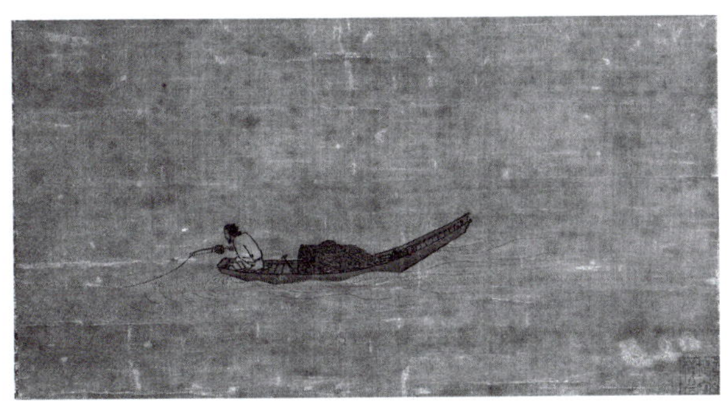

图 10–3 《寒江独钓图》，南宋，马远绘，绢本，纵 26.7 厘米 × 横 50.6 厘米，现藏于日本东京国立美术馆

虚实相生是中国古典园林意境营造的重要手法。沈复在《浮生六记》中论及造园艺术："大中见小，小中见大，虚中有实，实中有虚，或藏或露，或浅或深，不仅在周回曲折四字。"[②] 一般而言，"实景"是景物形象的"实有"部分，"虚景"是景物的"空缺"部分。由于客观事物存在着多种多样的虚实形态，因此这种界定也是相对的，如陆地为实，水面为虚；有景处为实，留空处为虚；近景为实，远景为虚；楼宇建筑为实，院落为虚；园中的建筑、山石、水体、花木等现实之景为实，月影、花影、风声、雨声、鸟语花香等没有固定形状、色彩的景观为虚。虚实既相互对立又相辅相成，引起人们对于自然的无限遐想，获得丰富的身心感受。

拙政园中有一座构思巧妙别致的亭，名为《梧竹幽居》(图 10–4)，为中部池东的观赏主景。此亭的绝妙之处还在于四周白墙开了四个圆形的洞门，洞洞相环，洞洞相套，洞门与附近的莲花池、翠竹林等景致相结合，形成了四幅花窗

图 10–4 《梧竹幽居》，姚丹拍摄

① 笪重光 . 画筌 // 周积寅 . 中国画论辑要 [M] . 南京：江苏美术出版社，2005：262.

② 沈复 . 浮生六记 [M] . 长沙：湖南文艺出版社，1995：30.

掩映、小桥流水、湖光山色、梧竹清韵的美丽框景画面，虚实相生，将观赏者引入深远的审美意境。又如，拙政园还有一座小轩（图 10–5），东南朝向，面对“别有洞天”门，背靠“笠亭”小山，前临碧波清池，环境十分幽美。小轩的屋面、窗洞、石桌、石凳及匾额组合起来像一把折扇，如同小扇自生风的感觉。小亭的名源于苏轼的诗句“闲倚胡床，庾公楼外峰千朵。与谁同坐。明月清风我。”[①] 游人无论是在轩中轩外，倚门而望，或是凭栏远眺，都可欣赏到不同的美景。想象一下，身处皓月当空，清风徐来的情景中，游人细细品味苏轼之诗意，就能领悟到以明月清风为知己的意境。这也是一种联结着一定实景的“虚”，使得意境的想象空间从有限的景物变得无限，进而达到了诗意空间小中见大的效果。

图 10–5 《与谁同坐轩》，姚丹拍摄

中国古典戏曲也是虚实相生的典范。中国戏曲的舞台是虚空的，动作是虚拟的，通过演员精彩的表演，带给观众丰富的联想和想象，从而获得身临其境的审美感受。比如，越剧《梁山伯与祝英台》中有一场《十八相送》的戏。梁山伯送别祝英台途经十八里路，要在空无一物的小小舞台上表现出十八里路途中的各种场景，如凤凰山下思牡丹芍药，清水塘边见戏水鸳鸯，小河边睹白鹅成双、盛开的鲜花、牧童的笛音、喜鹊的叫声……演员通过唱、念、做、打等表演手段，如绕台一周表示翻山越岭，小心翼翼地抬高双脚走路意味着过独木桥，通过虚拟的表现方法，将固定的时间、空间变成了流动的、可变的，使观众理解剧情。又如，京剧《三岔口》这出戏，有一场戏是剧中人物在黑夜中打斗，虽然演员是在明亮的光线下表演，但是却演绎出了在灯火通明的“黑暗”中的精彩打斗。他们围绕着舞台中的“床”，身体略微前倾、眼神左右环视，表现为在黑暗中想要努力看清，搜寻摸索的样子。二人的身体从左探到右，又从右探到左，虽然近在咫尺，却又每每落空，屡次错过，演绎出了黑暗中的伸手不见五指的感觉。这场打斗通过演员精彩的动作、眼神、表情的表演，即便没有黑夜的真实场景，也能使观众联想到剧中人物是在黑夜中打斗，通过演员表演营造出的虚拟的舞台场景感受到真实的戏剧情节空间。

意境的第三个特征是韵味无穷。意境的生成，重在情景交融，相互契合；意境的获得则需要透过表层的象，领略深层的意蕴，“象外之象”，言外之意。由于意境是虚实相生，生于象外的产物，它就必然带着令人回味无穷的特点，

① 苏轼 . 点绛唇 // 谭新红，等 . 苏轼全集 [M] . 武汉：崇文书局，2011：256.

让读者从意境提供的意象中领略其深层的情思意蕴。如欧阳修在《六一诗话》中说："圣俞（梅尧臣）尝谓余曰：'……必能状难写之景，如在目前，含不尽之意，见于言外。'"[①]

唐代诗人元稹有一首五言绝句《行宫》："寥落古行宫，宫花寂寞红。白头宫女在，闲坐说玄宗。"这首诗短小精悍，却深邃隽永，倾诉了宫女无穷的哀怨之情，抒发了诗人感慨时移势迁的盛衰之感。首句"寥落古行宫"点出行宫的冷落、破旧，第二句"宫花寂寞红"与古旧行宫相映衬，更显行宫寥落，暗示昔盛今衰。后两句由景及人，"白头宫女"与第二句中的娇艳红花相映衬，当年花容月貌的娇羞宫女如今已变成了白发沧桑的老妇人，花开花落，年复一年，她们被"闲"在冷宫，只能无聊地谈论天宝时代玄宗遗事。此情此景，令人凄绝！历史沧桑之感尽在不言中！

中国民间音乐家阿炳的二胡民乐《二泉映月》，曲调忧伤而又意境深邃，扣人心弦，不仅流露出伤感怆然的情绪和昂扬愤慨之情，同时也寄托了阿炳对生活的热爱和憧憬。阿炳原名华彦钧，出生于无锡市，民间音乐家，正一派道士，因患眼疾导致双目失明。《二泉映月》是阿炳命运坎坷、一生颠沛流离的人生写照，他将自己生活所闻、所见、所想都融入在内。乐曲从一个短小的引子开始，它像一声积在心底已久的痛苦的长叹，预示主曲的典型情绪。之后是乐曲的主题，由三个乐句组成，从缓慢趋向激动，音域由低而高，变化幅度较大，似是郁闷而怨愤的心情在这里申诉。音乐主题之后出现的数次变奏，是对主题的深化，婉转而悠长，余味无穷。

中国山水画往往以"远"求韵。北宋郭熙在《林泉高致》中总结山水画的透视与构图："山有三远：自山下而仰山巅谓之高远，自山前而窥山后谓之深远，自近山而望远山谓之平远。"[②]"三远"表现了三种不同的境界：高远是仰视，目光由低处移向高处，推至茫茫天际；深远是俯视，由上向下俯视，回到幽幽山谷，郁郁树林中；平远是平视，自近处推向远处，所谓"极人目之旷远也"。"三远"虽然表现手法各有不同，但是都突破了山水有限的形质，将人的目光引向无限的空间，并引发人的丰富联想，表现了一种化有限为无限的无穷韵味。如郭熙的《窠石平远图》（图 10–6）采用了"平远"法，描绘了北方深秋的旷野，一条曲折的小河分割平坡。近景的山坡旁有几块圆形巨石立于水中，而坡上则树木密集，多枯树虬枝，从近景纵深望去，中景的溪流和树木都集中在一处，进而视线一直消失在远山之巅。该画作表现的就是一种山河明净、苍茫远阔的画面，让人感到山水的沉雄远阔以及岁月的沧桑。

总之，意境是中国传统美学中一个十分重要

图 10–6　《窠石平远图》，北宋，郭熙绘，绢本，纵 120.8 厘米 × 横 167.7 厘米，现藏于北京故宫博物院

① 欧阳修 . 六一诗话［M］. 北京：人民文学出版社，1962：9–10.

② 郭熙，郭思 . 林泉高致［M］// 周积寅 . 中国画论辑要 . 南京：江苏美术出版社，2005：428.

的审美范畴。它源于中国古典诗词，之后又渗透到中国古典绘画、园林、戏曲等多个艺术门类，成为中国古代艺术创作、艺术欣赏、艺术批评中的一个十分重要的原则。意境具有情景交融、虚实相生、韵味无穷的特征。中国艺术的意境美展现了中华民族独有的美学精神。

10.2 传　神

传神是中国美学中一个非常重要的范畴。它指的是在艺术创作中要抓住对象的精神气质。传神这一概念源于《世说新语·巧艺》："顾长康画人，或数年不点目睛。人问其故，顾曰：'四体妍媸，本无关于妙处；传神写照，正在阿堵中。'"[①] 自顾恺之提出"传神写照"以后，"传神"成为中国古代绘画十分重要的传统，并影响到雕塑、舞蹈等艺术门类，成为中国古典美学中一个十分重要的美学范畴。

10.2.1 "传神"理论的源流

先秦两汉时期，形神关系就成为中国哲学中经常谈论的重要话题。至魏晋，形神关系成为魏晋玄学中的一个核心问题。一般认为，一方面，形神不可离，另一方面，相对于形而言，神更为根本。如《庄子·知北游》："夫昭昭生于冥冥，有伦生于无形，精神生于道，形本生于精，而万物以形相生。"[②]《荀子·天论》："形具而神生，好恶、喜怒、哀乐藏焉，夫是之谓天情……心居中虚以治五官，夫是之谓天君。"[③] 嵇康则认为"形恃神以立，神须形以存"。[④]

此外，汉代以来的人物品藻尤为重视风神、气质之美。《世说新语·品藻》记载：刘惔、王濛等名士在瓦官寺聚会，其间大家一起谈论起当时的美男子杜弘治和卫玠。杜弘治被誉为"神仙中人"，而卫玠则有"璧人"之称，有人问道："杜弘治和卫玠相比，谁更好看呢？"桓伊评论道："弘治肤清，叔宝（卫玠）神清。"[⑤] 言下之意是杜弘治拥有清秀的外表，而卫玠则有清逸的神采气质。两相比较，高下立判。《世说新语·容止》中对于人物风姿神韵之美的赏誉比比皆是，如评价王羲之"飘如游云，娇若惊龙"[⑥]，赞美简文帝风姿美好："海西时，诸公每朝；朝堂犹暗；唯会稽王来，轩轩如朝霞举。"[⑦] 赞美嵇康"风姿特秀。见者叹曰："萧萧肃肃，爽朗清举。"或云："肃肃如松下风，高而徐引。"山公曰："嵇叔夜之为人也，岩岩若孤松之独立；其醉也，傀俄若玉山之将崩。"[⑧]

哲学思潮中关于形神问题的探讨，魏晋时期人物品藻的重神之风，逐渐影响到中国古代的绘画创作。早在汉代，《淮南子》中就提出："画西施之面，美而不可说；规孟贲之目，大而不可畏，君形者亡焉。"[⑨] 这句话的意思是说西

---

① 刘义庆．刘孝标．世说新语·巧艺［M］// 世说新语笺疏．余嘉锡，笺疏．北京：中华书局，2011：624.

② 庄子·知北游［M］// 陈鼓应．庄子今注今译（下）．北京：商务印书馆，2007：656.

③ 荀子·天论［M］// 王先谦．荀子集解．北京：中华书局，1988：309.

④ 嵇康．养生论［M］// 孟泽．嵇康集．长沙：岳麓书社，2021：95.

⑤ 同①：458.

⑥ 同①：539.

⑦ 同①：541.

⑧ 同①：527.

⑨ 刘文典．淮南鸿烈集解（下）［M］．北京：中华书局，2013：652.

施是美女，孟贲是猛将，画西施或者孟贲，不在于外貌的漂亮或者眼睛的大小，关键在于表现出西施惹人怜爱的性情以及孟贲威猛无敌的气质，也就是“君形者”，即支配外部形象特征的内在精神。

东晋顾恺之明确提出“传神写照”。《世说新语》记载，顾恺之画人物好几年都不点眼睛，别人问他，为什么人画好了，不点眼睛呢？他回答，因为形体的美丑与人的神韵关系不大，画像是否传神，关键在于眼神：“四体妍蚩，本无关于妙处；传神写照，正在阿堵中。”① 因此，只有经过深思熟虑，胸有成竹，才会画眼睛。顾恺之的“传神写照”继承了秦汉以来的“形神论”哲学思想，强调形神密不可分，“写照”的根本目的在于“传神”。

此外，顾恺之还认为人物的动态、服装、背景等都有助于传神。比如，他在《论画》中写道：“《醉客》：作人形，骨成而制衣服慢之，亦以助醉神耳。”② 也就是借衣服的飘动以表现人在醉后的恍惚神态。顾恺之为了衬托人物性格，还十分注意人物背景的选择。比如，他为了表现当时一位名士谢鲲的形象，将他置于山水背景之中，别人问他是什么原因，顾恺之说：“谢幼舆说过‘在一山一水之间游乐，自以为超过庾亮。’他就该被安置在丘壑之中。”他在画当时一位将军裴楷的人像时，非常强调在人物面部画出胡须，因为胡须能表达人物英武的神情。

南齐画家谢赫在顾恺之“传神写照”的基础上，进一步总结出“六法”：“画有六法……六法者何？一气韵生动是也；二骨法用笔是也；三应物象形是也；四随类赋彩是也；五经营位置是也；六传移模写是也。”③ 也就是说，绘画要遵守六个重要的法则，其中，气韵生动为第一要诀。“气韵”即人物的气质、神韵，“气韵生动”强调人物画要表现一个人的风姿神韵。“气韵生动”与“传神写照”有相通之处，两者都包含了一种形而上的追求，要求艺术作品通向宇宙本体和生命的“道”。二者的不同之处在于，在中国古代哲学思想中，“气”是宇宙万物的本体和生命，也是人物“风姿神貌”的本体和生命，又是艺术家的个性气质，因而，“气韵生动”较“传神写照”具有更大的概括性。

宋代郭若虚提出要表现出各阶级的不同人物性格和不同精神状态：“画人物者必分贵贱气貌、朝代衣冠。释门则有善功方便之颜，道象必具修真度世之范，帝皇当崇上圣天日之表，外夷应得慕华钦顺之情，儒贤即见忠信礼义之风，武士固多勇悍英烈之貌，隐逸俄识肥遁高世之节，贵戚盖尚纷华侈靡之容，帝释须明威福严重之仪，鬼神乃作丑魏馳趡之状，仕女宜富秀色婑媠之态，田家自有醇甿朴野之真。”④ 郭若虚认为人的社会地位和处境决定人物的精神气质，界定了各个阶层人物的共性及精神气质，是对“传神”理论的进一步发展。

南宋陈郁提出“写心”理论：“盖写形不难，写心惟难。”⑤ “写心”就是要充分表现所描绘人物的内心世界、思想感情、道德品质。他列举了历

① 刘义庆，刘孝标．世说新语·巧艺［M］// 世说新语笺疏．余嘉锡，笺疏．北京：中华书局，2011：624.

② 顾恺之．魏晋胜流画赞［M］// 王振复．中国美学重要文本提要（上）．成都：四川人民出版社，2003：196.

③ 谢赫．画品［M］// 周积寅．中国画论辑要．南京：江苏美术出版社，2007：156.

④ 郭若虚．图画见闻志（卷一）［M］// 周积寅．中国画论辑要．南京：江苏美术出版社，2007：230–231.

⑤ 陈郁．藏一话腴［M］// 周积寅．中国画论辑要．南京：江苏美术出版社，2007：199.

代很多貌同心异的人，说明只写形状不写心，就很难反映一个人的贤愚忠奸。他以屈原和杜甫为例，说明“写形不难，写心惟难”的道理。比如，写屈原，就要写“其行吟泽畔，怀忠不平之意”①；写杜甫，就要写“风骚冲淡之趣，忠义杰特之气，峻洁葆丽之姿，奇僻赡博之学，离寓放旷之怀”②，因为这些是属于“心”的意志、胸襟、情怀、气节、情趣等，是一个人最本质的精神气质，比写其形、肖其貌重要得多，也难得多。所以，陈郁认为“盖写其形必传其神，传其神必写其心”。③

那么，画家如何才能写出对象的“心”呢？陈郁认为画家要努力提高自身各方面的修养：“夫善论写心者，当观其人，必胸次广，识见高，讨论博，知其人，则笔下流出，间不容发矣。”④只有见多识广，知识渊博，才更善于观察，真正地深入了解、把握人物的内心世界和情感，从而表现出来。

陈郁的“写心”理论是对“传神”论的进一步发展。“传神”论强调在人物外形的基础上，抓住人物的精神气质，而“写心”论则进一步要求深入人物的内心世界，表现人物的胸襟、志趣、气节、学养等，对表现人物的精神气质做出了更细致、更深入的要求。

从顾恺之的“传神”到陈郁的“写心”，中国人物画的传神论发展到一个高峰。“传神”成为中国人物画创作的一个重要原则，并且渗透到山水画、花鸟画中，传神成为中国绘画的重要法则。历代的绘画批评家无不认为形似为下，神似为上，如苏轼认为：“论画以形似，见与儿童邻。”人们认为一幅画“不止于求其形似”“当不惟其形，惟其神也”“贵其神也”，因为“传神”的艺术作品才能深刻地表现对象的本质特征，打动人心。

① 陈郁．藏一话腴［M］// 周积寅．中国画论辑要．南京：江苏美术出版社，2007：200.

② 同①．

③ 同①．

④ 同①：185-186.

10.2.2 “传神”的创作方法

“传神”成为中国古代绘画创作的重要准则，那么，画家如何能够在绘画中“传神”？

1. 以形写神

顾恺之在《魏晋胜流画赞》一文中提出“以形写神”：

以形写神而空其实对，荃生之用乖，传神之趋失矣。空其实对则大失，对而不正则小失，不可不察也。一像之明昧，不若悟对之神通也。⑤

“以形写神”指的是通过描绘客观对象的“形”，来表现客观对象内在的精神气质。形与神是相辅相成的。形是外在的，表象的，具体的，可视的；而神是内在的，本质的，抽象的，隐含的。没有形，神就无所依附；没有神，形就缺乏灵魂。写形是手段，传神是目的，写形是为了传神。“以形写神”成为中国古代绘画创作的重要准则。

顾恺之创作的《女史箴图》就是“以形写神”的典范。现存《女史箴图》（图 10-7）中第一段是“冯媛挡熊”的故事。画面描绘了汉元帝率领宫人于后宫观看斗兽。正看得兴起，一只黑熊突然从围栏中跃出，扑向汉元帝，随从的后宫佳丽都吓得花容失色，四处逃窜。此时，唯有冯

⑤ 顾恺之．魏晋胜流画赞［M］// 陈传席．六朝画论研究．北京：中国青年出版社，2015：67.

图 10-7 《女史箴图》局部之冯媛挡熊，东晋，顾恺之绘，唐摹绢本，全卷纵 24.8 厘米 × 横 348.2 厘米，现藏于伦敦大英博物馆

媛挺身而出。画面中，冯媛长带宽衣，在粗笨雄壮的黑熊面前显得尤为娉婷纤瘦，但是她却昂首挺立，毫不畏惧。旁边还有两个手执武器的士兵。他们虽然一个在张口呵斥，一个用长矛刺向黑熊，但是却面露胆怯惊惶之色，不敢直面黑熊。这更加突出了冯媛临危不惧，勇敢护主的精神。

除了顾恺之擅长“以形写神”外，中国古代还有很多画家在自己的作品中“以形写神”，如北宋画家李公麟所画的纸本墨笔白描画《免胄图》（图 10-8 、图 10-9），这幅画描绘的是唐代大将郭子仪不穿甲胄，单骑会见回纥可汗，促成双方和好的故事。画面的右边是回纥军奔腾而来，尘土飞扬，气势汹汹；左边是泾阳守军在严阵以待，刀枪林立，凛然不惧。在大军压境，兵临城下的危急时刻，郭子仪免去甲胄，只带领几十卫士会见回纥统领。画面的中心，郭子仪与随从正在和回纥统领握手相见。郭子仪身着便服，头扎软巾，将跪在地上的回纥统领拉起来，神色从容慈祥，颇有大将风度。回纥统领有的跪立作揖，有的倒地伏拜，有的羞愧满面。画面虽然人物众多，但是作者巧妙组

图 10-8 《免胄图》（局部 1），北宋，李公麟绘，纸本墨笔白描画，纵 32.3 厘米 × 横 223.8 厘米，现藏于台北故宫博物院

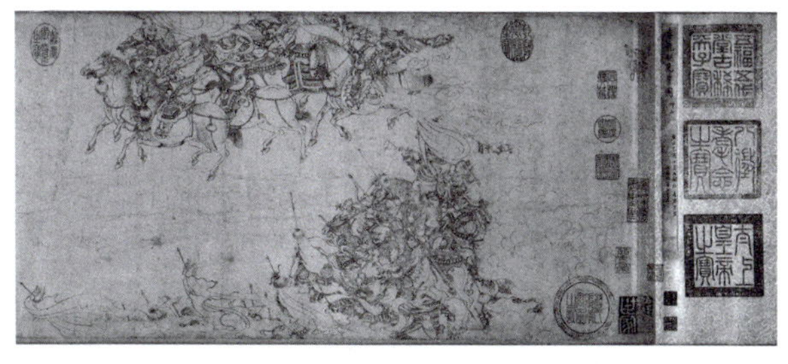

图 10-9 《免胄图》（局部 2），北宋，李公麟绘，纸本墨笔白描画，纵 32.3 厘米 × 横 223.8 厘米，现藏于台北故宫博物院

合，而且抓住人物的主要特征进行刻画，注重表现不同人物的精神气质，如回纥人的高鼻深目、满面虬须、有勇无谋，而唐朝将士仪表堂堂、军容整齐，尤其是郭子仪雍穆大方、临危不乱，生动地表现了郭子仪谈笑间降服数十万回纥大兵的英才大略。

唐代画家周昉也擅长刻画人物的神情气质。他的代表作《挥扇仕女图》（图 10–10）描绘了夏末秋初之际，宫妃和侍女在深宫院内纳凉、休憩、理妆、观绣的场景。整幅画面描绘了十三位头挽高髻、细目圆面、长裙曳地的妃嫔和宫女形象。从右至左大致可分为五段，第一段为“挥扇”：一位妃子按纨扇慵坐，其右着紫袍束带的女官，两手执扇，另有两女持梳洗用具侍立于左侧。第二段为“端琴”：一掩髻者抱琴至，另一女子在旁协助。第三段为“临镜”：一人持镜却立，一姬拥髻对镜梳妆。第四段为“围绣”：其中一女持团扇，倚绣床，另有两女对绣。第五段为“闲憩”：一妃背坐挥小纨扇，引颈远眺，另一姬倚树，茫然出神。画中的人物都流露出惆怅、寂寞、忧郁的精神状态。

2. 迁想妙得

“迁想妙得”一词出自顾恺之的《论画》，“凡画：人最难，次山水，次狗马，台榭一定器耳，难成而易好，不待迁想妙得也。”[①] 这句话表明绘画所描绘的对象中，人物最难表现，其次是山水，然后是狗马。因为画人需要传神，画山水需要表现生动意趣，画犬马需要表现其活跃情态。亭台楼阁之类的东西无“神气”可言，只有固定形态，虽然描画费工，但是易见成效。而具有生命和灵性的人最难描画，需要“迁想妙得”。所谓“迁想”就是仔细体会、揣摩对象的特征、神气，进行想象；“妙得”就是获得精妙的体会，认识，把握对象的“神”的微妙。“迁想妙得”实际上强调的是充分发挥艺术想象来把握由想象所得的形象呈现出来的微妙的“神”。

顾恺之在绘画创作中也秉承了“迁想妙得”这一方法。顾恺之所画的《洛神赋图》是依据曹植的文学作品《洛神赋》而作。在《洛神赋》中，曹植虚构了自己与洛神的邂逅和彼此之间的思慕爱恋之情。洛神美丽绝伦，但是人神道殊最终不能结合，作者抒发了自己的悲伤惆怅之情。顾恺之以曹植的《洛神赋》为蓝本，充分发挥自己的想象力，通过绘画的形式进行再创作。画面主要描绘了曹植在洛水边遇见了美丽的洛神，并为之倾倒。曹植解玉佩相赠，表达爱慕之情。二人情投意合。无奈人神有别，不能长相厮守。洛神与诸神嬉戏起舞后，便不得不离去。洛神乘云车而去，曹植在岸边目送着洛神离去，难舍难分。洛神离去后，曹植彻夜难眠，在洛水边等待到天明，最后无奈踏上归途。画家根据辞赋中内容展开丰富的想象，塑造出画卷中嬉戏的诸位神

① 顾恺之 . 论画［M］// 周积寅 . 中国画论辑要 . 南京：江苏美术出版社，2005：106.

图 10–10 《挥扇仕女图》，唐，周昉绘，绢本，横 204.8 厘米 × 纵 33.7 厘米，现藏于北京故宫博物院

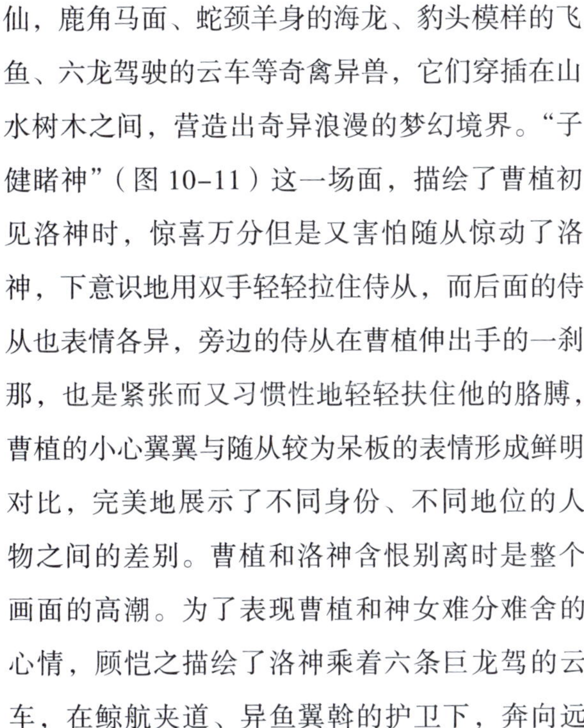

仙，鹿角马面、蛇颈羊身的海龙、豹头模样的飞鱼、六龙驾驶的云车等奇禽异兽，它们穿插在山水树木之间，营造出奇异浪漫的梦幻境界。“子健睹神”（图 10–11）这一场面，描绘了曹植初见洛神时，惊喜万分但是又害怕随从惊动了洛神，下意识地用双手轻轻拉住侍从，而后面的侍从也表情各异，旁边的侍从在曹植伸出手的一刹那，也是紧张而又习惯性地轻轻扶住他的胳膊，曹植的小心翼翼与随从较为呆板的表情形成鲜明对比，完美地展示了不同身份、不同地位的人物之间的差别。曹植和洛神含恨别离时是整个画面的高潮。为了表现曹植和神女难分难舍的心情，顾恺之描绘了洛神乘着六条巨龙驾的云车，在鲸航夹道、异鱼翼龄的护卫下，奔向远方，回头与岸边的曹植对视时，眼神流露出不舍之情。画者与观者通过作品达到情感的共鸣。（图 10–12）

图 10–11 《洛神赋图》局部之子健睹神，东晋，顾恺之绘，宋摹绢本，全卷纵 27.1 厘米 × 横 572.8 厘米，现藏于北京故宫博物院

图 10–12 《洛神赋图》局部，东晋，顾恺之绘，宋摹绢本，全卷纵 27.1 厘米 × 横 572.8 厘米，现藏于北京故宫博物院

又如，《世说新语 · 巧艺》中记载：“顾长康画裴叔则，颊上益三毛。人问其故，顾曰：‘裴楷俊朗有识具，正此是其识具。看画者寻之，定觉益三毛如有神明，殊胜未安时。’”[①] 顾恺之给裴楷画像，为了表现裴楷的精神气质，在他的画像脸颊上多加了三根胡须，观众看到以后，觉得添上这三根胡须更有神韵，更能表现裴楷的精神气质。从中可以看出，顾恺之为了表现裴楷的性格气质，充分发挥想象，在“颊上益三毛”，这样既能表现裴楷的“俊朗”，又能体现裴楷的才识和精神。由此可见，在绘画过程中充分发挥画家的主观想象，“迁想妙得”是十分重要的。

3. 注重眼睛的刻画

眼睛是人的心灵的窗户。眼睛是表现人的内在精神气质的重要部位。《世说新语 · 巧艺》记载：“顾长康画人，或数年不点目睛。人问其故，顾曰：‘四体妍媸，本无关于妙处；传神写照，正在阿堵中。’”[②] 这里的“阿堵”指的就是眼睛。所以对眼神的描绘起到了画龙点睛的作用。

中国古代画家在表现人物气质时，十分注重眼神的描绘。比如，唐代阎立本的《历代帝王图》（图 10–13）一共描绘了十三位帝王形象，并根据每个帝王的政治作为，加以个性化的描绘，表现不同帝王的不同气质个性。在表现帝王形象时，阎立本十分善于通过人物的眼神来表现不同帝王的个性特征。图中的汉光武帝刘秀是后汉开国皇帝，史上著名的“中兴之主”，足智多

① 刘义庆，刘孝标注．世说新语 · 巧艺［M］// 世说新语笺疏．余嘉锡，笺疏．北京：中华书局，2011：623.

② 同①：624.

图 10-13 《历代帝王图》卷（局部），唐，阎立本绘，摹本绢本，纵 51.3 厘米 × 横 531 厘米，现藏于北京故宫博物院

谋。据《后汉书・光武本纪》记载，刘秀身材魁梧，美须髯，口大鼻高，阎立本根据史书记载再加上自己的评价，将其描绘成身材魁梧高大、眼睛炯炯有神、双眉舒展、自信豁达的开国君主形象。魏文帝曹丕虽然是开国皇帝，但是心胸狭隘，画面中的他目光逼人，唇角微微上扬，看起来骄横而不可一世。后周武帝宇文邕铁血强权，有勇有谋，制造了中国历史上著名的“灭佛”运动。画中的宇文邕直视前方，双目圆睁，不怒自威，有一种雄伟豪迈之气。隋文帝杨坚冷峻阴沉，多谋好疑，画面中，杨坚的眼睛的刻画弱化下眼睑，眼神飘忽不定，似乎在左右溜转，双唇紧闭，看起来深沉而有谋略。画中的蜀主刘备的形象则略显疲惫，面容忧郁，眉头紧蹙，欲吐心声而又不可言的表情，让人一看就能想到他那忙碌成疾却还是兴复不了汉室的无奈。总之，在阎立本的画笔下，那些政治清明、开朝建国的有为帝王，多半冠带轩冕、威严肃穆、睿智豁达，有着雍容华贵的帝王之风，而那些昏庸无能的亡国暴君，大多虚弱无力、刚愎自用，呈现猥琐庸腐之态。

顾恺之还认为画眼睛时要画出眼睛的视线所向，如果视线无所对，茫然呆滞，自然就无法传达出人的“神明”：“一像之明昧，不若悟对之通神也。”“悟对通神”实际是强调表现眼睛与他人、他物之间的对应关系以及人物情感、思想的交流。顾恺之在表现竹林七贤之一嵇康的“手挥五弦，目送飞鸿”的诗意时，说道：“写手挥五弦易，而摹目送飞鸿难。”因为“手挥五弦”是形体动作，而“目送飞鸿”是一种精神状态，必须通过目光表达出眷恋、怅惘而又悠然的情绪，这是难以表达的。顾恺之的代表作《洛神赋图》就十分注重人物之间的“悟对通神”：比如，曹植在洛水边初次见到神女时，内心十分激动。那么，如何表现这种激动的心情呢？画家巧妙地运用了“悟对”这样一种人物的对应关系。画面中，洛神飘然于水面，衣带随风飘曳，岸上的曹植身体微微前倾，展开双臂挡住随从，似乎害怕惊动洛神，画家巧妙地通过这一动作将曹植又惊又喜的神情表现得淋漓尽致，洛神的回眸与曹植的含情脉脉遥相呼应。这样的对视，将人物内心深处的情感充分表现出来，极大地增强了人物的感染力。

4. 笔墨传神

笔墨是中国画的基本功。“笔”通常指勾、勒、皴、擦、点等笔法以及下笔的轻重、疾徐、偏正、曲直等变化；“墨”通常指染、破、积、泼等墨法以及浓、淡、干、湿等变化。笔墨是表现绘画对象精神意气的重要手段，如东晋顾恺之在《摹拓妙法》中说“若轻物宜利其笔，重以陈其迹，各以全其想。”[①] 唐代张彦远在《历代名画记》中说：“骨气形似皆本于立意，而归乎用笔。”[②]“运墨而五色具，谓之得意。”[③] 北宋郭若虚说：“神采

① 顾恺之．摹拓妙法［M］// 周积寅．中国画论辑要．南京：江苏美术出版社，2005：440.

② 张彦远．历代名画记［M］．俞剑华，注释．上海：上海人民美术出版社，1964：23.

③ 同②：37.

生于用笔。”[①] 韩拙也认为：“笔以立其形质，墨以分其阴阳，山水悉从笔墨而成。”[②] 这些言论都表明笔墨对于表现绘画对象的重要作用。

北宋画家米芾评论顾恺之的《女史箴图》“笔彩生动，髭发秀润”。纵览《女史箴图》的全幅画卷，顾恺之采用了高古游丝描，如春蚕吐丝，线条流畅生动，连绵不绝，女史们的衣裙飘逸婀娜，飘带的姿态各异，颜色艳丽，有一种飘飘欲仙、雍容华贵的气派。图画最后以浓艳的色彩略加晕染，使线条与色彩极为协调，人物跃然于画面之上，生动而富有神韵。

唐代画家吴道子“下笔有神，是张僧繇后身”，他在画史上久负盛名，有“百代画圣”之称。元代汤垕在《画鉴》中评价：“早年行笔差细，中年行笔磊落，挥霍如莼菜条，人物有八面，生意活动，方圆平正，高下曲直，折算停分，莫不如意。其傅彩于焦墨痕中，略施微染，自然超出缣素，世谓之吴带当风。”吴道子的经典画作《送子天王图》（图 10–14）描绘了佛教始祖释迦牟尼降生以后，其父亲净饭王和摩耶夫人抱着他去朝拜大自在天神庙时，诸神向他礼拜的故事。此画不施彩，而纯以墨色白描，细节处理也堪称完美。而最精妙的，是为吴道子所开创的“兰叶描”，用笔如行云流水，线条的轻重缓急、抑扬顿挫、松紧粗细，流转随心，衣纹高、侧、深、斜、卷、折、飘、举的姿势表现得极为生动，给人一种清风吹拂之感，有如仙境一般。每一根线都符合造型“传神”的要求，每一根线都充满了韵律美，这是集前代之大成而又有所创造的线。《全唐诗话》赞之为“天衣飞扬，满壁风动”，可谓切中肯綮。后世将吴道子和同样擅长人物宗教画的北齐画家曹仲达并称，说“吴之笔，其势圆转而衣服飘举。曹之笔，其体稠叠而衣服紧窄。故后辈称之曰：‘吴带当风，曹衣出水。’”

宋代梁楷善于用简练的笔墨表现出人物的

① 郭若虚 . 图画见闻志［M］// 周积寅 . 中国画论辑要 . 南京：江苏美术出版社，2005：441.

② 韩拙 . 山水纯全集［M］// 周积寅 . 中国画论辑要 . 南京：江苏美术出版社，2005：466.

图 10–14 《送子天王图》局部，唐，吴道子绘，宋摹纸本，纵 35.5 厘米 × 横 338.1 厘米，现藏于日本大阪市立美术馆

性格特征，开启了写意人物画的先河。比如，他的经典作品《泼墨仙人图》(图 10–15)，寥寥几笔，一位酣醉的醉仙人物形象跃然纸上。这位仙人的五官挤作一团，敞胸露怀，步履蹒跚，头部和左肩的部分以湿笔渲染，宽大的衣袖整体用淡墨挥洒，再辅以几笔浓墨，一位特立独行，眯着眼笑的仙人形象就被生动地描绘出来。又如，他的《太白行吟图》(图 10–16) 舍弃一切背景，仅用简单几笔，就勾勒出李白潇洒不羁的神情。人物的头部用细线勾勒，眼睛一笔点缀，眉毛、头发、胡须均用浓墨干笔皴擦，极为生动地体现出李白的洒脱气质。衣袍与头部细线相映成趣，用线格外丰富，虚实结合，浓淡变化，抑扬顿挫。画中人物的衣领和后背线条用墨较重，而衣袍前面的线条用墨较淡，形成鲜明对比。整幅画面用笔简约，线条起伏变化，笔简而意周。

图 10–15 《泼墨仙人图》，南宋，梁楷绘，纸本，纵 48.7 厘米 × 横 27.7 厘米，现藏于台北故宫博物院

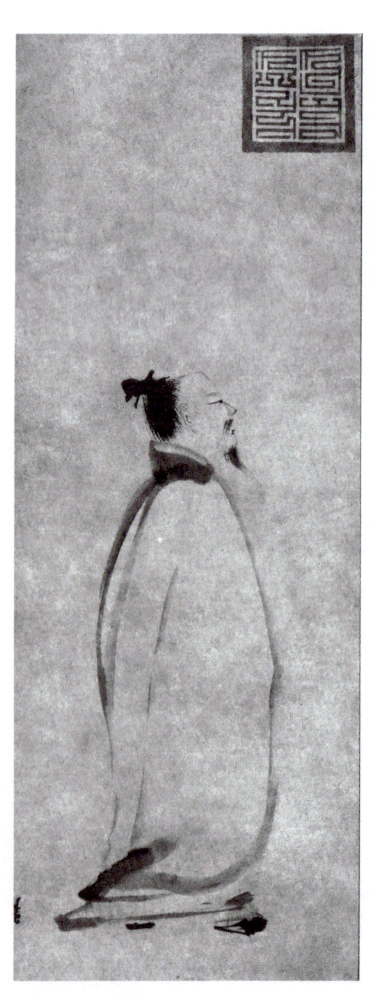

图 10–16 《太白行吟图》，南宋，梁楷绘，纸本，纵 81.2 厘米 × 横 30.4 厘米，现藏于日本东京国立博物馆

综上所述，顾恺之最初提出“传神”论主要是针对人物画，经过后世画家们的继承与发挥，逐渐渗透到了山水画、花鸟画乃至其他美术门类。“传神”成为中国绘画美学中的重要范畴，对中国古代绘画创作与欣赏产生了深远影响，铸就了中华民族绘画的独特美学风格。

本章小结

本讲主要介绍了意境的理论渊源与审美特征，传神的理论渊源以及创作方法。

思 考 题

1. 什么是意境？中国古代美学中意境理论是如何发展演变的？

2. 什么是“传神”？中国古代绘画理论中

“传神”论是如何演变发展的？

3. 举例说明意境的审美特征。

4. 谈谈传神的创作方法。

延伸阅读与参考书目

[1]（清）王夫之．姜斋诗话

[2]（南宋）严羽．沧浪诗话

[3]（北宋）郭熙．林泉高致

[4]（清）王国维．人间词话

[5]（东晋）顾恺之．论画

[6]（东晋）顾恺之．魏晋胜流画赞

[7]（东晋）顾恺之．画云台山记

[8]（南朝宋）宗炳．画山水序

[9] 陈传席．中国绘画美学史［M］．北京：人民美术出版社，2002.

[10] 俞剑华．中国古代画论类编［M］．北京：人民美术出版社，1998.

[11] 周积寅．中国画论辑要［M］．南京：江苏美术出版社，1996.

[12] 李泽厚，刘纲纪．中国美学史（魏晋南北朝编）［M］．合肥：安徽文艺出版社，1998.

[13] 宗白华．中国艺术意境之诞生［M］//美学散步．上海：上海人民出版社，1981.

第 11 章　美学前沿问题

美学是一门系统性的理论学科，有比较成熟的理论框架，前面章节所讨论的美的本质、美感、美的范畴等就是其理论框架中的基本问题。但除此之外，作为一门根据审美实践的变化而不断发展的理论，美学还需要面对和解决许多更为具体的且具有重要现实意义的问题，这些问题既关系到审美现象在当下社会生活中的地位及所发挥的作用，同时又对基本理论的研究有重要的启发意义。本章重点介绍当前美学研究中比较重要的几个前沿问题，包括美育问题、设计美学问题及生态美学问题。

11.1　当代文化背景下的美育问题

在美学理论中，美育是一个既有悠久历史，又有强烈现实意义的问题。不论中国还是西方，在美学思想诞生之初就将美育作为思考的重要课题之一，并提出了很多有价值的观点。而在当代中国，美育又重新成为热点问题之一，甚至其重要性突破了美学的范围，成为教育学、心理学、艺术学等多种学科共同关注的话题。

11.1.1　中国美学中的美育思想

美育是中国传统美学，尤其是儒家美学思想最重要的课题之一，自孔子开始，儒家就将“成人”作为其思想体系最重要的内容之一，孔子说“若臧武仲之知，公绰之不欲，卞庄子之勇，冉求之艺，文之以礼乐，亦可以为成人矣。”又说“今之成人者何必然？见利思义，见危授命，久要不忘平生之言，亦可以为成人矣。”[①] 可见，在他看来“成人”不是简单地具有了人格上、行为能力上的独立性，而是有更深刻的哲学含义。对个人而言，“成人”意味着一个人具备了良好的道德品质，同时又能掌握对社会有益的技能（在当时主要是指“六艺”），这样他才能成为一个承担起社会责任的合格的“君子”。相应地，对国家和社会而言，“教化”也就成为一个重要的课题，对人民进行全方位的教育，从而培养出合格的“人”，是一个国家政治生活中最重要的任务之一。

“教化”的思想与“成人”的思想相对应，后者从个人角度描述了自我学习和自身修养的方法、不同阶段的境界等；前者则论述了国家，主要是统治者阶层应该在教化人民方面建立怎样的

① 杨伯峻 . 论语译注［M］. 北京：中华书局，1980：149.

制度、采取怎样的措施等。在儒家思想发展的过程中，“教化”的思想越来越完备，最终形成一套内容丰富的“教化”理论。《礼记》中的《学记》《经解》等篇章系统论述了儒家的“教化”思想，如《经解》篇讨论了以《六经》为主要内容的不同教育方式的特点，其中的“诗教”，尤其是“乐教”与美育有着密切关系。

《经解》说：“入其国，其教可知也。其为人也，温柔敦厚，《诗》教也；疏通知远，《书》教也；广博易良，《乐》教也；絜静精微，《易》教也；恭俭庄敬，《礼》教也；属辞比事，《春秋》教也。”[①] 这充分体现了儒家的政治观念和教育观念，儒家认为教育是政治最重要的内容之一，而道德素养则是教育最主要的内容，所以国家的治理水平最终体现在社会成员的道德水平上，而要提升社会成员的道德水平，最重要的方式就是教育。以《六经》为主要内容的“教化”，其核心在于培养人“礼”的精神，所谓“礼”在儒家哲学中的含义非常丰富，究其根本可以归结为一种道德意识和政治意识以及与之相匹配的伦理秩序和政治制度。因此，《诗》《书》《礼》《乐》《易》《春秋》分别从不同角度阐释了“礼”的精神，在“教化”的过程中就能够培养人不同侧面的道德观念和政治观念，最终完成“成人”的目的。

在这里面，“乐教”有着特殊的地位，儒家常以“礼乐”并称，这并不意味着“乐”与广义的“礼”是并列的，而是强调“乐”在礼制当中发挥着特殊的作用，而其特殊性就在于“乐”和狭义的“礼”一样，是“教化”的主要手段。《论语》记载：“颜渊问为邦。子曰：‘行夏之时，乘殷之辂，服周之冕，乐则韶舞。放郑声，远佞人。郑声淫，佞人殆。’”[②]《孟子》也说：“见其礼而知其政，闻其乐而知其德”，可见“乐教”的特殊意义。

《荀子・乐论》和《礼记・乐记》等专门讨论“乐”的典籍也重点论述了“乐”的“教化”意义，如《乐论》认为，追求快乐是人的天性，而“乐”是给人带来快乐的重要对象，“乐”能够直接作用于人的心灵，故而“乐”的不同性质能够对人的心性产生强烈的影响。由此，“乐”这种艺术就超越了一般艺术的意义，不再仅仅是娱乐和审美的对象，而成为具有政治和伦理意义的“教化”方式。《乐记》也说：“故乐行而伦清，耳目聪明，血气和平，移风易俗，天下皆宁。”[③] 可以说，“乐”的“教化”作用是儒家重视艺术的最重要的原因。

儒家这种观念是古代美育思想的主流，这种情况直到现代社会才发生改变。在中国曲折的现代化过程当中，传统的美育思想受到西方美学的冲击，但其精神内核也以各种方式被继承了下来，其中最有代表性的就是蔡元培的美育思想。蔡元培的教育理念和美学观念深受西方现代思想传统的影响，作为教育家，他提出了系统的现代教育观念，即“五育并举”的教育体系，但他对德育，尤其是美育的看法则体现出对传统教育思想的继承。他提出“以美育代宗教”的主张，认为宗教作为对人进行“教化”的手段有明显的局限性，在古代社会人的心智蒙昧未开时有其必要性，但到现代社会显然已经不适应时代的发展了。美育则既具有引

① 杨天宇．礼记译注［M］．上海：上海古籍出版社，2004：650.

② 杨伯峻．论语译注［M］．北京：中华书局，1980：164.

③ 杨天宇．礼记译注［M］．上海古籍出版社，2004：485.

导人的心灵超越现实功利的功能，又避免了因迷信和偏执而造成的不良后果，因此美育是现代社会中完善人的人格、提升人的道德素质的最重要的教育手段。

11.1.2 西方美学中的美育思想

在西方美学传统中，美育同样是最重要的问题之一，但其讨论美育问题的角度与中国美学有所不同。在前面的章节中我们介绍过柏拉图对艺术的态度，他反对艺术的重要理由之一便是当时的很多诗人和艺术家的作品为了受到欢迎，过度迎合人的庸俗的娱乐需求，因而刺激了人的情欲，遮蔽了人的理性，对城邦社会造成了不良影响。这显然是从对城邦成员道德品质以及社会风俗的影响这个角度来评价艺术的。他认为人的灵魂包括理智、意志、情欲三个部分，对应着城邦社会中统治者、战士、劳动者三个社会阶层。其中，情欲是比较低劣的部分，应受到理性的限制，就像劳动者应受统治者支配一样。因此他认为，应该把那些以满足情欲为目标，追求模仿的诗人逐出他的理想国。

但按照这样的逻辑，艺术并不必然会带来恶劣的影响，优秀的艺术同样有可能有益于世道人心，因此柏拉图也对某些艺术给予了肯定。他提倡所谓“理智”的艺术，要求艺术能为改善人的灵魂服务，特别强调音乐的教育作用。他主张人从儿童时代就应该接受音乐艺术的熏陶：“应该寻找一些有本领的艺术家，把自然的优美方面描绘出来，使我们的青年像住在风和日暖的地带一样，周围一切都对健康有益，天天耳濡目染于优美的作品，像从一种清幽境界呼吸一阵清风，来呼吸它们的好影响，使他们不知不觉地从小就培养起对于美的爱好，并且培养起融美于心灵的习惯”。[①] 柏拉图还认为通过艺术教育可以提高识别美丑的能力，他说：“受过这种良好的音乐教育的人可以很敏捷地看出一切艺术作品和自然界事物的丑陋，很正确地加以厌恶；但是一看到美的东西，他就会赞赏它们，很快乐地把它们吸收到心灵里，作为滋养，因此自己性格也变成高尚优美。”[②]

柏拉图美育思想的基础是他的“理念论”，他之所以认为美的事物对陶冶人的性情、塑造完善的人格有益，是因为美的事物与理念更为接近，通过美的事物的熏染能够使人的心灵克服低级的感性欲望的诱惑，转而亲近形而上的理念世界。这与中国传统的美育思想的内在逻辑是有差异的，但二者基本的价值取向却很接近。

西方现代美育思想的代表是席勒。席勒深受现代认识论哲学的影响，他把人性分为感性与理性两部分，他认为在古希腊时期，人在物质与精神、感性与理性两方面是和谐统一的，是完整的人，因此是自由的。到了近代，由于科学技术的严密分工和国家机器造成的各个等级、各个职业之间的严格差别，使本来和谐统一的人性分裂开来。这样就导致在人身上产生两种相反的需求，即“感性冲动”和“理性冲动”。所谓“感性冲动”是指人的本能欲求，这种欲求要受到自然必然性的限制，如人需要饮食才能维持生存；而理性冲动要受到来自道德必然性方面的限制。他认为在这两种冲动中人都没有自由，人是双重“奴隶”。如何才能回到理想中的完整的人呢？他认为在艺术的审美活动中，既不受理性法则的强迫，也不受自然力量和物质需要的强迫，因为审

---

① 柏拉图 . 柏拉图文艺对话集［M］. 朱光潜，译 . 北京：商务印书馆，2013：60.

② 同①：60-61.

美活动是一种不带有任何功利目的的自由活动。在席勒看来，只有在审美活动中，人才能够同时以个人和种族的身份去享受。感性的“善”（指满足实际需要的事物的价值）只能使个体的人获得快乐，因为它以私人占有为基础，而私人占有总是排他的；并且感性的“善”只能使人获得有限的快乐，因为它不涉及人格。审美是一切人共同拥有的能力，只有通过审美领域的交流才能使人在自由的状态下达到一致，进而促使社会的和谐。也就是说，通过审美的自由活动，人类就可以从受自然力量支配的“感性的人”，变为充分发挥自己主动精神的“理性的人”，形成完美的人格而得到自由。

席勒把这种审美的自由活动，称为“游戏”。他认为人只有在游戏时，才感觉不到自然和理性的强迫要求，才是自由的活的形象，才能成为“美”。他说：“只有当人充分是人的时候，他才游戏；只有当人游戏的时候，他才完全是人。”①他认为游戏是人性达到感性与理性和谐统一的表现。

可见，席勒的美育思想不仅不同于中国的美育传统，与西方古代的美育思想也有了一定差异：首先，他从认识论哲学出发，将人性视为感性与理性的综合体，但感性与理性又是对立的，所谓二者在古希腊时代的和谐只是一种一厢情愿的假托，从逻辑上说，二者天然是对立的，只有通过审美活动才能使这种对立实现和解；其次，美育的根本目的从对真理的追求变成了精神上的自由，这一点上他明显受到德国古典哲学的影响，把“美”和自由紧密联系在一起。这些观点对西方现代美育理论产生了深刻影响。

11.1.3　关于美育问题的思考

通过上面对中西美育思想的介绍，我们可以看出，美育在美学理论中是一个既重要又特殊的课题，它的重要性来自于审美教育本身具有的重要社会意义，尤其在现代教育体系中占有的重要地位；它的特殊性则在于，美育问题在现代美学理论体系中居于一个颇有争议的位置。美育问题根本上是美的社会功能问题，但在现代美学的发展中存在一种倾向，即只重视对审美功能的研究，忽视乃至排斥对美的社会功能的研究，这种倾向有很大的局限性。

一方面，美育的目的有两个：一是提升人的审美能力，二是陶冶人的道德情操。前者是美育的直接目的，也是实现后者的前提，后者是美育更为重要的目的。从古至今的美育思想和实践，极少专以培养审美素养为目的，总是希望通过审美教育达到提高人的道德品质，进而改善社会风气、调节社会秩序的目标。

那么，美育的这种定位与审美超功利性这一现代美学的主流观念之间是什么关系呢？在第 1 章中，我们讨论过审美超功利性问题，单纯的审美鉴赏的确具有超功利性的特质，这是将审美意识与非审美意识区别开来的必要条件；但现实的审美活动绝不仅限于单纯的审美鉴赏，康德也承认大部分审美意识都不是“纯粹美”，而是“依存美”，也就是说在审美活动中，审美体验大都伴随着其他的内容。况且，审美的领域也不局限于某一固定的美学范畴，有些类型的美，如崇高，本身就与道德意识有内在的关系。

另一方面，美育是美学与教育学的交叉领

---

① 北京大学哲学系美学教研室 . 西方美学家论美和美感［M］. 北京：商务印书馆，1980：177.

域，对于教育学而言，美育的重要性源于审美活动对于人和人类社会的重要意义，以及以审美的方式进行价值观教育所能达到的特殊效果。不论中国还是西方，自古就有“寓教于乐”的说法，审美教育与纯粹的知识教育、技能教育、价值观教育相比，具有能够充分调动被教育者学习主动性的优势，尤其对于价值观教育而言更是如此。

对于美学而言，美育问题同样重要。美学是一门系统的理论学科，需要对其研究对象，也就是审美现象进行整体性的理论把握。如何来界定审美现象的范围呢？如果仅仅局限于审美对象本身，显然是过于狭隘了，因为几乎所有的审美对象都不只具有审美方面的意义，同时也具有社会性的意义，并且其审美意义与社会意义往往是分不开的，绝大多数艺术作品都是如此。因此美学必然要把“美”的社会意义和社会功能作为重要的研究对象之一，而在“美”的各种社会功能当中，教育功能显然是最重要的。

美育问题在当下的美学研究中是一个特别重要的研究课题，我国正处于中华民族伟大复兴的征程中，又面临着百年未有之大变局，提高大众的文化素养，树立正确的人生观、价值观，树立文化自信，是当前文化事业和教育事业最重要的任务之一。文化事业和教育事业的发展离不开正确理论的引导，因此，学习和研究美育理论，不仅具有重要的理论意义，也具有重要的现实意义。

11.2 审美文化与科技进步

现代社会的发展很大程度上得益于科技的进步，而科技这个词其实指的是现代技术，即以科学知识为基础的技术。现代技术与传统的手工技艺的根本差别在于后者主要是以经验性知识为基础的，因此生产效率的提升以及技术本身的迭代发展都受到很大限制；而前者则既有坚实的知识基础，又发展出了科学高效的研发手段，从而实现了技术的爆炸性发展。但是现代技术的发展并不仅仅依赖科学的发展，每一次有效的、对经济社会产生实际效果的技术进步，都还需要社会需求的带动，也就是说，社会需求是促进技术进步的另一个根本力量。

社会需求包含多个层面，按照美国心理学家马斯洛的需求层次理论，人的心理需求是有层级性的，当低层需求得到满足时，就会产生高层级需求。因此，在现代社会发展到一定阶段后，社会大众对产品的需求必然不再仅限于其实用功能，而是拓展至它的附加价值，其中审美价值是产品的附加价值中最重要的内容之一。所以，在现代社会，审美要素逐渐超出艺术的范围，渗透进社会生产的领域，就成为必然的趋势。而美学也必须随之拓展自身的研究对象，将“美”与社会生产，更具体地说，将“美”与科学技术及其产品的关系作为重要的研究课题。

11.2.1 设计之美与艺术之美

传统美学主要的研究对象是艺术，所分析的审美现象的各种本质特性，大都是以艺术为范本总结提炼出来的，如美的形式规则、美的超功利性、审美现象中感性与理性的结合等。但这是否意味着，审美现象只能存在于艺术之中呢？显然不是，除了艺术美之外，美学也应该关注自然美和社会美。但传统美学一方面对自然美和社会美的研究不够充分，另一方面在对其进行研究时，往往将其看作“美”的不充分形态。

这一点在对待艺术品与非艺术的人工制品的态度方面体现得特别明显，在传统观念中存在一种偏见，认为人的劳动产品与艺术品是两种截然不同的东西，前者是用来满足人的物质需求的，具有功利价值；后者是用来满足人的审美需求的，具有审美价值，因此艺术品的价值要比劳动产品更高。甚至在劳动产品内部同样有这样的等级区分，比如，很多人认为手工产品比机器生产的工业产品价值更高一些，因为手工产品更接近艺术品，我们认为这种看法是片面的。

艺术品与非艺术品的根本区别，不在于其生产方式的差异，而在于其生产目的和消费目的的差异。艺术品以实现审美功能为主要目标，在当代艺术产生之前，艺术品必须是艺术家手工制作并具有原创性，这是一条默认的规则，但当代艺术对现成品和复制技术的利用打破了这种偏见，所以艺术品与非艺术品在技术层面的区别至少是缩小了。非艺术品不以实现审美功能为主要目标，也就是说，对于产品而言，审美功能不是最重要的，更不是唯一的。但这并不意味着非艺术品，包括工业产品的审美价值就必然低于艺术品，兼顾审美功能和实用功能只是使工业产品的美学特征与纯粹的艺术作品有所不同而已。工业产品依靠科技提升自身的实用价值，但同样可以通过科技与设计提升审美价值，二者之间并不存在根本的矛盾。

可见，“美”与科技的关系主要体现在产品的审美价值与实用价值的关系上。正如“美”与道德价值不是无关的，它与功利价值也不是无关的，除了少数纯粹的艺术品之外，很多美的事物不仅具有审美价值，同时也往往具有实用价值。在古代，器物首先是作为实用对象而出现的，然后逐渐具有了审美功能，最终产生了艺术品；而在现代社会，“美”通过与科学技术的互动与结合，极大地改变了产品及其生产方式的性质，从而对社会生活产生深刻的影响。

面对这种情况，美学应当展开深入的研究，而以现代工业生产的过程及其产品的审美特性和规律为研究对象的理论，就是美学的一个重要分支——设计美学。

设计的对象，是人的衣食住行用等生活领域中必不可少的各种物品和设施，这就意味着，设计的目的，不是像艺术那样，在我们的现实生活之上再创造一个美的，同时又是虚拟性的艺术世界，而是直接使现实世界变得更加美好。因此，设计所遵循的美学原则，与艺术既有联系，又有区别。

比如，在形式美的规则方面，设计与艺术大体上是一致的，设计同样要利用各种形式规则塑造产品的外形，甚至直接利用大量的艺术元素。但即便如此，设计也不是单纯地考虑形式问题，它所要考虑的问题要更复杂，形式的因素必须以功能性因素为前提，并且要与后者达成一定程度的和谐一致。而艺术美的另外一些特征，如美的超功利性，就更不适用于设计了。艺术发展的历程，在某种程度上来说就是不断摆脱附加在它身上的实用功能，变得越来越纯粹的过程，如人类早期的艺术，要么和巫术、宗教、政治等结合在一起，要么和生活日用结合在一起，后来才逐渐独立出来，成了专门用来审美的对象。而设计显然不可能是超功利的，它的审美功能，必须建立在实用功能的基础之上。

由此可见，设计美学的核心问题和理论基础，是在一般美学的基础之上又有所变化的。具体来说，它的理论核心是为何以及如何能够实现产品的审美功能与实用功能的统一的问题。人类改造自然，生产产品，首要的目的当然不是审美，而是满足人类不断发展的物质需求，因此，产品的首要功能就应该是它的实用功能，它应该先是有用的，能满足我们生活中某项实际需求的，才是有存在价值的。那么，设计之美就不可能是独立存在的，而必然要依附于产品的功能。

这是否意味着产品的审美功能不及实用功能重要呢？设计理论中的确存在一种观念，认为一方面设计应该是在满足了产品的实用功能之后，再适当地加以美化，美化的前提是不能影响其实用功能。以汽车设计为例，其设计的主要目标应该是产品的性能、安全性、舒适性等，而对产品审美功能方面的设计，都必须以主要目的为前提，而不能与此前提相违背。另一方面，产品的审美功能和实用功能是可以分开的，甚至可能是对立的。在很多案例中，产品设计过分追求美感，会影响到实用功能，从而导致设计的失败。总之，相对于产品的实用功能来说，审美功能应该是次要的。

但我们不能只是把审美功能看成是实用功能的补充，如果接受这样的观点，设计美学的理论意义将大打折扣。实际上，产品对于人而言，不只是满足某项具体的物质性需求而已，产品构成了现代人的生存世界。在现代人的生活当中，小到穿着的服饰，日常生活所用餐具、洁具、文具、装修等，大到外出所乘的交通工具、工作中使用的生产工具，乃至所居住城市的建筑、园林、街道、景观，或者乡村的田园风光等，都是在现代技术条件下被生产出来的产品。这样一个由产品所构成的世界，不仅满足人的物质需求，还深刻地影响着人的精神世界，因而产品是否具有审美价值，以及具有怎样的审美价值，与人整体的生存状况和生活质量密切相关。

而且产品审美功能的实现是随着技术的进步而不断发展的，在技术条件比较落后的时代，除了少数为统治阶层所享用或利用的器物之外，大多数产品不得不因生产效率、成本等问题而舍弃审美价值；但在现代社会，在技术进步大幅度降低生产成本、提高生产效率的条件下，产品审美功能所受的限制已大大放松了。

更重要的是，对于产品而言，审美功能并非一种附加的功能，而是产品自身本应具有的功能之一。也就是说，满足人的审美需求不是艺术品专有的功能，一般产品可以而且应该具有同样的功能。当技术进步导致产品的审美价值不断提升，并且与其实用功能充分结合时，就不只是使产品变得更像艺术品，而是使产品自身变得更完善，其综合价值更高，也更能满足人们的需要。因此，设计之美与艺术之美是有本质区别的，后者是作为纯粹的鉴赏对象而产生的价值，前者则是融入实用功能而产生的价值。

总之，审美与实用的关系是复杂的，在设计产品时，我们不应该简单地以实用功能为主要目标，实际上，审美价值常常是会反过来，影响到产品功能的设计的。因此，马克思才会说“动物只是按照它所属的那个物种的尺度和需要来进行塑造，而人则懂得按照任何物种的尺度来进行生产，并且随时随地都能用内在固有的尺度来衡量对象；所以，人也按照美的规律来塑造物体。”①

① 马克思.1844年经济学哲学手稿［M］.北京：人民出版社，1979：50-51.

11.2.2 产品的实用功能与审美功能

在社会生产领域，审美与技术自古以来就有着内在的联系，只是在工业革命之后，这种联系凸显出来，日渐成为美学不得不关注的重要问题，因此，设计美学也就应运而生了。

如上文所述，设计美学要处理的核心问题，是产品的审美功能与实用功能之间的关系问题，而二者之间的关系，不是简单的主次关系，而是相互影响、相互渗透的复杂关系。这是因为，决定二者关系的既有社会需求变化而导致的生产目的的变化，也有技术条件进步而导致的生产能力的发展。而且，社会需求与技术水平又是相互作用的，需求是刺激技术进步的重要条件，而技术进步、生产力发展又反作用于对产品价值，包括实用价值和审美价值的需求。

设计美学是设计学和美学共同关注的重要理论领域，设计学随着现代设计的产生而建立，又随着现代生产方式和设计理念的发展而发展，设计美学虽然是以美学的方式研究设计，但其基本观念当然也要被设计实践的具体状况所决定。现代设计，或者说现代工业生产条件下的设计诞生于英国，其后随着科技和生产方式的进步而经历了不同的发展阶段，而设计美学对审美功能与实用功能关系的理解，也相应地发生着变化。

首先，在现代设计出现之前，当人对产品价值的需求处在较低水平，同时生产技术也处于较低水平时，大多数产品的审美功能与实用功能还没有实现真正的结合，二者之间存在最外在的关系，即审美功能是依附于实用功能的。这个时期，人类制造各种产品，包括生活用具和生产用具，一般以实用功能为首要目标，大多数情况之下，设计是附加在产品生产过程之上的。也就是说，人们生产产品最开始只考虑它应该有怎样的实际功能，以及如何来实现这样的功能，而产品的基本结构由生产的主要目的决定，在此基础上人们才会考虑美化的问题，而且对产品的美化显然不能影响原本已经形成的基本结构。

这里所说的实用功能既包括满足人物质需求的功能，也包括满足政治需求、宗教需求等的功能，如中国古代的礼器，其工艺水平一般远超同时代的实用器物，在今天看来它们与艺术品更为接近，但当时绝非为审美目的，而是为政治和宗教目的而制造的，所以其审美功能仍然是附属于实用功能的。

然而人具有同时追求实用价值和审美价值的天性，当生产能力达到一定水平，能够满足最低限度的物质需求时，人就会主动地对产品进行美化，这就是设计的起源。如制造礼器的直接目的虽然是政治的和宗教的，但其实现手段却带有审美的意味。这种附加在生产过程之后的设计，可以称之为装饰。装饰意味着审美的因素只与产品的外观有关系，对它的功能、结构等，没有根本的影响。甚至对一件产品来说，装饰是否存在并不影响产品本身的价值。所以，从根本上来说，装饰与产品的功能还是分开的，并且是次要的。

这种设计思路，从传统的工艺美术一直延续到了现代设计产生的早期。直到工业革命将社会生产力大大提升之后，设计的基本原则才会发生改变。英国工业革命之后，物质产品一下子变得丰富起来，这些机器生产的产品与传统手工艺品相比，质量更可靠、价格更低廉，但产品极度缺乏审美价值，甚至远远不及某些高水平的手工制品。所以以拉斯金和莫里斯为代表的一批艺术家掀起了工艺美术运动，提倡把艺术品与产品结合起来。在工艺美术运动影响下，欧洲大陆又兴起了“新艺术”运动。这个时候的设计师已经开始探索艺术与现代工业生产的结合了。但总体而言，这时的主流设计思路仍然是在已有的产品的基础之上进行美化。

接着，产品的审美性与实用性更深入地结合，审美标准渗透进产品的实用功能层面。这种设计思路与传统的装饰思想已经有了很大的不同，因为这时的设计已经不再是产品生产之外的附加环节，而成为了在产品开发的开端就必须考虑的问题。比如，按照传统的设计规则，当生产一种新的产品时，应先根据技术条件，按照效率原则选择材料和结构，也就是说，在满足质量和功能的前提下，首先要考虑的是节省成本和提高效率。但按照新的设计原则，就不能只考虑生产效率和成本问题，还应该把消费者的使用体验考虑进去，使用体验和实际需求是不完全相同的，后者只针对产品的实用功能，而前者则包括更丰富的功能，当然也包括审美功能。

这种新的设计原则使设计成为了产品生产不可或缺的一部分，设计不再是附加在产品之上的东西，而成为了影响，乃至决定生产流程的关键因素，材料的选择、造型的设计以及外观的装饰等，都要在生产之前进行统筹考虑。另外，设计也极大地拓展了产品功能的范围和层次，这时对产品功能的要求已经不再局限于基本的实用功能，而越来越朝着更便捷、更舒适的方向发展。并且，这些新的功能要求，不可能仅仅通过外在的装饰来实现，而要在产品的结构，乃至技术层面体现出来。

总之，传统的设计思想，在满足基本功能的前提下，遵循的是生产效率第一的原则，虽然重功能，但功能本身就是简单的；而新的设计思想，将效率原则和用户体验原则结合起来，实际上是把功能的领域大大拓宽了，甚至设计已经开始反过来主动地引导和拓展需求。

当然，这种设计思想在实用和审美二者之间，仍然是更偏于实用的，它强调的不是纯粹的审美，而是把审美转化为某种实用功能，通过提升用户的使用感受而实现审美价值。以包豪斯为代表的现代主义设计基本上就是遵循这种设计美学原则，它们反对繁复的装饰，主张通过简洁的造型，在实现实用功能的同时给人带来审美享受。所以我们见到的大多数现代产品都是简洁的、规范的，很多是由几何图形构成的。这样的产品虽然也具有审美价值，但其审美价值是有限的。

最后，随着现代科技的进步，当产品的实用功能不再是一个亟待解决的问题时，产品设计就会更加追求它的审美效果和文化内涵，甚至在某种程度上是由审美标准引领实用标准了。在20世纪六七十年代之后，现代主义设计虽然仍然处于主导地位，但越来越多的设计师开始探索新的设计方向，也就是试图在设计中体现一种特色、一种独特的美学风格；甚至用工业产品来表达某种态度、某种情感或者观念，这叫作后现代主义设计。

这种设计思路显然更为先进，一方面，它在某种程度上是将工业产品，甚至是建筑这样的大型产品当成艺术品进行设计，也就是要像艺术创作那样，通过工业产品表达设计师的思想和情感，所以其设计制造出来的产品一定是不规范的，具有独特性的；另一方面，它使产品越来越多元化，很多产品不再具有统一的标准、统一的风格，而是更细致地考虑到用户个人的具体情况。

需要强调的一点是，产品的审美功能与实用功能能够结合到何种程度，最终还是由技术发展的水平所决定的。比如，现代主义设计能够按照审美的要求设计产品造型，当然是在现代技术的支撑下才能实现的；后现代设计追求个性化的产品，更是只有在高度发达的技术条件之下才能实现。

总之，随着现代设计的发展，设计美学对审美与实用两个基本要素关系的理解也在发生根本性的变化，可以预见的是：第一，审美要素在产品设计中的地位会不断上升，第二，审美要素与实用要素的结合会更加完善。如何实现这一目标，是当前设计美学需要考虑的重要课题。

11.3　生态美与生态美学

我国当代美学理论中，还有一种重要的学说得到理论界和社会的广泛关注，那就是生态美学。如果说美育理论关注的主要是“美”与人的精神生活之间的关系，设计美学关注的重点是“美”与人的现实生活之间的关系，那么生态美学关注的就是人与自然的关系问题。

11.3.1　生态美学的产生

生态美学在当代社会产生是有其必然性的：自现代化进程开始以来，尤其是在启蒙运动和工业革命之后，现代人逐渐形成了一种主流观念，即人可以靠自身的力量改造自然，尤其通过科学技术的发展、社会生产力的提高，创造符合自身需求的美好世界。

但到了当代社会，人们发现这种观念是有局限性的，生产力的提高并不是社会进步的唯一标准。人类进行社会生产的过程，本质上就是改造自在的自然，将其转化为“人化自然”，也就是成为人类世界的一部分的过程。在这个过程中隐藏着一个深层的矛盾，即人与自然的矛盾。

一方面，自然界本身有其运行规律，这种规律不以人的意志为转移。尤其是地球上的各种生命形态都是经过漫长的演化过程，才形成了非常微妙的均衡状态。在生命系统当中，每一个物种都要按照自然的规律，演化出适应其生存环境的生物特性。因此，自然世界是一个有机的生命系统，其中任何一个关键因素的变化，都有可能对物种造成严重的影响，甚至会导致某一物种的灭绝。

另一方面，人类本身具有特殊性，就其作为一个生命形态而言，是生命系统中的一个物种，不可能脱离生命系统而生存，但人类又凌驾于其他物种之上，尤其是人的生存方式是非自然的，不是凭借生物本能在给定的自然条件下生存的，也就是说，人的生存以对自然界的改造为前提。

人的这种特殊的生存方式，就可能导致人与自然之间相互矛盾，人如何来看待自己与自然之间的关系，就成为一个重要的问题。人的特殊的生存方式使人意识到自身与其他物种的不同，随着人改造自然能力的增强，这种差异就被当作了人比其他物种更优越的证据。尤其是启蒙运动弘扬的理性主义与工业革命导致的技术进步相结合，使人类彻底打破了对自然及其背后“神秘力量”的敬畏，对人征服自然、占有自然的能力产生了盲目自信，而完全忽略了自身与自然之间关系的多重维度。

总之，人类的这种将自身与自然分割开来的观念，一方面是确有事实根据，另一方面又被自身的思维能力和实践能力所局限，于是成为了人在面对自然时的一种思维惯性，并且随着人类社会生产力的提升，这种思维惯性逐渐强化。这种思维模式就是，要么把自然当成人类的对手，或者需要征服的对象，要么把自然当成实现人自身目的的手段。这两种观念在根本态度上是一致的，都是以人类自身的利益为中心，而没有考虑自然独立的价值和规律，也没有考虑到人与自然之间，除了征服与被征服、利用与被利用之外，还有更密切、更深刻的关系。这种态度，被称为“人类中心主义”。

“人类中心主义”一直是被当作一个有负面意义的词被使用的，这既有道德方面的原因，也有现实方面的原因。人的社会生产活动，是为了满足自身的需要，实现自身价值，但实现这个价值是需要以改变自然为代价的，自然的存在和运行，本有自身的规律，人的活动无疑会对自然造成影响，尤其是当人完全把自然看作工具的时候，就更容易无所顾忌地改变自然，对自然造成破坏。

但问题是，自然肯定不仅是人的工具，它还是人类赖以生存的基本条件：首先，自然资源是有限的，过度的开发会导致资源的匮乏，从而影响人类的长远发展；其次，人毕竟是从自然中进化而来的，人的一些基本的生存方式还是不能完全摆脱自然规律，也就是说，人在一定程度上还是依赖自然环境，不可能完全生存在人造环境中，当自然环境因为污染等问题遭到破坏的时候，最终也会影响人类本身的生存。

总之，“人类中心主义”这种观点本身是站不住脚的，也是自相矛盾的，“人类中心主义”是以人类的利益为最高利益，一切以是否符合人类的利益为评判标准；但许多按照“人类中心主义”的标准所进行的活动，最终又会对人类的根本利益和长远利益带来危害。尤其是人类社会的现代化进程开始之后，随着人的生产能力的迅速提升，对自然的破坏变得越来越严重，人类自身的生活受到的影响也越来越明显。这促使人们不得不对“人类中心主义”进行深刻的反思，这是生态美学产生的必要性。

除此之外，还有一个更深层面的原因：人的社会生产活动是为了满足自身的需要，使自己生活得幸福，而实现这一目标的最终途径是构建理想的生存世界。在不同的历史时期，人们对理想世界有不同的理解。在人的物质生存条件比较落后的时候，人们倾向于认为越是人工化的世界就越是美好的，因为就人的先天条件而言，完全自然的条件并不适合人的生存，人类缺乏其他动物那种特别能适应自然环境的天赋。所以长期以来，人们总是觉得，越是能够体现出人改造自然的能力的东西，就越是美的，如建筑，越是宏伟高大，就越容易引起人们的赞叹。

但今天，人类的生产能力已经发展到较高水平，人已经有能力解决基本的生存问题。此时，人们自然会对理想世界的观念进行反思：人类所向往的美好的世界，是否必然是自然被完全驯服的世界，抑或是人与自然和谐共处的世界？人类是否有能力以及如何在保证自身生存发展的同时，保持生态环境的完整性和可持续性？这些问题已经不再局限于设计美学的范围之内，而成为了生态美学的缘起，这是生态美学产生的可能性。

从社会现实的角度说，生态美学的产生受到当代社会问题的直接影响。经过两次工业革命，到 20 世纪中叶，人类社会的现代化程度已经到了比较高的水平，同时，环境问题也凸显了出来。1962 年，美国科普作家蕾切尔·卡逊出版了一本书，叫作《寂静的春天》，书中描绘了人类现代化生产对自然环境造成的破坏，指出这种生产方式最终将给人类自己带来灾难。这本书产生了非常重要的社会影响，直接推动了现代环保主义运动的产生。而生态美学的发展与环保主义等社会运动，有着密切联系。

对此理论界也发出了积极响应，早在 1866 年，德国生物学家恩斯特·海克尔提出了“生态学”概念，认为应该建立一种理论，来研究有机体与外部环境的关系，这种理论的特点在于将生物的外部世界理解为存在的所有条件。到 20 世纪 30 年代，英国生态学家坦斯利提出，整个生态系统不仅包括复杂的有机体，还包括构成环境的复杂的物理因素，它们与环境形成一个物理系统，这种系统构成了宇宙众多物理系统的一个类别。

而美国学者利奥波德则进一步将科学领域的生态观引入伦理学和美学领域，提出了“生态伦理”的概念，对生态美学的产生起到了直接的促进作用。他认为，人与自然的关系不应被理解为对象性关系，也就是说，当人只是将自然作为对象，不论是认识的对象还是实践的对象，二者之间就天然处于不平等的地位，自然在这种关系中丧失了独立性和主动性，当然就没有真正的道德意义和审美意义；但是，假如将人与自然的关系理解为平等关系，也就是将自然视为与人具有同等地位的主体，那么主体之间的关系就必然具有伦理性质，同时其在美学上的意义也不再仅限于对人的审美意识的象征。他的美学观点的独特之处在于：一方面强调了自然之美的独立性，即自然不是因映射了人的生活才美，而是自身就是美的；另一方面强调了自然之美的完整性，即自然不是因其某些个别的部分符合了人的审美观念才美，而是作为完整的生态系统是美的。

这就从根本上改变了传统美学的理论基础和研究范围：不论是“美的理念”“美的规律”，还是审美经验、审美意识，这些概念都是以人为中心界定的，而生态之美是以自然本身为中心界定的，人只是被看作生态系统中的一个环节，这必然会导致对“美”的根本性质产生迥异于传统美学的新观点；而美学的研究对象也会发生根本性转变，自然不再是次要的、作为片段而具有审美属性的东西，而是作为整体成为最重要的美的现象，美学不能再以人的标准将自然现象区分为美的或不美的，而应该将有机联系、不断演化的生态系统整体作为研究对象。

此后，西方的生态美学以各种形式获得了长足发展，而我国的生态美学则是在 20 世纪 90 年代之后逐渐发展起来。这一方面是受到西方生态美学的影响，但更重要的是，随着中国社会经济的高速发展，环境、资源和生态问题很快成为整个社会所要面对和亟待解决的重要问题，其重要性远远超出美学自身，而是关系到社会发展的总体方向，而在此前提下，美学应该从自身角度为解决这一问题承担起责任。

1994 年，李欣复发表论文《论生态美学》，首次比较系统地阐述了生态美学的理论问题；2000 年，徐恒醇、鲁枢元两位学者分别出版《生态美学》和《生态文艺学》两部生态美学专著，生态美学成为中国当代美学研究中的重要问题之一；2001 年，“首届全国生态美学研讨会”在陕西召开，30 余位专家学者对中国生态美学的一系列重要课题进行了深入讨论，这标志着生态美学已经成为当代美学的主流理论形态之一。

11.3.2 中国当代生态美学的理论资源和主要观点

中国当代的生态美学研究当然在一定程度上受到西方美学理论的影响，但在其发展过程中更加注重立足于自身社会发展的现实需求，并积极从传统文化中汲取思想资源，逐渐形成了独特的理论观点。

从理论层面来说，西方的生态美学与现代哲学思想的转向有着密切的联系。在前面章节讨论美的本质这个问题时，我们曾反复强调，西方哲学中一个根深蒂固的问题就是二元论，不管是现象与本质的二元、理性与感性的二元，还是主体与客体的二元，在理论上都是一个必须解决，而又始终没能解决的问题。传统美学尝试了各种各样的方法，试图将二者统一起来，也就是试图论证美是本质与现象的统一、感性与理性的统一、主观与客观的统一、功利性与超功利性的统一……但这样的努力大多数都没有获得真正的成功。而生态美学则是解决这一根本问题的一个重要路径。

为什么这么说呢？近代以来西方哲学的主流，也就是“知识论哲学”，又被称为“主体性哲学”，因为它讨论的各种问题都是在以人作为主体的前提下展开的，也就是说，世界有意义，是因为人能够理解它，而世界尤其是自然界本身并不被认为有独立的意义。这不可避免地会导致主客二元对立。而生态美学的哲学基础则是生态本体论，也就是说，人并不是真正的主体，自然也不只是作为对象的客体。

西方生态美学的发展经历了从自然美学到环境美学和生态美学，对“二元论”一步步由浅入深的反驳过程，对我国的美学理论建设有很重要的借鉴意义。但我们仍然要看到，“二元论”作为西方哲学思维根深蒂固的传统，是很难彻底克服的。比如，美国学者阿诺德·柏林特提出的“环境美学”，虽然也主张自然不只是围绕在我们周围的“环境”，但“环境”这个概念，仍然包含着从属于人的含义，只有存在人这个主体，才有所谓的“环境”。而真正的主体或者本体，是人和环境融合在一起的东西，二者之间的互通互融才可以称之为“生态”。它是整体性的，包含了自然和人类社会的一切内容；它又是具有生命的，自然和人类社会始终在变化之中维持着微妙的平衡。这种新的哲学思维模式，就为破除二元论提供了一个可能的路径，同时也为如何建造一个美好世界提供了新的视角和方向。

除西方生态美学之外，中国传统哲学、美学中也包含着很多能够促进我国当代生态美学独立发展的重要思想资源，如儒家“天人合一”的思想、道家“道法自然”的思想，尤其是庄子的许多思想与生态美学有着密切的联系，因而成为当代生态美学重要的研究领域之一。

“天人合一”是中国古代哲学思想中一个重要的命题，在传统儒家、道家哲学中，这个命题含义比较复杂，包含着本体论的、政治哲学的、道德哲学的和美学的多重意义。其中有一层重要的含义是对人与自然关系的概括，也就是强调人是自然的一部分，应该与自然和谐相处。但应该强调的是，这里的“人”，指的还不仅仅是生物学意义上的人，生物学意义上的人，作为一种动物，当然是自然的一部分；但社会学意义上的人就不同了。“天人合一”思想的独特之处在于，它认为人的社会生活与自然是统一的，因为人类社会的运行规则与自然的运行规律根本上是一脉相承的，人要获得美好的且可持续的生活，就必须尊重自然，顺应自然，避免与自然产生矛盾，这样才能建造一个美好的世界。

庄子的哲学中也包含着丰富的生态美学思想，如他提出的“齐物”的思想，对“自我”这个一向被视为主体的范畴，以及自我与非我之间的差别，乃至人与自然之间的差别等，进行了深刻的反思，提出了“天地与我并生，而万物与我为一”[①] 的重要哲学命题。这种观点，尤其是其中的思维方式和人生态度，对后世的艺术思想和艺术创作产生了深远影响，在诗歌、绘画领域影响尤为显著。庄子批判的“差异”或“对立”的思维方式，与西方的“二元论”虽然不完全一致，但也有相近之处；他提出的克服这种思维方式的途径虽有局限，却对当下的生态美学极具启发意义。

我们认为，中国当代生态美学不应只满足于对西方美学理论的移植和对古代生态思想的整理阐发，而应在此基础上构建符合当下社会状况、文化状况的，有着自身独特核心概念和问题意识的理论体系，为此就必须把握住生态美学区别于传统美学的最重要特点。

首先，生态美学独特的思维方式体现为“去中心化”。主体性哲学的思维方式体现在价值观上，就是上一节所说的“人类中心主义”，具体来说，人们对世界上各种事物的价值评判标准，就是人自身的标准，符合人们利益的就是好的，反之就是不好的。这种“人类中心主义”的思维方式自古就存在，但到了近现代，在主体性哲学中才获得充分发展，成为主流的思想观念。这种观念最重要的特点就是中心化，即首先确立人的主体性地位，然后构建主客体之间的关系。但是生态美学的价值观则恰恰打破了这种中心化的思维模式，反而强调去中心化。也就是说，它认为，人不应该成为评判所有价值的唯一标准，这个世界是否美好，除了是否符合人的利益这一标准，还有是否符合自然本身的规律和目的这一更深层的标准。因为人类只不过是自然演化史上出现的一个物种，不是从来就有，也不会永远存在，从根本上说，人的价值不是必然就比生态系统中其他的生命体的价值更高，这个生态系统也不必然就是只属于人类的世界，它也同样属于其他各个物种。因此，我们在建造一个美好世界时，也必须尊重其他物种，乃至无机世界自身的原本状态。总而言之，与自然和谐相处，而不是以自我为中心，这是建造美好世界的前提。

其次，“去中心化”之后，我们如何看待人与自然的关系呢？应该把世界，包括人和自然在内，看作一个有机的系统，即“系统化”观念。所谓“系统化”是指，整个世界是一个有机的整体，这意味着一方面，没有什么元素在这个系统当中是处于特殊地位的，不同元素所起的作用是不同的，如人的力量的确远远超出其他物种，而且人的需求和对资源的消耗也同样超出其他物种，这种现实情况应该被接受。但生态系统中每一个元素都是不可或缺的，它们的价值是平等的，人在获得占有更多资源的权利的同时，必须承担起维护此生态系统的更大的责任。另一方面，在这个系统当中，各种元素之间不是凑合的关系，而是相互之间都存在着不可分割的内在联系，都能够相互影响。现代社会之所以出现比较严重的生态问题，一个重要原因就是人们没有意识到自然界的系统性，总是以为自己的活动不会对自然产生毁灭性影响，又总是以为自然的变化不会对自己的生活产生严重影响，但事实已经给了人们很多的教训。所以，我们应该把自己看成

① 陈鼓应 . 庄子今注今译［M］. 北京：商务印书馆，2007：88.

自然的一部分，同时把自然看成人的一部分，在改造自然的过程中，不只是将其改变，顺应人的审美观，人也要改变自己的审美观，以顺应自然。这样，我们创造出来的，才是一个可以持续的美好世界。

总之，生态美学既有重要的现实意义，又有重要的理论意义。从现实层面来说，生态美学符合了当代人类社会的发展趋势，改变了人们对什么是美好的世界、如何来建造一个美好世界的观念。对美好世界的向往和追求，发自于人的天性，但人们对美好世界具体形态的想象和理解是会变化的。当下，人们已经普遍意识到，按照传统的发展模式，人类社会是不能持久的，而且在经历了现代化初期，对于物质产品的过度消费之后，人们的审美趣味也在发生变化，在满足人的需要的同时尽量维护生态环境，回归自然，逐渐成为人们的共识。生态美学的研究，为相关方面政府政策的制定、生产方式的变革、艺术创作的方向，乃至生活方式的变化，都能够提供指引。

本章小结

美育、设计美学和生态美学是当前美学理论研究中最受关注的问题，这既是因为它们本身具有重要的理论意义，更是因为它们对社会文化发展所具有的现实意义。在对这三个问题进行学习时，一方面应充分理解它们的问题意识和理论方法的独特性，另一方面要积极地与现实生活相参照，以真正把握它们作为当前理论热点的意义所在。

思考题

1. 简述中西美育思想的异同。

2. 产品的审美价值与实用价值相统一需要什么条件？

3. 生态美学理论基础与传统美学理论基础的根本区别何在？

延伸阅读与参考书目

[1] 蒋孔阳 . 二十世纪西方美学名著选［M］. 上海：复旦大学出版社，1987.

[2] 北京大学哲学系美学教研室 . 西方美学家论美和美感［M］. 北京：商务印书馆，1980.

[3] 席勒 . 审美教育书简［M］. 冯至，范大灿，译 . 上海：上海人民出版社，2003.

[4] 徐恒醇 . 设计美学［M］. 北京：清华大学出版社，2006.

[5] 曾繁仁 . 生态存在论美学论稿［M］. 沈阳：吉林人民出版社，2009.

参考书目

[1] 北京大学哲学系美学教研室编 . 西方美学家论美和美感 [M]. 北京：商务印书馆，1980.

[2] 宗白华 . 美学散步 [M]. 上海：上海人民出版社，1981.

[3] 李泽厚 . 美学三书 [M]. 天津：天津社会科学院出版社，2003.

[4] 朱光潜 . 西方美学史 [M]. 北京：人民文学出版社，1979.

[5] 李醒尘 . 西方美学史教程 [M]. 北京：北京大学出版社，2005.

[6] 叶朗 . 中国美学史大纲 [M]. 上海：上海人民出版社，1985.

[7] 叶朗主编 . 现代美学体系 [M]. 北京：北京大学出版社，1993.

[8] 李泽厚，刘纲纪 . 中国美学史（先秦两汉编）[M]. 合肥：安徽文艺出版社，1999.

[9] 李泽厚，刘纲纪 . 中国美学史（魏晋南北朝编）[M]. 合肥：安徽文艺出版社，1999.

[10] 朱良志 . 中国美学十五讲 [M]. 北京：北京大学出版社，2006.

[11] 朱光潜 . 文艺心理学 [M]. 上海：复旦大学出版社，2009.

[12] 朱光潜 . 悲剧心理学 [M]. 合肥：安徽教育出版社，2006.

[13] 杨辛，甘霖 . 美学原理 [M]. 北京：北京大学出版社，1993.

[14] 叶朗 . 美学原理 [M]. 北京：北京大学出版社，2009.

[15] 尤西林主编 . 美学原理 [M]. 北京：高等教育出版社，2018.

[16]《西方美学史》编写组 . 西方美学史 [M]. 北京：高等教育出版社，2018.

[17]《中国美学史》编写组 . 中国美学史 [M]. 北京：高等教育出版社，2018.

[18] 马克思 .1844 年经济学哲学手稿 [M]. 北京：人民出版社，2000.

[19] 罗丹述 . 葛塞尔 . 罗丹艺术论 . [M]. 傅雷，译 . 天津：天津社会科学院出版社，2006.

[20] 翁贝托・艾柯编著 . 美的历史 [M]. 彭淮栋，译 . 北京：中央编译出版社，2011.

[21] 翁贝托・艾柯编著 . 丑的历史 [M]. 彭淮栋，译 . 北京：中央编译出版社，2011.

[22] 柏拉图 . 文艺对话集 [M]. 朱光潜，

译 . 北京：人民文学出版社，1997.

［23］亚里士多德 . 诗学［M］. 罗念生，译 . 北京：人民文学出版社，1982.

［24］康德 . 判断力批判［M］. 邓晓芒，译 . 北京：人民出版社，2002.

［25］黑格尔 . 美学（1–4 卷）［M］. 朱光潜，译 . 北京：商务印书馆，1996.

［26］莱辛 . 拉奥孔［M］. 朱光潜，译 . 北京：商务印书馆，1996.

［27］B. 鲍桑葵 . 美学史［M］. 张今，译 . 桂林：广西师范大学出版社，2001.

［28］尼采 . 悲剧的诞生［M］. 周国平，译 . 北京：生活·读书·新知三联书店，1986.

后　记

《美学导论》是高等艺术院校公共艺术课程系列教材之一，是对教育部“加强新时代高校美育工作”的积极响应。本教材由姚丹、魏毅东以及高波三位作者合作完成。本教材在汲取前人研究成果的基础上，努力创新，凸显新时代高等艺术院校的美学课程特色：注重审美能力培养，审美实例与美学理论的结合，知识性、专业性与普及性的结合，课程思政元素的融入，等等。

编写过程中，山东工艺美术学院硕士研究生左千、马慧琳、王碧楠、赵娜在配图、资料搜集方面提供了帮助，山东工艺美术学院对本教材的建设给予了资助支持，清华大学出版社对本教材的编辑与出版提供了帮助，在此一并表示感谢！

希望本教材能给读者带来美学理论的提升，美的享受与人生启示。当然，由于编者水平与时间有限，书中难免有不足之处，还望各位专家和读者不吝赐教。

编者

2024 年 10 月 23 日

教师服务

感谢您选用清华大学出版社的教材！为了更好地服务教学，我们为授课教师提供本书的教学辅助资源。请您扫码获取。

教辅获取

本书教辅资源，授课教师扫码获取

知识拓展　即测即练

配套 PPT 课件

建议教学大纲

清华大学出版社

E-mail: tupfuwu@163.com
电话：010-83470317
地址：北京市海淀区双清路学研大厦 B 座 508

网址：http://www.tup.com.cn/
传真：8610-83470107
邮编：100084